KB233467

진로설계와 리더십 개발

한미희

남서울대학교 교양과정부 리더십교수
남서울대학교 전임교수사정관
동국대학교 사범대학 교육학과 겸임교수
동국대학교 학생경력개발원 전임연구원

심태은

동국대학교 역량개발센터 리더십 책임연구원
동국대학교 사범대학 교육학과 겸임교수
한국평생교육협회 HRD 교수
퀀텀리더십 위촉교수

문윤경

동국대학교 역량개발센터 진로상담 책임연구원
명지대학교 취업마케팅실 취업상담교수
한성대학교 취업지원팀 연구원
한국고용정보원 '직업지도, 직업동영상' 자문위원

진로설계와 리더십 개발

2013년 3월 15일 초판1쇄 발행
2020년 3월 20일 초판2쇄 발행

지은이 | 한미희·심태은·문윤경
펴낸이 | 이찬규
펴낸곳 | 북코리아
등록번호 | 제03-01240호
주소 | 경기도 성남시 중원구 사기막골로 45번길 14
　　　 A동 1007호
전화 | 02)704-7840
팩스 | 02)704-7848
이메일 | sunhaksa@korea.com
홈페이지 | www.bookorea.co.kr
ISBN | 978-89-6324-241-5 (93320)

값 18,000원

진로설계와 리더십 개발

한미희 · 심태은 · 문윤경

북코리아

머리말

졸업생 한 명이 찾아왔다. 대기업 인사팀으로 취업했기에 '학교에서 열린 채용설명회의 담당자로 왔구나' 생각을 하고 있었다.

"왠일이예요. 회사생활은 재미있죠?", "교수님, 저… 그게 아니고… 다시 취업을 준비하려고요. 저, 많이 망설이다가 과감하게 사표를 냈어요."

"왜? 무슨 일이 있었어요?"

"교수님, 제가 생각했던 것과 사회는 너무 많이 달랐어요. 일하는 것이 신나고 재미있지 않았고, 월급만을 보고 일하려고하니 삶이 너무 고단하고 괴로웠어요. 제가 지원한 분야가 정말 이렇게 어려울 줄은 미처 몰랐어요. 특히 윗분들은 우수한 성과를 원하시는데 저는 그 일이 적성에도 맞지 않았고 즐겁지도 않았습니다. 물론 이런 이유로 함께 일하는 사람들과의 관계도 원만하지 않았고요. 그리고 제가 자꾸 소극적으로만 변해가고 있었어요."

결국 학창시절을 누구보다 열심히 생활했던 이 학생은 대기업에 취업했지만 회사생활에 대한 만족감과 자신의 능력이 부족하다고 생각하며, 심각하게 고민하다가 퇴사를 결심한 것이다. 어렵게 얻은 직장을 2년 만에 퇴사하게 된 이유는 잘못된 진로설계와 기업에서 필요로 하는 핵심역량(전공능력, 자기관리, 의사소통, 리더십 등)이 부족했기 때문이라고 예측할 수 있다. 실제로 우리는 학교에서 교육과 상담을 통해 많은 학생들을 만나지만 대부분의 학생들이 진로와 관련하여 우려하게 되는 공통된 특징이 있다. 학생들은 자신의 중요한 진로를 스스로 이끌어가는 능력이 매우 미흡하다. 따라서 우리는 아래와 같은 장면을 많이 만난다.

"교수님, 작년 졸업생 대부분 어느 기업에 취업을 많이 했어요?"

"그건 갑자기 왜요?

"저 정도면 대체 어느 기업에 들어갈 수 있는 것인지 궁금해서요? 저 좀 급한데요? "

"무엇 때문에 그러는데요?"

"지금 채용 정보가 많이 올라오는데 어느 기업을 지원 할지 모르겠어요. 작년 졸업생들이 많이 들어 간 기업에 지원하는 것이 유리하지 않을까해서요. 그래서 그 자료 보고 지원할려구요."

학생의 성급한 마음을 진정시키고 속사정을 알고 보니, 위의 상황처럼 말 그대로 신중하게 고려하지 않고 그저 선배들이 많이 진출해 있는 기업 위주로 입사서류를 지원할 요령이었던 것이다. 아직도 학생의 입장에서만 사회를 바라만 보고 있는 것이 안타까워, 모든 일정을 무시한 채, 무려 2시간이 넘는 상담끝에 취업준비에서의 선행되어야할 진로탐색 및 설계 및 준비가 왜 중요한지, 그리고 대학생활과정에서 리더십과 같은 다양한 경험들이 왜 중요한지에 대하여 설득할 수가 있었다. 그리고 현재 상황에서 가장 합리적인 진로를 설정할 수 있도록 도와주었다. 이처럼 자신에 대한 정확한 이해보다는 선배들의 취업 통계 등을 통해 자신의 진로목표 기준을 설정하고, 진출하려고 하는것이 현재 대학생들의 현실이라고 할 수 있다.

현대사회는 지식정보화 사회로 채용이 점점 더 어려워지고 있다. 채용 트랜드는 빠르게 변화하고, 전형은 더 복잡해지고 있으며, 우리 학생들은 방향성을 잃고 어찌 할 바를 모르고 방황하고 있다. 그저 가까운 친척이나 학과 선배들로부터 일명 '카드라 통신'을 통해 간간히 취업에 성공한 주변인에 대한 정보를 접하고는 있지만 불안과 초조한 마음은 여기저기서 흘러나오는 정보와 결합되어 의사결정은 이내 원점으로 되돌아오고 만다. 따라서 바람직한 사회인으로서의 원활한 이행은 성공적인 대학생활에 있다고 해도 과언이 아닐 것이다. 이를 위해 효과적인 진로설계와 리더십의 함양은 필수적인 요소라고 할 수 있으며, 저학년 시기부터 이 내용을 숙지하고 실행하는 것은 매우 효과적이라고 할 수 있다. 이는 마치 안전하고 아름다운 집을 짓기 전에 설계도가 필요하고 그 설계도를 바탕으로 성실하고 묵묵히 집을 짓는 실행력과 같다고 할 수 있다.

그러나 학생들이 자발적으로 진로를 탐색, 선택, 준비하거나 리더십능력을 향상 시키는 것은 한계가 있다. 대학생들의 진로행동을 자세히 살펴보면, 사회로의 최종관문인 대학시절의 진로설계와 취업준비는 향후 개인의 삶의 폭과 깊이에 영향을 주는 중요한 시기라는 것을 인식하고는 있지만, 자신이 무엇을 좋아하고 무엇을 원하고 이루려고 하는지에 관한 정체성 부재, 취업에 앞두고서야 진로활동에 관심을 갖는 체계적 관리 소홀, 특정 직업에만 관심을 두는 진로쏠림 현상 등이 우리 대학생들의 성공적인 직업세계로의 이행을 가로막고 있다. 학생들의 관심은 자신에 대한 충분한 탐색과 이해, 구체적인 목표, 이를 위한 준비 등을 통해 성공적으로 어떻게 사회로 진출하느냐를 생각하기 보다는 어떻게 하면 대기업에 취업하느냐에만 집중되어 있다. 그렇기 때문에 학생들이 관심을 두고 있는 분야는 어떻게든지 취업해야 한다는 편향적이고 결과중심적인 생각이 대부분이라고 할 수 있다. 따라서 그들이 취업에 성공한다고 하더라도 직무 부적응, 업무 욕구 저하, 역량 부족 등으로 인하여 이직을 심각하게 고려하는 사례가 많다.

그러므로 현장에서 직접 학생들을 만나면서 대학생활에 대한 부적응 및 성장·발전을 보이지 못하는 안타까운 마음을 그간의 경험을 바탕으로 하여 이번 『진로설계와 리더십 개발』이라는 책으로 담아 보았다. 이 책은 진로탐색, 비전설정, 발표, 인간관계, 의사소통, 리더십 역량 등 행복한 사회인이 되기 위해 갖추어야 할 내용으로 구성되었으며, 이는 앞으로도 학생들의 변화와 성장을 위한 동기부여와 잠재적 능력을 개발하여 대학생활에서 유용하게 활용되리라고 생각한다. 따라서 이 책이 읽는 이에게 조력적 효과가 있기를 진심으로 기대해보며 이 책이 나오기까지 물심양면 격려해주시고 정성으로 편집해주신 북코리아 이찬규 사장님, 김수진 과장님을 비롯, 직원분들께 진심으로 깊은 감사를 드린다.

2013. 3

저자일동

CONTENTS

제1부
미래를 위한 진로설계

1장 행복한 삶과 진로설계

성공은 행복의 열쇠가 아니다. 그러나 행복은 성공의 열쇠다.
슈바이처(Albert Schweitzer, 1875~1965)

우리는 자신이 얼마나 행복한지 모르면서 살아가고 있다. 아이들이 건강하게 자라준다는 것, 저녁에 무엇을 먹을까 고민할 수 있는 여유, 다른 사람들에게 피해를 주지 않고 내 힘으로 살 수 있다는 사실, 큰 병 없이 건강을 유지하고 있다는 것….
행복은 사소한 일상 속에 얼마든지 있다. 그러나 우리는 어느새 그런 행복의 가치를 잊어버린 것은 아닐까? 본 장에서는 미래의 행복한 삶을 상상하며 자신의 진로에 대해 진지한 생각을 갖도록 한다.

안상헌(2005), 『내 삶을 만들어준 명언노트』

1. 행복과 일

1) 행복의 의미

행복(happiness)은 인간의 욕구가 만족되어 부족함이나 불안감을 느끼지 않는 심리적인 상태를 의미한다. 우리는 '즐겁다', '행복하다', '만족한다', '기쁘다', '보람을 느낀다'라고 행복감을 표현한다. 행복의 상태는 지극히 주관적이므로 주관적 안녕이라 칭한다. 인간은 살아가면서 그 과정에서 여러 가지 욕구를 가지며, 그것이 충족되기를 원하고 바란다.

'나는 왜 사는가?', '내가 추구하는 것은 무엇인가?', '삶이란 무엇일까?' 우리는 이러한 질문에 대한 답을 찾기 위해 늘 갈등하면서 살아가고 있으며, 하루에도 몇 번씩 이 질문들을 되뇌곤 한다. 그리고 자신의 위치와 방향에 대한 의문을 제기한다. 그러나 이에 대한 정확한 답이 존재할까? 우리는 정확한 답을 구할 수 없기 때문에 이러한 물음에 대한 답을 찾기 위해 늘 갈등하면서 살아가고 있으며, 하루에도 몇 번씩 이 질문들을 되뇌고 있다. 많은 학자들은 이와 같은 명제를 찾기 위한 노력을 해왔으며, 그중에서도 가장 설득력 있는 명제인 '자기실현'을 매슬로가 제시하였다고 할 수 있다 (김병숙, 2009).

우리가 잘 알고 있는 심리학자 매슬로는 "사람의 욕구는 어느 단계를 달성하게 되면, 계속하여 더 높은 단계를 기준으로 삼기 때문에 '절대적 행복'이라는 것은 존재하지 않으며, 행복도 수치화 또는 정량화하는 것은 불가능하다."라고 하였다. 즉 외형적인 표현 양식에 따라 일정한 행복의 상태가 규정되는 것이라고 볼 수 없다는 것이다. 예를 들어 누군가 '행복하지 않은 것'처럼 보이는 상태라고 할지라도 그 평가는 어디까지나 관찰자의 주관에 따른 것일 뿐, 그 상태를 당사자가 주관적으로 행복한 상태라고 느끼고 있다면, 그것은 행복의 한 형태라고 할 수 있다. 또한 우리를 살펴보아도 행복은 상대적인 것이며, 이전에 충족시키지 못하였던 어떤 것이 충족되었을 경우, 그것은 이전의 상태와 비교하여 행복하다고 볼 수 있다. 즉 인간은 살아가는 과정에 갖가지의 욕구를 가지고 그것이 충족되기 바라는데, 그러한 욕구가 충만한 상태 또는 그때에 생기는 만족감이 행복이라고 할 수 있다(위키백과, 2008).

2) 매슬로의 욕구이론

매슬로(Abraham Maslow, 1943)는 인간은 문화권이 달라도 같은 종류의 욕구를 가지고 있으며 인간에게 동기를 부여할 수 있는 욕구는 계층을 형성하는 것으로 파악하고 이 욕구들은 5단계로 분류할 수 있다고 보았다. 이 이론의 특징은 인간의 행동을 논리적 사고의 결과가 아니라 욕구 충족의 필요성에 의한 5개 욕구의 충족과정으로 설명하고 있다는 점이다. 이 단계별 욕구는 각 단계(계층성)의 특성을 지닌다.

그는 4가지 가정을 통해 인간 행동을 관찰하고 이론을 정립하였으며 이는 아래와 같다.

첫째, 일단 만족된 욕구는 더 이상 동기부여의 요인이 아니다.

둘째, 인간의 욕구체계는 매우 복잡하다.

셋째, 하위수준의 욕구가 충족되어야만 상위수준의 욕구가 개인 행동에 영향을 미친다.

넷째, 하위수준보다 상위수준 욕구에 보다 많은 충족 방법이 있다.

매슬로의 욕구 5단계설

·1단계 (생리적 욕구) : 가장 하위단계의 욕구로 인간의 의식주와 관련된 생명유지를 위한 욕구

·2단계 (안전의 욕구) : 위험과 공포와 사고, 박탈 등으로부터 안전하고

자 하는 욕구(공포, 위험 및 피해로부터의 보호) ·3단계 (소속 및 애
정의 욕구) : 다른 사람들로부터 인정을 받고 사랑받
기를 원하며 집단에 소속하기를 바라는 욕구(애정, 소속감, 우정)
·4단계 (자존의 욕구) : 존경의 욕구는 자기로부터의 존경을 받고자 하는 욕구
(긍정적 자아개념, 자기존중심을 갖고자 하는 욕구)와 타인으로부터 존경
을 받고자 하는 욕구로 나뉨(자존, 자율, 성취)
·5단계 (자아실현의 욕구) : 자기의 잠재력을 최대한 개발하고자 하는
욕구(잠재능력 발휘 : 해보지 않았던 새로운 일을 해보고자 하는 욕구)

매슬로의 욕구단계

1단계 : 생리적 욕구

2단계 : 안전의 욕구

3단계 : 소속 및 애정의 욕구

4단계 : 자존의 욕구

5단계 : 자아실현의 욕구

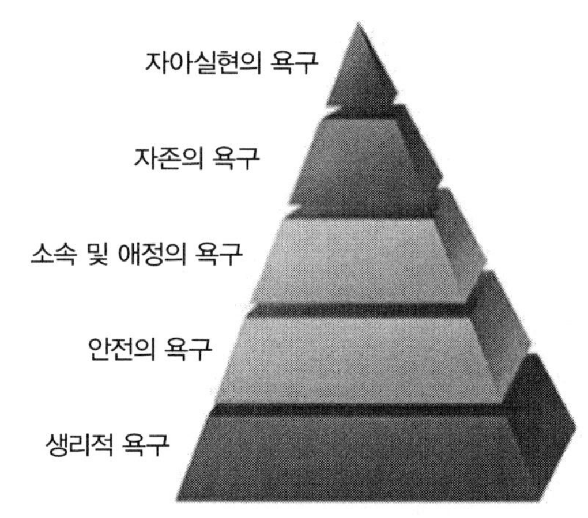

〈 매슬로의 욕구단계 〉

3) 일과 놀이

① 놀이

놀이(play)는 인간이 즐거움을 얻기 위해 하는 모든 활동을 말한
다. 일반적으로 놀이는 기분전환을 위한 여가활동이다. 사람은 2
세 때쯤부터 부모로부터 독립적으로 되면서 혼자 놀거나 친구들과
노는 것을 좋아하게 된다. 어린이들의 대표적인 놀이는 소꿉장난이

다. 남아들은 4~6세에서 취학하기 전까지 일찍부터 조종사, 선원, 기사, 왕, 목동 등의 놀이를 하면서 직업에 대한 관심을 나타낸다. 여아들은 '내가 어떻게 보일까?, 나는 무엇을 입을까?'라고 생각하다가 12~15세에 직업에 대한 특별한 관심을 보인다(Hechschid & Betz, 1981).

놀이의 핵심은 '즐거움'에 있다. 놀이의 참여자는 규칙을 수행하는 행위 등을 하면서 '즐거움'을 얻거나, 또는 특정행위 이후에 돌아오는 결과로 '즐거움'을 얻기 위함이 목적이다. 즉, 한 사람 이상의 참여자가 놀이를 하는 동안 또는 어떤 목표를 가지고 할 때 '즐거움'을 얻을 수 있는 행위를 '놀이'라고 한다. 여기서 '즐거움'이란 통념상 타인에게 피해를 입히지 않는 범위 안에서 느끼는 '긴장감, 성취감, 기쁨' 등의 건강한 정신 상태를 말한다(위키백과, 2008).

놀이는 일과 관련 있다. 놀이경험들은 각 개인들이 그들 자신과 세계가 어떻게 작용되는가에 대하여 배우도록 도우며, 탐색놀이를 통하여 다양한 인간관계를 확립한다. 자극적 놀이공간은 인지발달을 돕는다. 아동들은 갈등이 해결될 때 다른 사람과 상호작용하고 협동하는 것을 배우게 되며 놀이하는 가운데 일의 세계를 경험하게 된다(김병숙, 2009).

② 일

일이란 놀이와 다른 목표가 있고 힘을 소비하는 행위이다. 우리의 일상적인 행동은 놀이와 일로 구분된다. 일은 단순한 놀이와도 다르며 또한 우연적 행동이나 자연스러운 반응과도 다르다. 인간의 생애 동안 하는 하찮은 허드렛일이라 할지라도 목표가 있고 힘을 소비한다면 이는 일이다. 그러므로 일이란 반드시 경제적인 보수를 포함하지 않는다. 그러나 경제학자들은 일이란 노력의 소비로서, 일을 재정적 보수를 위한 활동이라고 정의한다. 현대에 와서는 일이란 금전과 교환하는 고용을 의미한다.

일에서의 가장 두드러진 특징은 인간이 목표를 세우고 힘을 소비할 변화를 가져온다는 것이다. 또한 일은 재화의 배분을 가져오기 때문에 의무를 다하려는 작용이기도 하며, 의도적 목적과 부합되지 않은 결과를 초래할 경우 이를 극복하려는 작용이기도 하다. 이와 같이 일은 인간 행동을 가장 잘 대변해주는 것 중의 하나이며, 적절하게 우리 자신을 표현하는 수단이다. 또한 일은 우리를 묘사·분류·기술·구별·평가하며, 우리 자신을 변화시키는 기제이다. 조직과 사회속성을 이해한다면 일이 사람에게 미치는 영향이 매우 큼을 알 수 있다(Hillsdale, 1983).

일이라 규정지을 수 있는 기준은 목표를 변화시키는 데 반대되는 것을 극복하기 위해 계획된 에너지의 소비이며, 변화를 조정하기 위해 계획되고, 또한 모든 일은 하나 또는 여러 문화권에 의해 규정된다고 볼 수 있다. 또한 에너지의 소비를 통해서 목표를 성취하는 것을 포함한다(Schrecker, 1978). 또한 헐(Hull)의 이론에 의하면 일이란 작업하는 노력에서 발생되는 모든 반응이며, 반응된 억제성을 가지고 있다고 본다(Stuart, 1996).

한편으로 우리는 일을 함으로써 소속감과 소명감을 가지게 되고, 일 자체를 행함으로써 자기개념이 만들어지기 때문에 해고되었거나 퇴직하였을 때 공허감과 절망감을 가질 수 있다. 따라서 일을 하면서 인간은 자기존중감을 갖게 되며, 이는 자신이 중요한 사람이고 무엇인가를 성취했으며 성공했다고 느끼고 싶은 심리적 욕구를 일으킨다고 할 수 있다. 그러므로 인간은 일을 함으로써 만족감을 느끼게 되는 것이다(하헌국 역, 1993).

행복의 공식

1인당 국민소득 2만 달러 시대에 불행하다는 소리가 여기저기서 터져 나오고 있다. 거시지표는 숨가쁘게 상승하는데 대체 왜 그럴까? 일찍이 경제학자 케인스와 새뮤얼슨은 '행복'을 '가진 것/욕망'으로 규정했으며 가진 것을 늘리거나 욕망을 줄이는 것을 행복의 척도라 생각했다. 하지만 더 많은 것을 가질 수 없었던 시기의 사상과 철학은 욕망을 줄이는 방향으로 나아갈 수밖에 없었다. 가진 것을 늘릴 수 없다면 차라리 욕망을 줄임으로써 행목을 얻고자 했던 것이다. 무위자연, 무소유 등이 그런 사상이었고, 금욕적인 세속종교의 발달도 일정 부분 그런 한계에 영향받았을 것이다.

하지만 18세기 이후 자본주의 성립으로 인해 폭발적인 생산성 혁신으로 이때부터 행복의 추구는 '욕망 통제'에서 '가진 것을 늘리는' 쪽으로 전환되었다. 새뮤얼슨이 제시한 행복공식이 맞다면, 가진 것을 대폭 늘린 지금 우리는 그만큼 행복해야 한다. 하지만 아무도 행복하다는 말을 쉽게 하지 못한다. 가진 것을 늘렸음에도 여전히 행복하지 못한 모순은 어떤 한계 때문일까? 해법은 결국 절충, 즉 욕망의 대상을 전환하는 데 있을 것이다. 더 가지려고 노력하되, 일정 수준 이상에서는 그 대상이 개인이 아닌 사회를 향함으로써 욕망을 선량하게 관리하는 것이다. 이것이 바로 케인스가 통찰력 깊은 에세이를 통해 전달하고자 한 메시지다.

소유하고자 하는 욕망이 개인의 경제적 성취와 소수집단의 부만을 대상으로 삼을 때 욕망은 날카롭고 사악하며 통제 불가능해지지만, 그 대상이 사회전체로 넓어지면 욕망은 부드럽고 선량해진다.

결국 이런 욕망의 상대적 통제와 전환만이 행복의 방정식을 완성하는 유일한 해법이 될 것이다. 그리고 개인과 사회가 행복을 얻을 수 있는 아름다운 수식이 완성된다면 지금 우리가 대립 중인 '복지'와 '성장'이라는 당대의 명제를 두고 어떤 사회구조를 완성해나가야 하는지 그 대답은 이미 정해져있는 셈이다.

박경철(2012), 시골의사 박경철의 자기혁명. 리더스북

2. 진로설계

1) 진로와 직업의 개념

① 진로

'진로(Career)'라는 말은 한 개인이 삶 중에서 '일'이라는 측면에 중점을 두면서 일과 다른 역할을 준비, 형성 및 축적하는 과정을 의미한다. 그런데 진로라는 용어는 매우 복합적이고 종합적인 의미를 지니고 있다. 즉 커리어란 일을 통해 무엇인가를 축적해 놓은 직업적 경력을 의미하는 과거적 뉘앙스가 녹아 있다. 동시에 커리어는 과거뿐 아니라 앞으로 생애의 모든 단계에서 쌓아가야 할 '행로'라는 말도 포함하는 미래지향적인 용어이기도 하다(진미석, 1999).

누구나 자신의 미래가 어떻게 전개되고 이루어질 것인가에 대하여 희망을 가지기도 하고 고민과 회의를 느끼기도 한다. 또한 '현대사회의 급격한 변화 속에서 어떻게 적응할 수 있을까?' 라는 불확실한 절망 속에 고민에 빠지기도 한다.

지나간 과거의 전통적 농본국가처럼 농업을 주로 하는 일이 거의 전부였던 단순하고 폐쇄적 사회였을 때는 미래에 대한 불확실성, 근심, 고민이 지금과 같이 심각하거나 고통스럽지가 않았다. 가부장적 제도 속에서 일정 연령이 지나면 성인식을 거쳐 조상 대대로 물려받은 가업인 농사짓기를 계승하면서 생계가 유지되었다. 따라서 직업준비나 취업에 대한 신경을 곤두세우지 않아도 일상생활 문제는 해결되었다.

그러나 산업사회를 맞이하면서 모든 것이 판이하게 달라졌다. 인구의 폭발적 증가, 과학기술 문명의 발달에 따른 산업구조의 변화, 첨단산업의 등장, 가치관의 변화, 산업발달에 따른 직업세계의 다양화·세분화·전문화에 따른 직업선택의 문제, 고학력 추세에 따른 교육수준의 팽창 등 한 개인의 진로선택과 결정에 많은 어려움이 생겨났다. 자동화·기계화로 인한 고용인력의 감소, 직업가치관의 혼란으로 인한 기능인 경시 풍조, 직업·직무 등 장차 미래사회에 적응하기 위한 직업선택의 문제가 복잡해졌다. 이로 인해 개인들은 학교교육만으로는 복잡한 진로문제를 해결하는 데, 상당한 어려움에 놓이게 되었으며, 이에 따라 개인의 진로문제는 중차대한 사회적 이슈로 등장하였다(김충기 외, 2006).

② 직업

우리는 직업을 2가지 의미로 사용한다. 하나는 자신의 '꿈'을 담아 표현하는 것이고 하나는 경제적 활동을 의미하는 것이다. 이와 같이 직업(vocation)은 생계의 유지와 사회적 역할분담 및 자기실현을 목표로 하는 노동이나 일을 일컫는 말이다. 직업은 조물주로부터 소명(Calling) 받은, 즉 어떠한 일을 하든지 자기가 하는 일에 전력을 다하는 것이 하늘의 뜻을 따르는 것이라고 생각하는 천직관에 그 의미를 두고 있다. 그러나 좁은 의미의 직업(occupation)은 자활의 한 수단으로, 혹은 생활을 위한 개인의 계속적인 일 또는 사업으로서 경제적 보수가 반드시 고려되는 일이다.

직업은 단어 자체가 사회의 일원으로서 노동(arveit 또는 work)을 중심으로 개인에게 주어진 역할인 직분을 통칭하는 것으로 직(職)과 생업을 뜻하는 업(業)을 합한 말이다. 영어의 'Vocation'이나 독일어의 'beruf'와 'berufung'은 하늘이 인간에게 부여한 소명의식을 포함하고 있는 천직(calling)의 의미가 강하다. 그러나 비영리적 전문직을 표현하는 profession과 더불어 'occupation'과 'business', 독일어의 'beschätigung'이나 'geschäft'는 행위에 대한 경제적 보상의 색채가 강하다. 즉 직업은 생계성, 사회성, 봉사성 등의 특성을 지닌 지속적인 활동이다. 이와 같이 외국어의 경우 직업이라는 말이 인간 행위의 가치성에 따라 그 쓰임의 범주가 명확하게 다른 반면, 우리말에는 이 2가지 범주의 의미를 포괄하고 있다(성기중, 1987).

직업이란?

____

____

____

____

직업활동으로 보지 않는 것

한국 직업사전에서는 직업을 '개인이 경제적 목적을 위해 윤리성, 합법성을 지니고 지속적으로 수행하는 경제 및 사회활동의 종류'라고 규정한다. 여기에서 계속적이라 함은 일시적인 것이 아니고 매일·매주·매월 주기적으로 행하고 있는 경우, 계절적으로 행하고 있는 경우 또는 명확한 주기를 갖지 않더라도 계속하고 있으면서 현재 하는 일에 대하여 자기의 사와 능력을 가지고 행하는 것을 의미한다. 그러나 다음과 같은 활동은 직업으로 보지 않는다.

1. 이자, 주식배당, 임대료, 소작료, 권리금 등과 같은 **재산 수입**이 있는 경우
2. 연금법, 생활보호법, 국민연금법 및 고용보험법 등의 **사회보장에 의한 수입**이 있는 경우
3. 경마, 경륜 등에 의한 **배당금의 수입**이 있는 경우
4. 예·적금 인출, 보험금 수취, 차용 또는 **토지나 금융자산을 매각하여 수입**이 있는 경우
5. 자기 집에서 가사활동을 하는 **전업주부**의 경우
6. 정규 교육기관에서 재학하고 있는 **학생**의 경우
7. 시민 봉사활동 등에 의한 **무급 봉사적인 일**에 종사하는 경우
8. 법률위반 행위나 법률에 의한 **강제노동**(강도, 절도, 매춘, 밀수 및 수형자의 활동 등)을 하는 경우

2) 진로설계의 의미와 중요성

빠른 산업구조의 변화와 첨단산업으로 인한 직업세계의 다양화·세분화·전문화로 인한 진로설정의 어려움, 기계화·자동화로 인한 고용인력의 감소, 평균수명연장과 장기근속연수 단축으로 인한 잦은 진로의사결정 필요, 변화의 과속화에 따른 소외·부적응의 정신병리적 현상 등 최근의 직업세계는 미래사회에 적응을 위한 우리를 더욱 불안하게 만들고 있다.

진로설계는 청소년기의 핵심적 발달과업으로서 자신의 특성을 바르게 인지하고, 진로의식을 확고히 하며, 나아가 산업구조의 변화 및 그에 상응하는 인력수급 전망에 대한 구조화된 이해를 통하여 적합한 진로를 그려내는 과업으로, 건물을 건설할 때에도 건축설계도가 없으면 아름답고 튼튼한 집을 지을 수 없듯이 진로설계는 성공적인 인생을 위한 반드시 필요한 작업이다.

특히나 사회로의 최종 관문인 대학시절의 진로설계는 첫째, 직업세계가 점점 전문화·복잡화되어 체계적 준비가 필요하고 둘째, 자신의 특성을 정확하게 파악하고, 이에 맞는 직업을 찾는 일은 체계적인 준비와 노력이 요구되며 셋째, 향후 30~40년 '삶의 폭과 깊이'에 영향을 미치기 때문에 더욱 중요시 되고 있다.

그러나 우리 대학생들은 졸업 후 좋은 직장에 취업하고 싶다는 욕망은 강하나, 이를 위해서 지금-여기서 무엇을 해야 할 것인지에 대한 고민과 실천이 상대적으로 약하며. 직업에 대해 지나치게 환상적 태도를 형성하고 있다. 특히 특정 직업군에만 관심을 보이고 있으며, 직업생활에서 겪게 되는 다양한 어려움에 대해 지나치게 단순화시켜 이해하거나 피상적으로 생각하고 있다. 이를 해결하기 위한 방법으로 자기 자신에 대한 체계적인 깊은 탐색과 변화하는 직업세계에 대한 통찰력으로 효과적인 진로 설정·탐색·준비 과정을 준비하는 진로설계가 필요하다(한국고용정보원, 2011).

진로설계의 중요성

진로설계를 위해 고려해야 할 사항

첫째, 개인의 재능과 부합할 것
둘째, 개인의 열정을 고려할 것
셋째, 사회적으로 필요한가를 고려할 것
넷째, 개인의 양심에 비추어 볼 것
다섯째, 타협의 과정임을 명심해야 할 것

한국고용정보원(2011), 대학생진로지도과정 CDP-C

행복했던 순간 생각해보기

※ 상자에 그림이나 글로 표현해 봅시다.

① 내가 가장 행복했던 순간은?

② 생각만 해도 기분 좋아지는 활동은?

이유 :

이유 :

③ 생각만 해도 기분 나빠지는 활동은?

④ '행복'을 위해 나에게 필요한 것은?

이유 :

이유 :

행복한 삶의 조건

앞으로의 남은 삶을 무인도에서 살아야 한다면…
다행히 생존을 위한 주거시설(물, 불, 전기)과 충분한
음식은 마련되어 있다. 무인도의 생활을 행복하게 만
들기 위해 반드시 필요한 5가지는 무엇인지 작성해 보
세요. 단, 물질적인 것뿐만 아니라, 정신적인 것도 포함한다(사람, 애완
동물 제외).

순위	반드시 가져가야 할 것	그 이유는?
1		
2		
3		
4		
5		

성공요인과 직업인으로서의 자기 포부

직업성공 사례를 읽고 주인공이 성공하게 된 요인이 무엇인지를 3가지 정도 적어 보고 직업인으로서 자신의 포부를 정리해 보세요(읽기자료 참조).

▣ 성공요인

1.

2.

3.

▣ 직업인으로서의 자기 포부

1.

2.

3.

직업 성공사례 1 : 안철수 (前 안철수연구소 CEO)

1982년 가을 친구의 자취방에서 처음으로 개인용 컴퓨터를 보았다. 그 신기한 물건을 앞에 두고 마치 그것이 내 것인 양 흥분을 감추지 못했던 기억이 난다. 중학교 때 읽은 잡지에 해외 토픽으로 실렸던 개인용 컴퓨터를 실물로 본다는 것은 그야말로 가슴 벅찬 일이었다. 그때까지만 해도 내가 컴퓨터와 친해지리라는 것은 상상도 못했다. 고등학교 기술시간에 선생님이 프로그래밍 언어니 포트란을 한 시간 가르쳐 준 적이 있었는데, 시험문제에 나온다고 해서 그것을 열심히 외운 게 내가 컴퓨터에 대해 아는 전부였으니까 말이다.

그런 내가 사람 대신 컴퓨터를 고치는 의사가 된 것은 박사과정 시절인 1988년, '브레인'이라는 세계 최초의 바이러스가 국내에 상륙했을 때다. 그 당시 내 컴퓨터도 감염되었는데, 컴퓨터 바이러스가 생물학적 바이러스와 개념적으로는 비슷하다는 생각이 들었고 때마침 컴퓨터 언어를 공부하던 터라 퇴치방법을 연구하기 시작했다. 백신 프로그램을 공개한 후 자의반 타의반으로 백신 프로그램을 계속해서 만들게 되었고 결국에는 백신과 관련된 벤처기업을 창업하게 되었다.

서울대 의대 졸업, 20대 의학박사, 20대 의대 교수로 이어지던 순탄한 과정을 버리기란 결코 쉬운 일이 아니었다. 그러나 실마리는 그때까지 살아왔던 삶은 남이 보기에 좋은 삶이라는 내 나름의 결론에서 풀렸다. 의대 교수라는 타이틀은 남이 보기에 좋을지 모르지만, 컴퓨터를 하면서 느낄 수 있는 자부심, 보람, 사명감, 성취감 등은 다른 무엇과도 비교할 수 없었다. 그리고 살아온 시간보다 살아갈 날이 많은 시점에서 지금까지 쌓아온 것에 연연하기보다는 현재 보람을 느낄 수 있고, 앞으로 해나갈 것이 많은 쪽에 승부를 걸어보는 것이 바르다는 생각이 들었다. 결국 14년 동안 공부해서 박사학위까지 받았던 의학을 깨끗이 포기하고 컴퓨터 보안 분야의 길을 걷기로 결정했다.

내 스스로 정한 삶의 원칙 일곱 가지를 들면 다음과 같다.

하나, 매 순간에 최선을 다하고 끊임없이 변화하고 발전하기 위해 노력한다.

둘, 높은 목표를 세우고 스스로를 채찍질한다.

셋, 결과도 중요하지만 과정을 더 중요하게 생각한다.

넷, 스스로를 다른 사람과 비교하지 않으며 외부 평가에 연연하지 않는다.

다섯, 항상 자신이 모자란다고 생각하고, 조그만 성공에 만족하지 않는다.

여섯, 기본을 중요하게 생각한다.

일곱, 천 마디 말보다는 한 가지 행동이 더 값지다고 생각한다.

안철수 외(2003). 우리 시대 명사 14인이 말하는 나의 선택. 정음.

직업 성공사례 2 : 김효준 사장 (BMW코리아 사장)

2003년 7월 1일자로 아시아인으로는 처음으로 BMW의 본사임원으로 선임된다는 통보를 받았다. BMW가 서울대도 도쿄대도 아닌 상업고등학교 출신을 본사 임원으로 등재한 것이다. 김효준 사장은 덕수상고와 방송통신대학을 졸업했다. 그나마 방통대는 고교 졸업 후 20년 만에 마친 것이다. 증권사와 외국계 보험회사 경력을 갖고 있던 그가 수입차 업계에서 일대 돌풍을 일으킬 줄은 아무도 예상하지 못했다.

고 3이던 74년 여름, 삼보증권(현 대우증권)에 취업해 일찌감치 사회생활을 시작한 그는 군복무를 마치고 하트포트라는 외국계 화재보험사로 옮겼다. 삼보증권 시절 학력에 대한 보이지 않는 장벽이 부담스러웠기 때문이다. 그러던 그는 제약회사인 한국 신텍스를 거쳐 BMW 코리아에 입사하게 되었다. 95년 3월 미국 유명대학의 박사와 MBA 출신의 예비후보 2명과 함께 독일에서 면접을 보았다. 그는 합격통보를 받고 나서 당시 비간트 사장으로부터 뜻밖의 얘기를 들었다. "우리는 당초 당신을 좋게 보지 않았습니다. 왜냐하면 자꾸 공부를 더하겠다고 고집을 부렸기 때문입니다. 금융·제조 경험에다 신텍스 시절의 훌륭한 업적까지 갖고 있는 당신에게 무슨 공부가 더 필요합니까. 학력은 그저 참고사안일 뿐이었습니다."

김 사장은 멀고 먼 길을 돌아왔다. 출발은 초라했지만 전인미답의 길로 새로운 성공신화를 만들었다. 분명 지름길은 없었다. 그렇다고 늦은 것도 아니었다. 그는 이제 겨우 47세다. 그는 과거 자신과 비슷한 상황에서 처해 있을 젊은이들에게 이렇게 얘기한다.

"아무리 어려운 여건일지라도 준비하고 노력하는 자에게는 기회가 옵니다. 어떤 기업도 당신을 고용해 체력과 정신력이 고갈될 때까지 부려먹지 않습니다. 지금은 조금 모자라는 부분이 있어도 노력할 수 있는 기회가 얼마든지 있습니다."

김효준 사장은 CEO가 되기 위한 덕목을 다음과 같이 꼽았다.

▶ 상식적으로 생각할 수 있어야 한다(치우치지 않고 넓게 볼 수 있어야 한다).
▶ 외국어를 할 수 있어야 한다(문화의 다양함을 이해할 수 있어야 한다).
▶ 자신의 분야가 무엇이건 전문가가 되어야 한다.
▶ 전문분야를 다른 분야에 접목할 수 있어야 한다.
▶ 자신감을 가져야 한다.

조일훈(2004). 한국 대표기업 CEO 열전: 나의 꿈 나의 청춘. 울림사

인생을 공중에서 5개의 공을 돌리는 것(저글링)이라고 상상해 봅시다. 각각의 공을 ① 일, ② 가족, ③ 건강, ④ 친구, 그리고 ⑤ 영혼(나)이라고 명명하고, 모두 공중에 떠 있다고 생각해 보십시오.

조만간 당신은 일이라는 공은 고무공이어서 떨어뜨리더라도 바로 튀어 오른다는 것을 알게 될 것입니다. 그러나 다른 4개의 공들(가족, 건강, 친구, 그리고 영혼)은 유리로 되어 있다는 것도 알게 될 것입니다.

만일 당신이 이 중 하나라도 떨어뜨리게 되면 떨어진 공들은 닳고, 상처 입고, 긁히고, 깨지고, 흩어져 버려 다시는 전과 같이 될 수 없을 것입니다. 당신은 이 사실을 이해하고, 당신의 인생에서 이 5개의 공들이 균형을 갖도록 노력해야 합니다.

자신을 다른 사람들과 비교함으로써 당신 자신을 과소평가하지 마십시오. 왜냐하면 우리들 각자는 모두 다르고 특별한 존재이기 때문입니다. 당신의 목표를 다른 사람들이 중요하다고 생각하는 것들에 두지 말고, 자신에게 가장 최선이라고 생각되는 것에 두십시오. 당신 마음에 가장 가까이 있는 것들을 당연하게 생각하지 마시고, 당신의 삶처럼 그것들에 충실하십시오. 그것들이 없는 당신의 삶은 무의미합니다.

과거나 미래에 집착해 당신의 삶이 손가락 사이로 빠져나가게 하지 마시고, 당신의 삶이 하루에 한 번인 것처럼 삶으로써 인생의 모든 날들을 살게 되는 것입니다. 아직 줄 수 있는 것이 남아 있다면 결코 포기하지 마시고, 당신이 노력을 멈추지 않는 한 아무것도 진정으로 끝난 것은 없습니다.

당신이 완전하지 못하다는 것을 인정하기를 두려워 마십시오. 우리들을 하나로 묶어주는 것이 바로 이 불완전함입니다.

위험에 부딪히기를 두려워 마십시오. 우리는 이러한 기회로 용기를 배웁니다.

찾을 수 없다고 말함으로써 당신의 인생에서 사랑의 문을 닫지 마십시오. 사랑을 얻는 가장 빠른 길은 주는 것이고, 사랑을 잃는 가장 빠른 길은 사랑을 너무 꽉 쥐고 놓지 않는 것이며, 사랑을 유지하는 최선의 길은 그 사랑에 날개를 달아 주는 것입니다.

당신이 어디에 있는지, 어디를 향해 가고 있는지도 모를 정도로 바쁘게 살진 마십시오. 사람이 가장 필요로 하는 감정은 다른 이들이 당신에게 고맙다고 느끼는 그것입니다.

시간이나 말을 함부로 사용하지 마십시오. 둘 다 다시는 주워담을 수 없습니다.

인생은 경주가 아니라 그 길의 한 걸음 한 걸음을 음미하는 여행입니다. 어제는 역사이고, 내일은 미스터리이며, 그리고 오늘은 선물입니다. 그렇기에 우리는 현재(present)를 선물(present)이라고 말합니다.

코카콜라 CEO의 2000년 신년사

2장 흥미와 진로탐색

이 세상에 위대한 인물이 되기 위한 모든 조건을 완벽하게 가지고 태어나는 사람은 없다. 위대한 인물은 주로 자신의 근면으로 인해 이루어지는 것이다. 별다른 능력을 가지고 있지 못한 사람일지라도 무슨 일이든 정성을 다해 열중하면 조금씩 진보하는 기쁨을 맛볼 수 있는 것이다. 이런 발전은 시계의 짧은 바늘과 같아서, 한 번 움직일 때마다 한 시간씩 가지만, 아주 조금씩 나아가기 때문에 눈에 띄지 않을 뿐이다.

조슈아 레이놀스

박성철(2003), 『세계 명언집 인생의 의미』

흥미는 만족에 기본이 되는 몰입의 기쁨을 주며 성공으로 다가설 수 있는 나침반 역할을 한다. 본장에서는 자신의 에너지를 집중하여 성공으로 다가설 수 있는 흥미 분야에 대해 탐색해 보자.

1. 흥미에 대한 이해

1) 흥미 개념

흥미(interest)란 '~하고 싶다' 또는 '~하고 싶지 않다'라는 마음의 특성으로 어떤 사람·사물·활동에 지속적·일관적으로 관심을 갖는 개인의 일반화된 생각과 행동으로 정의할 수 있다.

개인의 흥미, 좋아하고 싫어하는 것, 선호활동에 대한 정보는 다양한 방법을 통해 수집할 수 있다. Super는 흥미를 알아내는 기법을 3가지로 구분하였다.

첫째, 표현된 흥미는 어떤 활동이나 직업에 대해 '좋다, 싫다'라고 간단하게 말하도록 요청하는 것, 둘째, 조작된 흥미는 활동에 대해 질문을 하거나 활동에 참여하는 사람들이 어떻게 시간을 보내는지를 관찰하는 것, 물론 이 방법은 사람들이 자신이 좋아하거나 즐기는 활동과 연관된다는 것을 가정하는 것이다. 셋째, 조사된 흥미는 검사를 통해 알아내는 방법이며, 다양한 활동에 대해 좋고 싫음을 묻는 표준화된 검사를 완성하는데, 그 결과는 특정 직업에 종사하는 사람들의 흥미와 유사점이 있는지 비교하여 판정한다는 것이다.

실제로 어떤 사람들은 흥미, 가치, 욕구가 서로 분리된 차원이 아니라는 입장을 고수하기도 하고, 이와 반대로, 흥미와 가치, 욕구가 서로 다른 원천을 대표한다고 주장하기도 한다. 즉 사람들의 가치는 자신이 원하고 바라는 것과 어떤 결과나 언어가 그들 자신에게 중요하다는 것을 나타내며, 그들의 흥미는 다른 어떤 활동보다 더 중요하고 좋아하는 것을 얻기 위한 다양한 방식의 선호도를 의미한다고 볼 수 있다.

〈 국내의 흥미검사의 종류 〉

종 류	내 용	개발기관
직업선호도 검사 (S형, L형)	좋아하는 활동, 관심 있는 직업, 선호하는 분야를 탐색하여 수검자의 흥미유형에 적합한 직업들을 제공하며, 만 18세 이상의 성인이 대상이며 검사 소요 시간은 S형은 약 25분, L형은 약 60분이다.	한국고용 정보원
스트롱 흥미검사	325개의 항목으로 구성되었으며 다양한 직업, 학교과목 활동, 사람유형, 특징 등에 대한 선호도를 측정하는 것이다.	한국심리 검사연구소
직업 카드 분류 검사	직업에 대한 150개 카드로 홀랜드 흥미유형을 탐색하고 가치에 대한 주제를 분석함으로써 진로에 대한 태도, 의사결정 능력, 적합한 직업들 등에 대한 다양한 측면에서 결과를 판정하는 질적 검사도구이며, 시간은 60분 소요된다.	(사)한국 직업상담 협회

김병숙(2009). 인간과 직업. 서울: 시그마프레스

2. 흥미이론의 개요

직업흥미검사는 Holland의 흥미이론에 기초하여 개발된 직업심리검사이다. 우리가 RIASEC이론 혹은 Holland 이론이라고 부르는 흥미검사는 J. L Holland(1919~2008)에 의해 주창된 이론으로 많은 나라에서 흥미를 측정하는 데 Holland의 모형을 활용하고 있으며 다양한 분야의 연구자들이 측정 모형의 안정성과 검사 결과의 예측력을 입증하고 있다.

여기서는 이론의 주요원리와 기본 가정 등을 포함해 Holland 흥미이론의 특성을 개괄적으로 살펴보기로 하자.

1) Holland 이론적 배경

Holland가 진로이론에 관심을 갖기 시작한 것은 1940년대 중반에 모병면접자로 있었던 군대시절로 추정된다. 그는 군인들의 직업특성을 몇 개의 유형으로 설명할 수 있다는 생각을 하였으며 그 후 상담자로서 다양한 경험을 통해 분류체계를 개발하였고 미네소타 대학교에서 서로 다른 흥미를 가진 학생들은 서로 다른 성격적 특성을 갖는다는 확신을 갖게 되었다.

Holland는 사람들이 진로에 관해서 가지고 있는 일상적인 문제, 특히 진로결정에 관해서 설명하는 이론을 전개하려고 하였다. 특히 안정성과 진로변경에 관계된 개인 및 환경 특성에 대한 설명을 찾는 데 흥미가 있었다. 이러한 질문을 상세하게 해결하는 것은 진로문제가 있는 사람들을 돕기 위해서 효과적인 방법을 찾기 위한 타당한 절차로 평가된다. 그는 단순하고 경제적이고 실제적인 측정을 토대로 이론을 간략화하는 것을 선호하였다.

Holland의 이론은 다음과 같은 가정을 기초로 하고 있다. "직업적 흥미는 일반적으로 성격이라고 불리는 것의 일부분이기 때문에 개인의 직업적 흥미에 대한 설명은 곧 개인의 성격에 대한 설명이다."

1959년 최초로 자신의 이론적 가설을 『상담심리학(*Journal of Counseling Psychology*)』(6권 1호) 저널에 발표하면서, 기존의 직업선택 이론들에 두 가지의 심각한 결점이 있다고 보았다. Ginzberg나 Super의 진로발달이론은 너무 일반적이고, 대조적으로 Bordin이나 Roe의 이론은 너무 제한적인 측면에 초점을 둔다는 것이다. 이에 보다 포괄적인 이론이 필요하다고 보았다. 즉 직업선택은 그의 특정한 유전적 특질과, 동료·부모·중요한 성인·사회계층·미국적 문화·물리적 환경 등의 상호작용의 산물이라는 것이다(Holland, 1959).

Holland 이론이 발표된 당시에는 주요 분류를 현실적인, 탐구적인, 사회적인, 관습적인, 진취적인, 예술가적인으로 분류하였고, 1960년대에는 Holland와 그의 동료들이 이론에 기초한 일련의 연구프로젝트를 진행하면서 거듭 수정하였다.

이 이론은 그후 『직업선택의 심리 : 성격유형과 모델 환경이론(*The Psychology of Vocational Choice: A Theory og Personality Type and Model Environments*』라는 제목으로 1966년에 개정되어 발표되었고, 환경의 역할과 환경 측정에 대한 구체적인 설명이 보다 분명하게 다루어졌다. 이후 10개의 주요 이론에 근거한 연구들을 수행하면서 1963년에 이론을 다시금 개정하였다. 이때 가장 주요하게 개정된 것은 일치성 정도를 측정하기 위해서 유형을 육각형 모형에 배열한 작업이다. 또한 『직업의 선택: 진로이론(Making Vocaitonal Choice: A Theory of Carrier)(Holland, 1973)』에서 다룬 이론적 기술은 보다 명료하고 체계화되었다. 사람과 환경의 유형론이 이루어졌고, 증거에 따라 개정되었으며, 성격유형과 환경유형 간의 유사한 정도를 구체화하기 위해서 육각형 모형을 사용하였다. 또한 발달적 측면을 다루었고, 이론적 구인들을 측정하는 구체적인 방법을 제시하였다(Gorfredson, 1999).

이이서 1973년대에는 여러 학자들에 의해서 수많은 논문들이 발표되었고, Holland와 Gottfredson(1976)은 이론을 확장하고 명료화하였다(김봉환 외, 2010).

2) Holland 이론의 가정과 유형

① Holland 이론의 기본적 질문

Holland는 다음의 세 가지 질문을 통해서 진로관련 현상들을 설명하고자 하였다(Holland, 1997).

첫째, 어떤 개인적 또는 환경적 특성이 진로선택과 진로참여에

Holland 이론의 4가지
주요 가정

대한 만족을 이끌게 하는가? 어떤 특성이 진로를 결정하는 데 있어 방해를 하고, 진로에 대한 의사결정에 만족하지 못하게 하며, 직업을 성취할 수 없도록 하는가?

둘째, 어떤 개인적 또는 환경적 특성이 직업의 안정 및 변화를 가져오며, 평생 동안 계속해서 직업에 종사하도록 하는가?

셋째, 진로문제에 있어서 개인을 도와주는 가장 효과적인 방법은 무엇인가?

② 4가지 주요 가정

다음의 4가지 가정은 Holland이론의 핵심적 내용들로서, 성격유형과 환경 모형의 특성을 말하며, 어떻게 유형과 모형이 결정되며, 또 어떻게 성격유형과 모형이 직업적·교육적·사회적 현상들 속에서 상호작용 하는지를 보여준다.

첫째, 우리의 문화에서 대부분의 사람은 6가지 유형(현실적·탐구적·예술적·사회적·진취적·관습적 유형) 중의 하나로 분류될 수 있다. 그러나 여기서 말하는 유형은 이론적이거나 혹은 이상적인 유형으로, 우리가 실제 사람들을 측정해서 얻는 것과 다를 수 있는 일종의 모형이다.

둘째, 환경에도 6가지 직업환경유형(현실적·탐구적·예술적·사회적·진취적·관습적 유형) 중의 하나로 분류될 수 있다. 각 환경유형은 주어진 성격유형에 의해 결정되며, 환경은 특정한 문제와 기회를 포함한 물리적인 환경에 의해서 특징지어진다. 예를 들어, 현실적인(R) 환경은 현실적인(R) 성격의 사람들에 의해서 지배된다. 즉, 현실적인 환경에 있는 대다수의 사람들을 실제적인 성격유형과 유사하다. 그리고 관습적인(C) 환경은 관습형(C)의 사람에 의해서 지배된다.

셋째, 사람들은 자신의 기술과 능력을 발휘하고 태도와 가치를 표현하며, 이런 특징들에 부합되는 문제와 역할을 수행할 수 있는 환경을 찾는다. 즉 현실적인(R) 성격유형을 가진 사람은 현실적인 (R) 환경을 찾으려하고, 사회적인(S) 성격유형을 가진 사람은 사회 적인(S) 환경을 찾으려고 한다. 또한 어떤 유형의 환경은 그 환경에 적당한 성격유형을 가진 사람들을 찾기도 한다.

넷째, 행동은 성격과 환경의 상호작용에 의해 결정된다. 따라서 만약 사람과 환경의 성격유형을 안다면 그 둘 간의 성과, 즉 직업 선택, 직업전환, 직업적 성취, 역량, 교육적 혹은 사회적 행동 등에 대해서 예측할 수 있다.

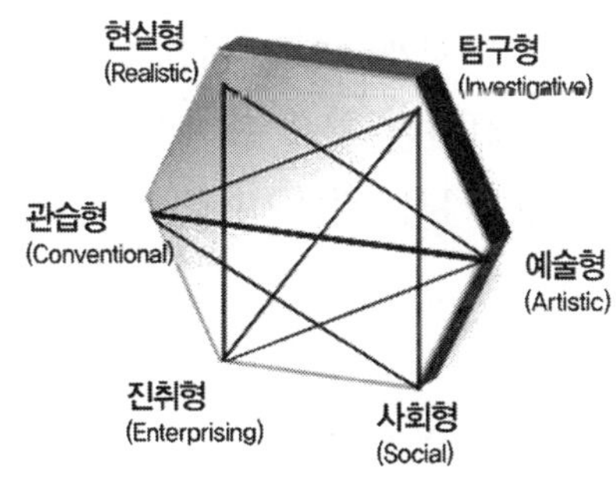

〈 Holland의 육각형 모형 〉

③ Holland 6가지 적성 유형의 특징

Holland가 제시한 6가지 유형의 특징은 다음과 같다.

첫째, 현실적 유형은 기계·도구·동물에 관한 체계적인 조작활동 을 좋아한다. 이 유형의 사람은 사회적 기술이 부족하다. 실제적인 유형에 속하는 전형적인 직업은 기술자다.

둘째, 탐구적 유형은 분석적이고 호기심이 많고 조직적이며 정확 하다. 그러나 이들은 흔히 리더십 기술이 부족하다. 대표적인 직업 은 과학자다.

셋째, 예술적 유형은 표현이 풍부하고 독창적이며 비순응적이다.

이들은 규범적인 기술이 부족하다. 음악가와 미술가는 예술적인 유형이다.

넷째, 사회적 유형은 다른 사람과 함께 일하거나 다른 사람을 돕는 것을 즐기지만 도구와 기계를 포함하는 질서정연하고 조직적인 활동을 싫어한다. 사회적인 유형은 기계적이고 과학적인 능력이 부족하다. 사회복지가, 교육자, 상담가는 사회적인 유형이다.

다섯째, 진취적 유형은 조직 목표나 경제적 목표를 달성하기 위해 타인을 조작하는 활동을 즐긴다. 그러나 상징적이고 체계적인 활동을 싫어하며 과학적 능력이 부족하다. 기업경영인, 정치가는 기업가적 유형이다.

여섯째, 관습적 유형은 체계적으로 자료를 잘 처리하고 기록을 정리하거나 자료를 재생산하는 것을 좋아한다. 그 대신 심미적 활동은 피한다. 경리사원, 사서 등이 이에 속하는 유형이다(김봉환 외, 2010).

3) Holland 이론에 대한 평가

1973년 Holland가 『직업의 선택(*Making Vocational Choices*)』을 출판한 이래로 지금가지 직업심리학 분야에서 가장 많이 인용되어 왔고, Holland의 RIASEC 육각형 모형은 직업심리에서의 아이콘이 되었다. 또한 6가지의 성격유형을 육각형(hexagon)의 구조로 배열한 것은 직업심리학의 역사상 가장 잘 검증된 결과물로 평가받고 있다(Rounds, 1995). 그밖에도 Holland 이론은 성격유형과 직업환경을 대응적인 구인(constructs)과 분류를 이용해서 직업을 심리적인 특징에서 기술하였다는 것이다. 이러한 공헌은 직무의 내용이 빨리 변하는 현대 사회에서 더욱 중요하다(Dawis, 1996). 특히, 직무내용에 따른 직업정보시스템은 지속적인 업데이트와 개정이 필요한데, Holland의 심리적 특성에 근거한 직업기술방법은 다소 안정적이고 일의 세계가 변화함에 따라 약간의 수정만 요구된다는 것이다. 그밖에도 Holland 이론은 흥미검사도구의 제작에도 영향을 미쳤는데, 심지어 유서 깊은 스트롱 흥미검사도 수정하게 만들었다.

Borgen(1991)은 Holland의 이론을 스트롱의 자료에 적용한 것은 흥미측정의 발전에 주목할 만한 일 중 하나였고, 이는 두 개의 다른 패러다임—스트롱의 경험주의적인 입장(dustbowl empiricism)과 Holland의 개념적인 추출물(conceptual abstraction)을 통합한 것이기 때문이다. 물론 Holland와 그의 동료들이 개발한 SDS(Self-Directed Search)와 VPI(Vocational Preference Inventory)는 지속적으로 진로상담자들이 가장 많이 사용하는 검사다.

이렇듯 Holland의 업적은 오늘날의 거의 모든 흥미검사에 강력한 영향력을 미쳐 왔다. Holland 이론의 강력하면서도 단순화되어 있는 육각형 모형은 흥미측정에 있어서 조직, 구조, 단순화, 발전된 해석이 이루어지도록 하는 데 크게 영향을 미쳤다. 따라서 Holland의 육각형 모형은 복잡한 직업세계를 단순화하고 해석하는 데 매우 유용한 방식이라고 할 수 있다. 그 어떤 이론이나 형태도 지금까지 이론적 연구자들과 응용적 입장에 서있는 현장의 상담가들에게 Holland보다 더 유용하게 기여하지는 못했을 것이다(Campbell & Borgen, 1999).

물론 이론의 제한점에 대해서는 Holland(1997) 스스로가 다음과 같이 기술한 바가 있다. 즉, 유형론의 개인과 환경 간의 상호작용에 관한 가설들은 지지를 받지만 보다 많은 검증이 필요하다. 또한 개인적인 발달과 변화에 관한 설명도 어느 정도 지지를 받고는 있지만, 보다 종합적인 검증이 필요하다. 또한 직업분류는 유형을 평가하고자 하는 도구들에 따라 조금씩 차이가 난다. 특히, 교육, 성, 지능, 사회계층, 기타 다른 중요한 변인들을 포함하여 개인적이고 환경적인 관련성을 예측하려고 하지만 진로 이론이 이를 포괄하는 데에는 아직 한계가 있다. 끝으로 과거에 발표된 연구뿐 아니라, 앞으로 발표될 연구 및 이론들까지도 포함하여 이론적 수정이 이루어져야 한다는 것이다.

또한 비판적 관점에서 Krumboltz(1996)와 Savickas(1997)는 오래된 질서가 변화하고 고용자들이 주어진 일을 무엇이든 잘 해내야 하는 요즘 상황에서, Holland 이론의 일치성에 대해 한계를 지적하였다. 즉, 같은 깃털을 가진 새라고 해서 반드시 함께 모일 필요는 없으며(Savicks, 1997), 서로 다른 특성을 가진 사람들 또한 주어진 환경에서 성공적으로 잘 지낸다는 사실을 간과하고 있다는 것이다(Krumboltz, 1996). 직업에서의 이질성은 오늘날 더욱 중요하게 여겨지며, 일치성은 더 이상 과거처럼 그렇게 가치로운 개념이 아니라는 것이다(Chartrand & Walsh, 1999).

김봉환 외(2010), 진로상담이론, 서울 : 학지사

3. 직업선호도검사 실시와 해석

1) 검사의 대상

직업선호도검사는 18세 이상 일반 성인들을 대상으로 하며 학력 등에 크게 제한받지 않고 실시 가능하다.

2) 검사의 구성

직업선호도검사는 검사구성 및 소요시간에 따라 L형과 S형의 두 가지 형태로 개발되었다.

〈 직업선호도 검사의 구성 〉

구 분	하위검사	소요시간
L형	흥미검사, 성격검사, 생활사검사	60분(시간제한 없음)
S형	흥미검사	25분(시간제한 없음)

직업선호도검사의 직업추천은 흥미검사 결과에 따른 흥미코드를 중심으로 제시되므로, 오랜 시간 검사를 실시하기 어려운 경우 S형 검사를 실시하여도 무방하다. 직업선호도검사의 세 가지 하위검사는 각 검사를 측정하는 하위요인으로 구성되어 있으며, 각 하위요인의 구성은 다음과 같다.

〈 직업선호도검사의 하위요인 〉

직업선호도	하위검사
흥미검사	현실형, 탐구형, 예술형, 사회형, 진취형, 관습형
성격검사	외향성, 호감성, 성실성, 정서적 불안정성, 경험에 대한 개방성
생활사 검사	대인관계, 자존감, 독립심, 양육환경, 야망, 학업성취, 예술성, 운동선호, 종교성, 직무만족

한국고용정보원, 직업선호도검사 실시요람

3) 직업선호도 검사 S형의 해석

직업선호도검사의 결과는 개인의 흥미코드를 산출하여 적합직업 분야를 예측할 뿐만 아니라 직업에 대한 정보를 제공함으로써 개인의 직무수행을 잘 예측하는 특성을 갖는다.

기본적으로 검사결과단계는 1단계 검사에 대한 전반적 이해, 2단계 흥미코드 이해 및 검사 점수 해석, 3단계 적합 직업 탐색의 단계로 진행된다.

① 1단계 : 검사에 대한 전반적 이해 (검사결과표 1)

직업선호도검사는 내담자의 '능력'을 측정하는 검사가 아니라 진로 및 직업선택과 관련된 '흥미나 기질적 속성'을 측정하는 검사이다. 또한 검사결과 해석은 일방적인 해석과정이 아닌, 내담자와의 양방향적인 해석과정이며, 내담자는 자신의 결과해석에 관심을 갖고 적극적으로 참여해야 한다.

② 2단계 : 흥미코드의 이해 및 검사 점수의 해석 (검사결과표 2)

결과 해석의 두 번째 단계는 Holland의 6가지 흥미유형을 이해하고 개인의 두 자리 흥미코드를 해석하는 단계이다. 결과표 2페이지에는 개인의 두 자리 흥미코드가 원점수 기준에 따라 제시되고 있다. 원점수에 의해 선정된 내담자의 두자리 흥미코드를 해석하며 표준점수에 의한 코드도 함께 살펴보고 내담자가 자신의 내적/외적 흥미 유형을 이해할 수 있어야 한다.

검사결과표 1페이지

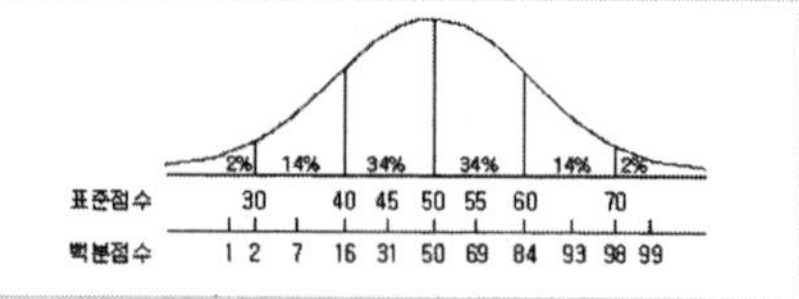

선호도검사 길잡이

◆ 검사결과 바르게 읽기

직업선호도검사는 자신에 대한 이해를 높이고, 심리적 특성을 파악하여 직업선택과 관련된 의사결정을 돕기 위한 검사입니다.
직업선호도 검사 S형은 흥미를 묻는 다섯가지 하위검사로 구성 되어 있습니다.

◇ 흥미검사

흥미검사는 당신이 어떤 분야에 흥미와 관심이 있는지 알려주는 심리검사입니다. 사람들은 직업과 관련된 여섯 가지 흥미유형인 현실형, 탐구형, 예술형, 사회형, 진취형, 관습형으로 분류될 수 있습니다. 본 결과표는 당신의 흥미유형, 흥미유형의 다양한 특성, 적합직업 등을 안내합니다.

◆ 검사점수 바르게 읽기

◇ 직업선호도검사는 원점수와 표준점수라는 두가지 검사 점수를 사용합니다.

원점수(raw scores)	표준점수(standard scores)
일반적으로 결과해석에 편리하도록 점수전환을 하게 되는데 원점수란 전환을 위한 기초 점수 입니다.	타인과의 비교를 위해 원점수를 해석하기 편리하게 전환한 검사점수 입니다.

◇ 표준점수분포와 점수의 의미

표준점수를 의미있게 해석하기 위해서는 다음의 표준점수분포를 참고하면 됩니다.
당신의 점수가 분포의 어느 위치에 놓이는지 표시해가며 점수의 의미를 살펴보시기 바랍니다.

	2%	14%	34%	34%	14%	2%
표준점수	30	40 45	50 55	60	70	
백분점수	1 2	7 16	31 50 69	84	93 98 99	

표준점수	40점 이하	41-59점	60점 이상
백분점수	16점 이하	17-83점	84점 이상
점수의미	대체로 낮은 점수	중간점수	대체로 높은 점수

◇ 다음 장부터 흥미검사 위주와 점수해석방법을 안내합니다.

가. 원점수와 표준점수의 해석

직업선호도검사는 개인의 6가지 흥미유형 점수를 원점수로 산출한 뒤 높은 점수의 순서대로 두 자리 코드를 제시한다. 이때 주의할 것은 결과표에 6가지 흥미유형별 표준점수도 제시되나 흥미유형의 해석에 차이가 있으므로 원점수와 표준점수로 산출되는 흥미유형을 정확히 이해할 수 있도록 하여야 한다.

표준점수란?

〈 직업선호도 원점수와 표준점수의 의미 〉

흥미유형 산출방법	의미	활용
원점수	개인 내적인 흥미	개인 내적으로 높은 흥미유형을 탐색하여 결과해석의 주요자료로 활용
표준 점수	개인 외적인 흥미	다른 사람과 비교한 흥미유형 탐색으로, 특이한 흥미코드의 해석을 제외하고는 검사결과의 보조적 해석자료로 활용

검사결과표 2페이지

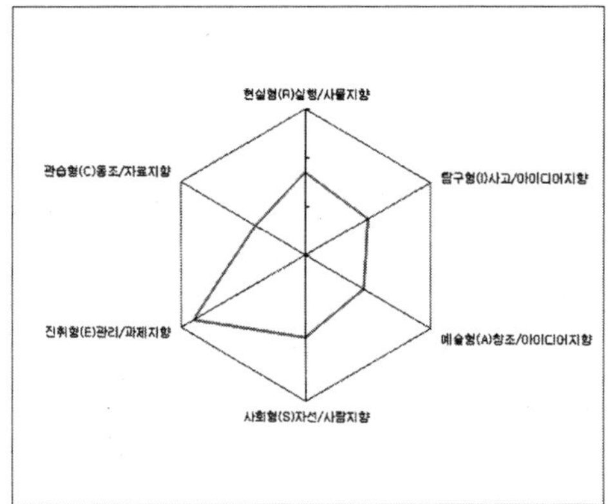

흥미검사결과

◆ 검사결과 바르게 읽기

당신의 흥미코드 : ES

구분	현실형(R)	탐구형(I)	예술형(A)	사회형(S)	진취형(E)	관습형(C)
원점수	17	15	14	17	27	12
표준점수	57	58	52	54	66	51

◆ 흥미의 육각모형

흥미검사해석

◆ 흥미검사 결과에서는 개인별 흥미코드, 흥미유형별 원점수, 표준점수, 흥미의 육각모형이 제공됩니다. 다음의 해석방법을 자세히 읽어보시면 결과이해에 도움이 될 것입니다.

◆ 흥미유형별 점수

개인별 흥미코드	흥미코드는 원점수가 큰 세 가지 흥미유형의 문자로 표기되며, 본 코드에 따라 당신에게 적합한 직업과 훈련이 안내됩니다.
흥미유형별 원점수	흥미란 타인과 비교하기보다는 개인 내적으로 어떤 유형에 가까운지를 아는 것이 더 중요하므로 원점수가 결과해석의 중요한 자료로 사용됩니다.
흥미유형별 표준점수	타인과 비교하기 위한 점수로서, 특이한 흥미코드의 해석과 같은 몇 가지 경우를 제외하고는 결과해석의 보조자료로 사용됩니다.

◆ 흥미의 육각형 모형

흥미검사 결과에서는 개인별 흥미코드, 흥미유형별 원점수, 표준점수, 흥미의 육각모형이 제공됩니다. 다음의 해석방법을 자세히 읽어보시면 결과이해에 도움이 될 것입니다.

		육각형 모양	
		한쪽으로 찌그러진 모양	정육각형에 가까운 모양
육각형 크기	크다	특정 분야에 뚜렷한 관심을 보입니다. 흥미가 잘 발달되어 있고 안정적인 형태입니다. 당신의 성격, 능력, 경험 등이 관심분야와 조화로운지 살펴보는 것이 바람직합니다.	관심분야가 폭넓은 경우입니다. 거의 모든 분야에 호기심이 있지만 자신의 진정한 흥미분야가 무엇인지 잘 모를 수 있습니다. 능력, 성격, 경험 등을 고려하여 흥미분야를 좁혀보는 것이 바람직합니다.
	작다	대체로 흥미발달이 잘 이루어지지 않았습니다. 특정 분야에 관심이 있긴 하지만 그 정도가 크지 않습니다. 조금이라고 관심이 있는 분야에 대한 적극적인 탐색을 시도해 보는 것이 바람직합니다.	뚜렷한 관심분야가 없습니다. 무엇에 관심이 있는지, 무엇을 잘 할 수 있는지 등과 같은 자기이해가 부족한 경우입니다. 과거에 즐거웠거나 잘 할 수 있었던 작은 경험부터 떠올려 봅시다.

나. 흥미 육각형 모형의 해석

개인의 6가지 흥미유형 점수는 결과표 2페이지에 제시되는 것처럼 육각형 모형으로 도식화될 수 있다. 흥미육각형 모형은 흥미유형 간 거리를 나타내는 것으로 일반적으로 육각형의 크기와 모양으로 해석될 수 있다.

긍정 응답률이 낮은 경우	• 진로나 직업선택에 있어서 개념으로 접근하는 것이 아니라 특정 직업을 선정하여 다른 가능성을 배제하고 있는 경우 • 자아개념이 너무 낮아서 우울한 사람인 경우 • 어느 것에도 무력감을 나타내고 흥미를 보이지 않는 경우 • 성격적으로 너무 편협된 사람의 경우 등
긍정 응답률이 높은 경우	• 너무 다양한 흥미, 성격, 능력을 나타내고 있어서 어느 것이 자신의 성격, 흥미, 능력인지 특정 지을 수 없는 경우 • 특정 분야에서 흥미나 진로를 선택적으로 받아들이지 못하는 경우 • 진로성숙도가 너무 비현실적 또는 환상적 수준에 있어서 모든 것에 대해 긍정적으로 응답한 경우 등

• 흥미육각형 모형의 모양

흥미육각형 모양은 일반적으로 내담자 흥미의 일관도 및 변별도와 관련지어 해석할 수 있다. 흥미육각형 모양이 정육각형에 가까울수록 내담자의 흥미가 잘 변별되지 않음을 의미하는데, 흥미육각형 모양에 따른 사례별 해석은 다음과 같다.

A. 비교적 성숙이 잘된 내담자 – 흥미육각형이 한쪽으로 찌그러짐
• 현재의 행동양식과 사고과정을 통찰할 수 있음 • 다양한 대안들에 대해서 효과적으로 선택의 폭을 좁힐 수 있음 • 생각해 볼 수 있는 생애/진로의 대안을 제공해 줌 • 개인의 자원과 능력을 확인할 수 있음 • 필요한 사람, 훈련, 교육 등에 어떤 것들이 있는지 확인할 수 있음 • 자기만족과 생애만족을 고양시킬 수 있음

B. 흥미가 없거나 낮은 내담자 – 흥미육각형이 매우 작음

- 자신과 직업, 일에 대한 정보가 결여되어 있고 무관심하며 낮은 자아존중감을 갖고 있음. 근본적인 정서문제가 있다면 진로상담 전에 미리 이를 다룰 수 있도록 함
- 자기탐색으로 내담자의 한 주 간 생활에 대해 써보게 하여 내담자 행동 분석
- 흥미확인을 위해 30 혹은 50개 직업목록을 작성하게 함
- 일과 관련된 직접적인 경험을 하게 함

C. 비현실적 소망을 지닌 내담자 – 흥미육각형이 양극단으로 뾰족함

- 잘못된 자아인식으로 너무 원대하거나 너무 낮은 소망을 가짐
- 현실적인 직업선택을 할 수 있도록 함
- 비현실적인 소망에 대한 비판보다 격려를 해주고 자신의 강점과 약점을 이해하게 함
- 자신의 능력을 올바르게 이해할 수 있도록 적성검사 등을 실시

D. 다양한 잠재력을 지닌 내담자 – 흥미육각형이 매우 큼

- 과다선택에 직면해 있으며, 우유부단한 의사결정 특성을 보일 수 있음
- 내담자의 관심을 확인하고 그에 따른 정보수집을 하도록 함
- 직업가치관을 측정하고 원시안적 계획을 갖도록 함
- 여러 가지 관심이나 재능을 여가활동, 공공봉사 등에 활용할 수 있도록 격려

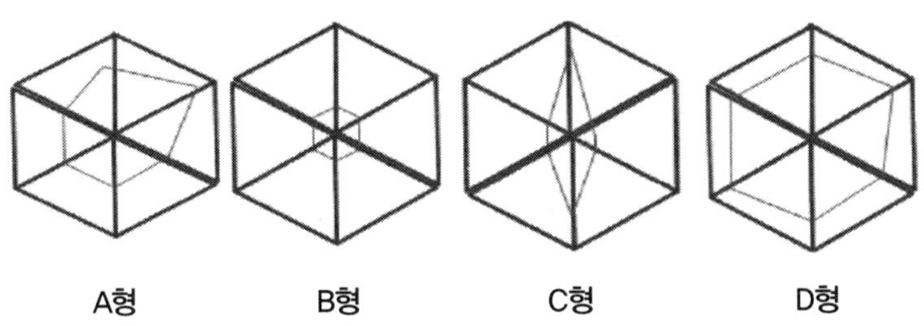

• 두 자리 흥미코드의 일관도

두 자리 흥미코드의 위험성은 개인 흥미가 얼마나 안정적인지를 나타내 준다. 따라서 상담자는 두 자리 흥미코드가 서로 어떤 관계에 놓여있는지를 파악하여 내담자 흥미코드의 일관성 정도를 해석할 수 있다. 일반적으로 흥미육각형 모형에서 인접한 위치에 있는 코드끼리 유사한 특성을 가지며, 흥미유형 간 일관도는 다음과 같이 해석될 수 있다.

〈 근접성 수준에 따른 흥미코드 〉

근접성 수준	흥미코드
높은 수준	RI, RC, IR, IA, AI, AS, SA, SE, ES, EC, CE, CR
중간 수준	RA, RE, IS, IC, AR, AE, SI, SC, EA, ER, CS, CI
낮은 수준	RE, IE, AC, SR, EI, CA

흥미코드 일관도 해석

• 흥미코드의 첫 두 코드가 육각모형 중 인접한 두 점을 나타내고 있다면, 그 흥미코드는 매우 높은 일관도를 나타냄
• 높은 일관도가 있는 흥미코드를 가진 사람은 흥미코드가 자신의 직무코드와 잘 맞을 때 직무에 만족하는 경향이 높음
• 흥미 두 자리 코드가 육각형의 반대편에 위치하는 지점에 있다면, 매우 낮은 일관도를 갖고 있다고 보이며, 일관도가 낮은 흥미코드를 가진 사람은 흥미코드가 자신의 직무코드와 잘 맞을 때조차도 직무에서 만족감을 얻는 것이 어려울 수 있다.

• 두 자리 흥미코드의 변별도

개인의 두 자리 흥미코드는 다른 흥미코드와 어느 정도의 점수

차이가 나는지에 따라 해당 코드의 특성을 어느 정도 강하게 갖고
있는지를 해석할 수 있다.

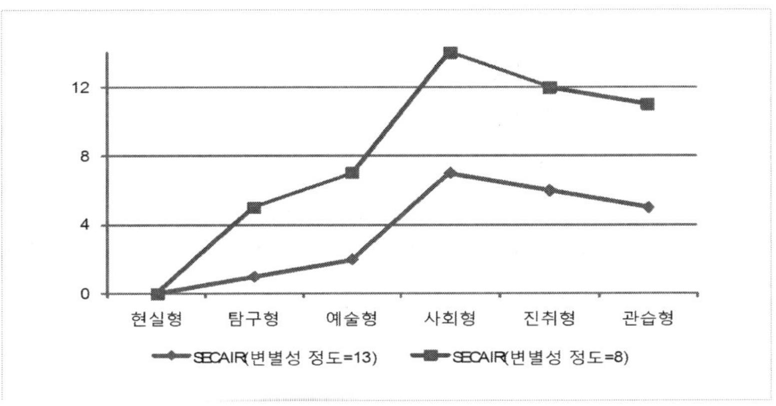

〈 Holland 이론 두 자리 흥미코드의 변별도 〉

낮은 변별도

- 각 유형의 점수가 모두 높게 나온 경우에는 활기가 넘치고 다양하고
  광범위한 흥미와 재능을 가진 경우를 의미함
- 각 유형의 흥미점수가 모두 낮게 나온 경우에는 문화적 경험의 부족,
  자기거부, 정체감의 혼란 등을 의미함
- 때로 정서가 분열되거나 혼란스러운 경우 낮은 변별도를 보일수 있음

③ 3단계 : 적합 직업 탐색 **(검사결과표 4)**

결과표의 4번째 페이지는 두 자리 흥미코드에 적합한 직업을 제
시하는 부분이다. 여기서는 개인의 두 자리 흥미코드에 대한 직업
뿐 아니라, 관련 훈련직종까지 제시되므로 자신의 흥미유형에 적합
한 훈련분야를 탐색할 수 있다.

4) Holland 6가지 유형별 특징

① 현실형(Realistic type)

가. 선호하는 직업경향
- 실제적인 직업이나 상황을 선호
- 도구나 기계를 사용하여 일하는 것을 좋아하는 반면 사회성이 필요한 직업이나 상황을 피하려고 함
- 자신과 비슷한 신념, 흥미, 가치를 가진 사람과는 잘 어울릴 수 있는 반면 다양한 흥미는 가지지 못함

나. 인생 목표와 가치
- 전통적 가치 고집

검사결과표 4페이지

◆ 나에게 적합한 직업

흥미코드에 따라 적합직업이 제시됩니다. 당신과 흥미유형이 유사한 종사자가 많은 직업을 적합직업으로 안내합니다.

※ []안은 직업지도(jobmap)직업명칭을 제시한 것입니다.

◇ 당신의 흥미코드 ES 에 해당되는 적합직업

고졸

심판(운동,오락)[경기심판 및 경기기록원],이미용관련종사자[이· 미용사],배달원[기타 배달 및 수하물 운반원],보험모집인[보험모집인],레크레이션지도자[레크레이션진행자 및 스포츠 강사],텔레마케터[전화통신판매원],경호원[기타 경비,경호,건물관리 관련직],행사도우미[홍보판촉원],부동산중개인[부동산중개인],도소매판매종사자[판매원]

대졸(전문대졸 포함)

세무사[세무사],변호사[변호사],연출가[감독 및 연출자],노무사[인사 및 노사관련 전문가],통역사[통역가],판사[판· 검사],연예인 매니저[연예인 매니저],기계장비기술판매원[기술영업원],외교관[고위공무원 및 공공단체 임원],사회복지사(의료관련)[사회복지사],기업대표 및 기관장[기업 고위임원],아나운서[아나운서 및 리포터],운동감독[경기감독 및 코치],부서관리자(인사,영업,홍보)[경영지원관리자],호텔 및 식당 지배인[숙박 및 음식서비스 관리자],조명감독[영화,연극 및 방송 기술감독],광고기획자(AE)[광고 및 홍보전문가],운동선수매니저[기타 레저 및 스포츠 관련직],환경영향평가원[환경 공학 기술자]

대학원졸 이상

◆ 나에게 적합한 훈련직종

흥미코드에 따라 적합 훈련직종이 안내됩니다. 직업훈련 선택시 참고할 수 있습니다.

훈련직종은 당신의 흥미코드 두자리 ES 를 기준으로 제공됩니다. 다음을 당신의 흥미코드와 관련하여 참고할 만한 훈련직종입니다.

부동산컨설턴트,생명보험,손해보험,이용,호텔관리,호텔지배인

◆ 흥미유형별 대표직업

흥미유형	특성	대표분야	대표직업
현실형(R)	실행/ 사물지향	기계분야	전기기사, 소방관, 중장비 기사, 목수, 농부, 군인, 경찰, 프로운동선수, 운전사
탐구형(I)	사고/ 아이디어지향	연구분야	언어학자, 심리학자, 물리학자, 생물학자, 시장조사분석가, 경영분석가, 번역가
예술형(A)	창조/ 아이디어지향	예술분야	음악가, 화가, 디자이너, 시인, 카피라이터, 영화/연극배우
사회형(S)	자선/ 사람지향	상담분야	사회사업가, 상담가, 간호사, 교사, 성직자
진취형(E)	관리/과제지향	경영분야	기업대표, 고위관리자, 변호사, 영업사원
관습형(C)	동조/자료지향	회계분야	회계사, 경리사무원, 의무기록사, 비서, 은행사무원

- 제도적으로 제한된 환경에서 일하는 것을 선호하고 자유에 관한 신념을 갖고 있기도 함
- 야망과 자기통제력을 매우 중요한 가치로 여김
- 세상일에 대해 단순하고 분명하며 보수적인 견해를 가짐

다. 자기에 대한 신념

- 실질적이고, 신체적으로 강인하다고 지각
- 기계적이고 기술적인 능력에 뛰어나고, 그러한 일들에 잘 숙련될 수 있다고 생각
- 신체능력이 뛰어나지만 말주변이 별로 없어서 자신의 생각이나 감정을 쉽게 표현하지 못하거나 다른 삶과 대화하는 데 어려움을 겪음
- 이 유형의 사람들은 자신을 확실하고, 솔직하고, 순진하고, 실질적이며, 안정되고, 물질주의적이고, 부끄러움을 잘 타며 단순한 사람이라고 여김

② 탐구형(Investigative Type)

가. 선호하는 직업경향

- 탐구적인 직업이나 상황을 선호하고 사회성이 필요한 직업이나 상황을 피하려는 경향이 많음
- 복잡한 원리나 방법을 이해하거나 추상적이고 애매한 문제를 풀어가는 직업활동을 선호

나. 인생 목표와 가치

- 과학적이고 탐구적인 활동과 목표성취에 가치를 둠
- 자신의 아이디어나 창의성을 발휘하는 것에 가치를 두고 세상의 현상을 해석하고 싶어하는 욕구가 강함
- 지적이고 논리적이며 독립적으로 결정할 수 있는 능력에 가치를 두고 있으나 가족의 안정, 의기왕성함, 우정 등에는

가치를 두지 않음
- 자유로운 목표와 가치를 가지고 있으며 규율 속에 제한을 받기보다는 혁신적인 가치관과 태도를 갖는 경우가 많음

다. 자기에 대한 신념
- 자신의 학문적 능력이나 지적인 능력에 대해서 자신감을 느끼고 있음
- 스스로 리더십이나 설득력이 부족하다고 여김
- 일 중심적이며 자신이 맡은 문제에 몰두하는 자기동기부여가 높음

③ 예술형(Artistic Type)

가. 선호하는 직업경향
- 상상력을 많이 사용하고, 감성적이며 충동적이고 독창적인 활동을 선호
- 작곡이나 저술, 연극과 영화 및 음악이나 미술작품을 창작하는 일과 같은 예술적인 직업이나 상황을 선호
- 자신의 직업활동이 여가활동이나 개인적 관심분야와 밀접하게 관련되는 것을 선호함

나. 인생 목표와 가치
- 심미적 활동이나 성취를 중요한 가치로 여김
- 사회규범이나 사회적 기대에 동조하기보다는 자기 내면세계의 표현 또는 평등과 같은 가치를 더 중요시함
- 자유로운 목표와 가치를 가지고 있음

다. 자기에 대한 신념
- 스스로를 정서에 민감하다고 생각하며 자신이 참여적이고 표현적이며 상상력이 풍부하고 예술적 창의성을 갖고 있다

고 여김
- 자신을 뛰어난 음악능력, 미술능력, 연기력, 집필력, 언어구사력 등과 같은 능력을 갖고 있는 사람으로 평가

④ 사회형(Social Type)

가. 선호하는 직업경향
- 다른 사람을 도와주거나 교육·양육하는 일들을 선호
- 다른 사람들에게 무언가를 설명하고 가르치거나, 어려운 사람들을 돕는 자선사업 등에 관심이 많음
- 사람들 간의 갈등이나 의견을 좁혀 중재하고 상담하는 활동을 선호

나. 인생 목표와 가치
- 사회적이고 윤리적인 활동이나 성취를 중요한 가치로 생각
- 사람들이 서로 평등하고 도움을 주고 받으며 용서할 수 있는 세상을 희망함
- 인생의 목적에 대한 고찰이나 종교활동 등에 가치를 둠
- 일생 동안 다른 사람을 돕고 올바르게 이끌어주며 보살피고, 훈련시키는 일을 중시 여김

다. 자기에 대한 신념
- 자신을 협력적이고 타인에게 친근감을 주는 사람으로 인식
- 스스로를 관대하고 설득력이 있으며 다른 사람들을 잘 도와준다고 여김
- 개방적인 신념체계를 갖고 있으며 다소 전통적이고 관습적인 가치를 고수하기도 함

⑤ **진취형(Enterprising Type)**

가. 선호하는 직업경향
- 영업이나 마케팅, 정치활동이나 관리 및 감독 업무와 관련된 활동을 선호
- 조직이나 개인의 목표를 설정하고 새로운 정책이나 상황들을 해결해 가는 활동, 다른 사람들을 설득하고 영향력을 행사하는 직업활동을 좋아함

나. 인생 목표와 가치
- 진취적인 상황을 선호하고 경제나 정치 분야에서의 성취를 가치 있게 여김
- 타인을 통제하고 자신은 통제에서 벗어나고자 하며 야망에 가치를 둠
- 리더가 되고자 하며 공공적인 업무에서의 영향력을 중시함

다. 자기에 대한 신념
- 야심 있고 모험을 즐기며 타인을 잘 설득하며 리더십을 갖고 있는 것으로 생각
- 다른 사람과 함께 일하며 경쟁하는 활동을 좋아하고 자신이 다른 사람들을 효율적으로 통제할 수 있다고 생각
- 자신이 대인관계 능력이 있고 자신감 있으며 활기차고 낙천적이며 사교적이라고 여김

⑥ **관습형(Conventional Type)**

가. 선호하는 직업경향
- 체계적으로 잘 구조화된 상황에서 구체적인 정보를 바탕으

로 정확성과 세밀함을 요구하는 일을 선호
- 조직 내에서 자신에게 맡겨진 정보를 효과적으로 사용하여 조직의 기능을 효율적으로 수행하는 일들을 선호
- 수량화된 정보를 다루는 통제관리, 회계작업 활동, 문서기록 및 관리, 보고서 작성 등의 업무를 좋아함

나. 인생 목표와 가치
- 진취형과 동일하게 경제적인 보상에 가치를 두지만 순응적이고 지시에 따라 행동함으로써 성과를 내는 것을 중요시 여김
- 비교적 폐쇄적인 가치체계를 갖고 있으며 상상력을 요하는 일이나 예술 활동, 대인능력을 요하는 일들에는 별로 가치를 두고 있지 않음

다. 자기에 대한 신념
- 성실하고 꼼꼼하며 주어진 일을 묵묵히 잘 수행한다고 생각
- 스스로를 보수적이며 안정적이고 자신을 잘 통제하며 신뢰할 수 있다고 여김
- 인내심이 있고 효율성과 정확성을 요구하는 일에 자신을 보임

한국고용정보원, 대학생직업심리검사 사용자 가이드

〈 Holland 6가지 유형별 특징 〉

구분	현실형(R)	탐구형(I)	예술형(A)
성격 특성	실제적인, 겸손한, 실용적인, 독단적인, 소박한, 단순한, 통찰을 중요시 생각 않는	분석적, 이지적, 현학적, 개방적, 광범위한 호기심	상상력이 풍부한, 직관적, 감수성이 예민한, 자유분방한, 개방적, 독창적
자기 평가	실용적이고 보수적이며 손재주와 기계적 소질이 있으나 사교적 재능이 부족함	분석적이고 지적이며 회의적이고 학술적 재능이 있으나 대인관계 기술이 부족함	경험에 대해 개방적이며 혁신적이고 지적이지만 사무적 재능이 부족함
선호 직업 활동	기계, 도구, 사물의 조작	자연현상과 사회현상을 탐구, 이해, 예측, 통제	문학, 음악, 미술활동
적성	기계적 능력	학구적 능력	예술적 능력
가치	눈에 보이는 성취에 대한 물질적 보상	지식의 개발과 습득	아이디어, 정서, 감정의 창조적 표현
생의 목표	기구나 장비의 발명, 뛰어난 운동 선수	가치있는 것을 발명, 과학에 대한 이론적 기여	예술계의 유명인, 글쓰기, 회화, 작곡
회피 활동	타인과의 교류	설득 혹은 영업 활동	반복적인 과업과 관례에 순응

구분	사회형(S)	진취형(E)	관습형(C)
성격 특성	명랑한, 친절한, 이해심 있는, 사교적, 설득적, 외향적	지배적, 모험적, 야심적, 권력지향적, 경쟁적, 외향적, 열정적	순응적, 보수적, 실용적, 상상력이 풍부하지 못한, 변화를 싫어하는, 안정 추구
자기 평가	동정적이고 참을성이 있으며 대인 관계적 소질이 있으나 기계적 노력이 부족함	영업능력과 설득력을 갖고 있으나 과학적 재능이 부족함	사업과 생산에 기술적 능력을 갖고 있으나 예술적 재능이 부족함
선호 직업 활동	개인적 교류를 통해서 타인을 도와주고 가르치고 상담, 봉사하는 활동과 직업	타인을 설득하고 부리며 지시하는 활동	관례를 정하고 유지하여 기준을 적용하는 활동
적성	사회적/교육적 능력, 지도력, 영업 능력, 대인관계 능력	지도력, 영업능력, 사회적/교육적 능력, 사업적/사무적 능력, 대인관계적 능력	사업적/사무적 능력
가치	타인의 복지와 사회적 서비스를 중시	물질적 성취와 사회적 지위	물질적/금전적 성취와 사회·사업·정치 영역에서의 권력
생의 목표	타인을 돕고, 희생, 봉사, 유능한 교사 혹은 임상치료사	사회의 영향력 있는 지도자, 금융과 상업 분야의 전문가	금융과 상업 분야의 전문가
회피 활동	기계 및 기능적 활동	과학적, 지적, 추상적 주제	모호하거나 비구조적 과업

한국고용정보원, 대학생직업심리검사 사용자 가이드

나의 흥미를 찾아서 (1)

과연 나는 어떤 것에 흥미가 있나?
이제까지 살아오면서 특정 활동이나 사물에 대해 지속적인 관심을 갖고 있었고,
그것만 생각하면 가슴이 설레고, 나도 모르게 그쪽을 향하게 되고, 하게 되는 무
엇!

내가 흥미 있어 하는 사물이나 활동 등에 대해 한번 떠올려 봅시다.

- 나는 ________________________________ 을 좋아합니다.

- 나는 ________________________________ 을 좋아합니다.

- 나는 ________________________________ 을 좋아합니다.

- 나는 ________________________________ 을 좋아합니다.

- 나는 ________________________________ 을 좋아합니다.

- 나는 ________________________________ 을 좋아합니다.

나의 흥미를 찾아서 (2)

내가 시간가는 줄도
모르고 몰두하는
일은? 이유는?

나의 취미활동은?
취미가 된 이유는?

내가 좋아하는
과목은? 이유는?

내가 시간을 내서라도
꼭 해보고 싶은
일은? 그 이유는?

좋아하는 직업인은?
그 이유는?

나의 흥미와 진로

직업선호도검사 결과를 가지고 모둠별 토론을 해봅시다.

1. 내 유형에 대한 설명 중, 특히 나에게 잘 맞는 단어나 표현어구들은 무엇인가?

2. 같은 유형별 모임에 대한 소감은?

3. 나의 흥미에 적합한 직업은?

★ 이 중, 관심이 있는 직업 우선순위

①

②

③

④

4. 나의 흥미를 더 발전시켜 앞으로의 취업이나 경력에 연관시킬 수 있는 방안은 무엇일까?

내가 진짜 좋아하는 일을 찾자

강수진은 세계적인 춤꾼이다. 그의 실력은 국내외에서 알아준다. 독일 슈투트가르트발레단 수석무용수인. 99년 말 34살이던 그는 謀(모) 춤전문지가 선정한 "20세기 한국의 대표적인 춤꾼 6명"에 들 뻔했다가 빠진 적이 있다. 당시 저명한 춤평론가 9명은 '강수진은 아직 역사적 평가를 하기엔 아직 어리다'라는 이유를 들어 그에게 '베스트 6표'를 몰아주지 않았다. 이럴 정도로 강수진은 젊은 나이에 성공한 인생이다. 그는 연습광이다. 한 시즌에 토슈즈 1백50켤레를 닳아 없애는가 하면, 공연 전 연습을 할 때는 하루에 19시간을 춤 출 때도 있다. 주위에서 그녀를 지켜보는 사람들은 강씨의 엄청난 연습량에 압도된다. 그리고 가냘픈 여성인 그가 어째서 세계적인 춤꾼인지 이해하게 된다. 그는 누가 뭐라고 해도 틀림없이 연습벌레이며, 독일 속담처럼 연습이 그를 대가로 만들었다. 그러나, 그는 자신의 성공이 단지 연습의 결과라고 생각지 않는다. 그 자신이 꼽고 있는 제1의 성공요인은 단순하지만 강력한 한 마디에 들어 있다. "나는 춤추는 것을 좋아한다"라는 것이다. 좋아하기 때문에 강씨는 하루종일 춤을 추고 다음날 또 출 수 있는 것이다. 연습이 노력만 가지고 되는 것이라면, 그 일은 괴롭다. 노력이 미딕임에 틀림없다. 하지만 평생을 노력만 하고 살아야 하는 사람이 있다면, 그의 삶은 얼마나 팍팍하고 고단할 것인가? 묻지 않아도 뻔한 일 아닌가. 강씨의 경우 좋아서 하는 일이니까 어려움을 견디고 끔찍한 훈련도 마다하지 않는 것이다.

직장인 중에서 좋아하는 일을 하며 사는 사람은 별로 많지 않다. 맡겨진 일이니까 하는 것이다. 그리하여 월급만큼만 일하고, 삶은 지루하고 일상은 시들하다. 어디에도 열정은 없다. 열정이 없는 곳에서 그 일의 대가(大家)는 나올 수 없다. 보통의 직장인들이 자신의 삶 속으로 뜨거운 열정을 끌고 들어오려면 어찌해야 할까. 우선 인생은 '하고 싶은 일을 하며 사는 것'이라고 스스로를 설득할 수 있어야 한다. 자신을 설득하는 데 드는 시간은 오래 걸리지 않는다. 왜냐하면 모든 사람이 하고 싶은 일을 하며 살고 싶어하니까. 그런데 왜 그렇게 못하는 사람들이 대부분일까? 그렇게 할 수 없는 상황 때문이라고 믿는 사람들이 꽤 많기 때문이다. 그나마 있는 직장을 버리면 어떻게 먹고 살겠느냐는 경제적 걱정이 앞선다. 이게 일반적인 생각들이다.

그러나 이것은 대부분 착각이다. 유감스럽지만, 대부분의 직장인은 자신이 좋아하는 일이 무엇인지 잘 알지 못하기 때문에 그 일을 할 수 없는 것이다. 지금의 삶이 원하는 삶이 아니라는 것은 분명히 알겠는데, 그 '무엇인가'의 정체는 뿌옇고 모호하다. 그래서 '그 일'을 택할 수 없는 것이다. 그러므로 좋아하는 일을 하려면, 우선 첫 번째 과제가 자신이 좋아하는 것이 무엇인지 알아내는 것이다. 나머지 인생 전체를 바쳐 하고 싶은 단 하나의 프로젝트를 발견해 내는 것이 우선적 과제인 것이다.

3장 가치와 진로탐색

마음에서 일어나는 욕구만 쫓는 사람은
시간이 지나면서 태도를 바꾼다.
결국 자신의 행동을 우회하기 때문이다.
톨스 토이(1828~1910)

사람들은 헛된 욕구에 시간을 낭비하는 경우가 많다. 욕구라는 것은 때로는 진정
성과 가치를 잊어버리게 한다. 직업은 욕구만이 아니라 스스로의 가치에서 올바른
선택을 할 수 있게 한다. 따라서 가치는 진로에 커다란 영향력을 행사하며 바람직한
삶을 이루게 하는 통로, 그리고 세상을 향한 소통의 장을 이루게 한다.

1. 가치에 대한 이해

1) 가치의 개념

가치는 '어떠한 방식으로 행동하는 것이 개인적 또는 사회적으로 좀 더 바람직한지에 대해 장기적으로 지속되는 믿음'으로 정의할 수 있다(Nevil & Kruse, 1996). 서로 다른 가치를 가진 사람들은 서로 다른 의사결정을 내리며, 서로 다른 행동을 나타내게 된다. 사회가 고도로 발전되면서 새로운 가치도 많이 생겨났으며, 그만큼 다양한 가치가 혼재하게 된다.

앞장에서 전술한 개인의 흥미와 가치 사이에는 밀접한 관계가 있다. 흥미는 특정 활동이나 대상을 좋아하거나 싫어하는 것을 의미한다(Holland, 1997). Super(1995)는 흥미와 가치를 니즈(needs)와 같이 연결시켜 구분하고 있다. Super는 먼저 니즈를 배고픔과 같이 결핍된 것을 의미하며 생존과 관련된 것으로 개념화하였고, 가치는 환경과 상호작용을 통해 이러한 니즈를 더 정교화하는 것으로 보았다. 예를 들면 남을 도우려는 니즈로 인해 이타주의라는 가치를 갖게 된다는 것이다. 또한 흥미는 개인이 자신의 가치를 추구 또는 달성하고, 그래서 니즈를 충족시키기 위해 행하는 활동으로 정의하였다.

Super의 이론에 따르면 개인의 니즈는 그 사람이 왜 특정 활동을 추구하는지를 이해하는 데 도움을 줄 수 있지만 그 사람이 어떤 행동을 하려는지에 관해서는 충분한 정보를 제공하지 못한다고 설명하고 있다. 즉 미래행동을 예측하기 위해서는 개인의 가치와 흥미를 평가할 필요가 있다고 보는 것이다.

Nevil과 Kruse(1996)에 의하면 '가치는 니즈보다 좀 더 구체적이고, 흥미보다는 좀 더 일반적이다' 라고 제시하고 있다. 또한 Down과 Koreck(1996)은 흥미는 가치, 가정생활, 사회계층, 문화, 물리적 환경과 같은 요인으로부터 얻어 진다고 설명한다. 흥미는 가치를 반영하기는 하지만 예를 들어 창의성에 가치를 두고 있는 사람이라 하더라도 한사람은 예술분야에 또 다른 사람은 과학분야에 흥미를 가질 수 있다. 현재 사용되고 있는 다양한 흥미검사의 이론적 틀인 육각형 모형을 제시한 Holland(1997)도 개인의 흥미는 개인의 성격, 가치, 그리고 라이프 스타일을 반영한다고 주장하였다. 따라서 흥미의 내면에는 가치가 자리 잡고 있는 것으로 볼 수 있다.

그러므로 흥미와 가치는 모두 직업을 선택하는 데 있어서 고려해야 할 중요한 요인들이다. 자신이 좋아하는 일을 하고 자신이 중시하는 가치가 현 직업에서 실현가능할 경우, 개인은 현 직업이나 직무에 더 만족하게 되고, 더 오래 머무르게 되며, 더 건강한 삶을 누릴 수 있기 때문이다(Rounds, 1990).

2) 직업가치의 개념

직업가치란 직업선택에 있어 영향을 미치게 되는 가치관이라고 볼 수 있다. 어떤 사람은 자기만의 시간을 가질 수 있는 여유로운 직업을 원하는 반면, 다른 사람은 일을 통해 성취감을 맛볼 수 있는 직업을 원할 것이다. 이렇듯 서로 다른 직업을 원하는 것은 서로 다른 가치관을 가졌기 때문이다. Judge와 Bretz(1992)는 가치란 흔히 무엇이 옳고 잘못되었는지에 대한 고유하고 일관된 관점이며 이러한 관점이 직업 및 일의 장면에 적용된 것이 직업가치라고 주장하였다. Kinnane과 Pable(1962)은 직업가치는 특정 직업이 아닌 일반화된 개념으로서의 직업에 대한 개인의 태도를 말하며, 이것은 가족, 학교, 직업환경뿐만 아니라 사회매체와의 상호작용을 통해 발달한다고 하였다.

3) 직업가치관의 구분

직업가치는 내재적 가치와 외재적 가치로 구분될 수 있다. 내재적 가치는 일을 통해 내적인 만족을 얻고자 하는 사람일 가능성이 높으며 자신이 좋아하는 있을 해야 직업생활에 만족감이 높게 나타날 수 있다. 내재적 가치를 중시하는 사람은 직업적성보다 직업흥미를 기준으로 직업을 선택하는 것이 좋을 수 있다.

외재적 가치는 직업에서의 수행을 중요하게 여길 가능성이 높으며 자신의 직업에서 능력발휘를 잘할 수 있을 때 만족감이 높게 나타날 수 있다. 외재적 가치를 중시하는 사람은 직업흥미보다는 직업적성에 맞추어 직업을 선택하는 것이 좋을 수 있다. 직업가치검사의 하위 요인을 내재적과 외재적 가치를 구분하면 아래와 같다.

〈 직업가치관검사의 내재적 가치와 외재적 가치 구분 〉

구분	직업가치 하위요인
내재적 가치	성취, 봉사, 개별활동, 변화지향, 지식추구, 직업안정, 몸과 마음의 여유, 자율, 실내활동
외재적 가치	성취, 영향력 발휘, 지식추구, 금전적 보상, 인정, 애국
내·외재적 가치	성취, 지식추구

한국고용정보원, 직업가치관검사 실시요람

2. 직업가치관검사 실시와 해석

1) 검사의 대상

직업가치관검사를 실시할 수 있는 대상은 만 15세의 청소년에서부터 만 50세까지의 성인인데, 일반적으로 고등학생부터 실시할 수 있다.

2) 직업가치관검사의 구성

직업가치관검사는 크게 두 부분으로 구성되어 있다.

첫 번째는 직업가치관을 묻는 문항들로 구성된 부분이다. 직업가치관을 묻는 부분은 총 13개의 하위 요인으로 구성되었으며, 전체 검사를 실시하는 데 약 15~20분 정도가 소요된다.

두 번째는 인적사항에 관한 부분으로 상담 시 활용할 사항에 대한 내용으로 구성되었다.

3) 직업가치관검사의 하위 요인

〈 직업가치관 검사의 하위요인 〉

하위요인	내용
성취	스스로 달성하기 어려운 목표를 세우고 이를 달성하여 성취감을 맛보는 것을 중시하는 가치
봉사	자신의 이익보다는 사회의 이익을 고려하며, 어려운 사람을 돕고, 남을 위해 봉사하는 것을 중시하는 가치
개별활동	여러 사람과 어울려 일하기보다는 자신만의 시간과 공간을 가지고 혼자 일하는 것을 중시하는 가치
직업안정	해고나 조기퇴직의 걱정 없이 오랫동안 안정적으로 일하며 안정적인 수입을 중시하는 가치
변화지향	일이 반복적이거나 정형화되어 있지 않으며 다양하고 새로운 것을 경험할 수 있는지를 중시하는 가치

몸과 마음의 여유	건강을 유지할 수 있으며 스트레스를 적게 받고 마음과 몸의 여유를 가질 수 있는 업무나 직업을 중시하는 가치
영향력 발휘	타인에게 영향력을 행사하고 일을 자신의 뜻대로 진행할 수 있는지를 중시하는 가치
지식추구	일에서 새로운 지식과 기술을 얻을 수 있고 새로운 지식을 발견할 수 있는지를 중시하는 가치
애국	국가의 장래나 발전을 위하여 기여하는 것을 중시하는 가치
자율	다른 사람들에게 지시나 통제를 받지 않고 자율적으로 업무를 해나가는 것을 중시하는 가치
금전적 보상	생활하는 데 경제적인 어려움이 없고 돈을 많이 벌 수 있는지를 중시하는 가치
인정	자신의 일이 다른 사람들로부터 인정받고 존경 받을 수 있는지를 중요시하는 가치
실내활동	주로 사무실에서 일할 수 있으며 신체활동을 적게 요구하는 업무나 직업을 중시하는 가치

한국고용정보원, 대학생직업심리검사 사용자 가이드

① 성취

가. 의미

성취는 스스로 달성하기 어려운 목표를 세우고 이를 달성하여 성취감을 맛보는 것을 중시하는 가치를 말한다.

나. 특징

- 성취를 중시하는 사람은 자신이 하고자 하는 일에 대한 목적이 분명하며, 그것을 이루기 위해 목표를 세워 실행에 나간다.
- 대체로 이런 사람들은 도전적이고 진취적이고 경쟁적인 성향을 보이며, 늘 새로운 과제에 부딪혀 도전하고 이를 이루어 내거나 넘어설 때 기쁨과 보람을 느낀다.

다. 적절한 직업

대학교수, 연구원, 프로운동선수, 연구가, 관리자 등

② 봉사

가. 의미

봉사는 자신의 이익보다는 사회의 이익을 고려하며, 어려운 사람을 돕고, 남을 위해 봉사하는 것을 중시하는 가치를 말한다.

나. 특징

- 봉사를 중요한 가치로 생각하는 사람들은 다른 사람을 위해 일하는 것에서 주로 보람을 느낀다.
- 또한, 봉사가치가 뚜렷한 사람은 마음이 따뜻하고, 희생정신이 있고, 동정심이 많고, 적극적이고 정의감이 있는 사람이다.

다. 적합한 직업

사람들은 주로 다른 사람들을 위해 일할 수 있는 직업들에서 많이 나타나는데, 판사, 소방관, 성직자, 경찰관, 사회복지사 등

③ 개별 활동

가. 의미

여러 사람과 어울려 일하기보다는 자신만의 시간과 공간을 가지고 혼자 일하는 것을 중시하는 가치를 말한다.

나. 특징

- 개별 활동을 중시하는 사람들은 대체로 다른 사람으로부

터 간섭받는 것을 싫어하고 본인도 다른 사람의 일에 간섭하는 것을 별로 좋아하지 않는 성향을 보인다.

- 따라서 협동하여 일하거나 다른 사람과 교류하는 것보다는 대체로 스스로 결정하고 실행하는 것을 좋아한다.
- 이들의 성격은 대체로 조용하고 온순한 편이지만 사람에 따라서는 매우 고집이 있거나 개성 있어 보일 수 있고, 사람들과의 접촉을 별로 좋아하지 않기 때문에 냉소적이거나 냉정한 사람으로 비춰질 수도 있다. 그러나 대부분은 자기 내면의 세계를 즐기는 것이지 다른 사람에 대한 적대감이 있는 것은 아니다.

다. 적합한 직업

주로 혼자 하는 직업이 많은 디자이너, 화가, 연주가 등의 예술 분야의 직업과 개별적인 활동을 주로 하는 운전사, 교수와 같은 직업

④ 직업안정

가. 의미

직업안정은 해고나 조기퇴직의 걱정 없이 오랫동안 안정적으로 일하며 안정적인 수입을 중시하는 가치를 말한다.

나. 특징

- 직업안정을 중시하는 사람들은 일 자체가 변화가 많고 역동적이기보다는 반복적이고 익숙한 일을 하길 더 원한다.
- 또한 하나의 전문적인 기술을 가지고 오랫동안 꾸준히 일할 수 있는 환경을 좋아하기 때문에 이 가치를 중시하는 사람들은 대체로 믿음직스럽고, 꾸준하고, 인내심이 많고, 차분한 편이다.

다. 적합한 직업

연주가, 미용사, 교사, 약사, 변호사, 기술자 등 전문적인 기술을 가지고 할 수 있는 직업

⑤ 변화지향

가. 의미

변화지향은 일이 반복적이거나 정형화되어 있지 않으며 다양하고 새로운 것을 경험할 수 있는지를 중시하는 가치를 말한다.

나. 특징

- 변화지향을 중시하는 사람들은 일상적인 업무보다는 늘 새로운 일을 선호하는 경향을 보인다.
- 따라서 이들은 새로운 아이디어를 필요로 하는 일이나 새로운 사람을 많이 만나게 되는 일을 할 때 일에 대한 보람을 느끼며, 똑같은 일을 반복적으로 하는 것을 별로 좋아하지 않는다.
- 또한 이들의 성격은 대체로 밝고 활달하고 사람들과 만나 이야기하는 것을 좋아하고 늘 에너지가 넘친다.

다. 적합한 직업

연구원, 컨설턴트, 소프트웨어 개발자, 광고 및 홍보전문가, 메이크업 아티스트 등

⑥ 몸과 마음의 여유

가. 의미

몸과 마음의 여유는 건강을 유지할 수 있으며 스트레스를

적게 받고 몸과 마음의 여유를 가질 수 있는 업무나 직업을 중시하는 가치를 말한다.

나. 특징

- 몸과 마음의 여유를 중시하는 사람들은 일 외에 자신만의 여가 시간을 갖거나 충분한 휴식이 주어지는 것을 선호한다.
- 즉 이들은 일만큼이나 자신의 개인생활을 중시하는 경향을 보이며, 규칙적인 업무를 통해 자기 시간을 갖고 자율적인 스케줄 관리가 가능한 직업을 선호한다.

다. 적합한 직업

몸과 마음의 여유를 중요한 가치로 보는 직업은 자신의 시간관리가 비교적 자유롭거나 일하는 시간이 규칙적이어서 여가시간을 많이 가질 수 있는 직업이 해당된다. 예로 대학교수, 화가, 교사, 조경기술자 등

⑦ 영향력 발휘

가. 의미

영향력 발휘는 타인에게 영향력을 행사하고 일을 자신의 뜻대로 진행할 수 있는지를 중시하는 가치를 말한다.

나. 특징

- 타인에 대한 영향력 발휘를 중시하는 사람들은 주도하기를 좋아하고, 자기주장이 강하고, 도전적이며 또한 다른 사람들과 교류하는 것을 좋아한다.
- 따라서, 이들은 다른 사람들이 자신의 의견이나 생각을 잘 따라주기를 원한다.

다. 적합한 직업

감독, 코치, 관리자, 성직자, 변호사 등

⑧ 지식추구

가. 의미

지식추구는 일에서 새로운 지식과 기술을 얻을 수 있고 새로운 지식을 발견할 수 있는지를 중시하는 가치를 말한다.

나. 특징

- 지식추구를 중시하는 사람들은 늘 새로운 것에 관심이 많고 궁금증이 많은 사람들이다.
- 이들은 책이나 인터넷 등을 통해 여러 가지 현상에 대한 지식을 얻기를 좋아하며, 또한 일을 통해서도 다양한 지식을 얻는 것이 보람 있다고 생각하는 사람들이다.

다. 적합한 직업

판사, 연구원, 경영컨설턴트, 소프트웨어 개발자, 디자이너 등 전문적인 지식이나 기술을 요하는 직업

⑨ 애국

가. 의미

애국은 국가의 장래나 발전을 위하여 기여하는 것을 중시하는 가치를 말한다.

나. 특징

- 애국을 중시하는 사람들은 개인의 이익보다는 사회, 더 나아가 국가의 이익을 중시하는 사람들이다.
- 이들은 국가를 위해 일하겠다는 사명감이 높으며, 책임감이 강하고 소신이 명확한 사람들이라고 볼 수 있다.

다. 적합한 직업

군인, 경찰관, 검사, 소방관, 사회단체활동가 등 소명감을 가지고 일하는 직업

⑩ 자율

가. 의미

자율은 다른 사람들에게 지시나 통제를 받지 않고 자율적으로 업무를 해나가는 것을 중시하는 가치를 말한다.

나. 특징

- 자율을 중시하는 사람들은 다른 사람으로부터 간섭받는 것 그리고 명령이나 지시에 의해 일하는 것을 싫어하고, 의사결정 권한도 자신이 갖는 것을 좋아한다.
- 이들은 누가 시키지 않아도 스스로 계획을 짜고 일을 수행해나갈 수 있는 능력이 있는 편이며 자기통제를 잘 하는 편이다.

다. 적합한 직업

연구원, 자동차 영업원, 레크리에이션 진행자, 광고전문가, 예술가 등

⑪ 금전적 보상

가. 의미

금전적 보상은 생활하는 데 경제적인 어려움이 없고 돈을 많이 벌 수 있는지를 중시하는 가치를 말한다.

나. 특징

금전적 보상을 중시하는 사람들은 일에 대한 정당한 대가로서의 돈을 중요하게 생각하는 사람들로, 대체로 성실하고 열심히 일하는 사람들이다.

다. 적합한 직업

프로운동선수, 증권 및 투자중개인, 공인회계사, 금융자산 운용가, 기업 고위임원 등

⑫ 인정

가. 의미

인정은 자신의 일이 다른 사람들로부터 인정받고 존경 받을 수 있는지를 중요시하는 가치를 말한다.

나. 특징

- 인정을 중시하는 사람들은 많은 사람들로부터 자신의 일에 대한 인정을 받지 못하면 일의 의미를 찾지 못하는 경우가 많다.
- 주로 사회적으로 명예로운 직업이나 사람들로부터 얻는 인기가 중요한 직업, 주목받는 일이 많은 직업을 선호한다.
- 이들은 대체로 다른 사람 앞에 서는 것에 대해서 크게 개의치 않는 편이고, 말이 많고, 적극적이고, 자신의 일에 열심인 편이며, 특히 자신의 일에 전문적인 능력을 쌓아 그로부터 인정받기를 원한다.

다. 적합한 직업

판사, 교수, 운동선수, 연주가 등

⑬ 실내 활동

가. 의미

실내 활동은 주로 사무실에서 일할 수 있으며 신체활동을 적게 요구하는 업무나 직업을 중시하는 가치를 말한다.

나. 실내 활동이 높은 경우

- 실내 활동을 중시하는 사람들은 보통 몸을 많이 움직이는 일보다는 앉아서 할 수 있는 정적인 활동을 좋아하는 경향을 보인다.
- 대부분 조용하고, 차분하고 편안하고 성실한 편이다.
- 고등학생들이 실내 활동 가치를 중시할 경우 선호하는 교과목은 국어·영어·수학 등의 인문·과학계열의 과목이 많고, 미술·체육·음악 등의 예체능계열 과목을 상대적으로 덜 좋아한다.

다. 적합한 직업

번역사, 관리자, 상담원, 연구원, 법무사 등 주로 앉아서 할 수 있으며 움직임이 많지 않은 직업

4) 직업가치관검사의 해석

① 1단계 : 검사에 대한 전반적인 이해

직업가치관검사는 '직업을 선택 할 때 어떤 가치를 상대적으로 얼마나 더 중요하게 여기는가?' 혹은 '덜 중요하게 여기는가'를 알려주는 검사이다. 따라서 검사결과로 제공되는 직업은 능력수준에 따른 것이 아니며, 좋은 결과, 나쁜 결과라는 것이 없다. 여기서 제공되는 정보는 '직업가치'라는 특성에 국한되어 제시되는 것이기 때문에 추후 진로를 계획하고 준비할 때뿐만이 아니라, 흥미, 능력, 성격, 주위의 조언, 학과정보, 직업정보 등 여러 가지 요인을 고려해서 결정하여야 하므로, 이 검사결과만으로 어떤 결론을 단정짓지 않도록 해야 한다.

② 2단계 : 검사점수의 해석 및 가치 요인 설명 (검사결과표 1)

이 단계에서는 검사결과상 피검사자의 13개 가치 요인별 가치점수와 가치 점수 프로파일을 확인한다.

첫째, 직업가치관 검사결과표에서는 피검사자가 제일 중요하게 생각하는 3가지 가치요인을 순위를 매겨서 보기 쉽게 제공하며, 상대적

으로 덜 중요하게 생각하는 가치요인 3가지를 쉽게 확인할 수 있다.

둘째, 전체 프로파일 모양을 확인해야 한다. 즉 피검사자의 전체 프로파일 모양이 전체적으로 가라앉은 모양인지, 전체적으로 솟은 모양인지 등 프로파일 패턴을 확인한다.

검사결과표 1페이지

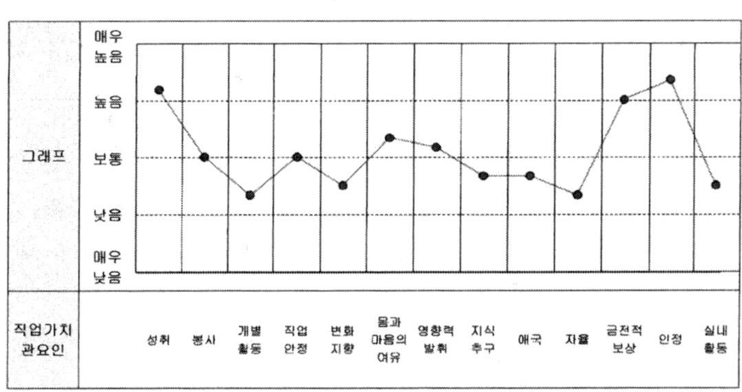

프로파일의 모양에 따른 해석

◙ 낮게 가라앉은 프로파일

대부분의 문항에 "전혀 중요하지 않음"이나 "중요하지 않음" 등으로 응답할 때 나타남

- 매사가 부정적인 스타일 ▶ 개인상담을 통한 심리적·성격적 문제해결 선행
- 낮은 자존감으로 인하여, 자신이 무엇을 중요시하고 무엇을 중요시 여기지 않는지에 대한 뚜렷한 생각이 없는 경우 ▶ 자아존중감 향상 선행
- 자신이 생각하는 몇몇 가치만 중시하고 나머지는 중요하지 않다고 생각하는 경우 ▶ 다양한 가치와 다양한 직업에 대한 안내
- 가족이나 기타 중요한 사람의 압력이 강할 경우
  ▶ 압력을 행사하는 사람과의 상담을 통한 문제해결 선행.
- 어쩔수 없이 검사를 실시한 경우

◙ 높게 치솟은 프로파일

- 모든 가치가 다 중요하다고 생각해 대부분의 문항에 "매우 중요함"이나 "중요함"으로 응답한 경우
- 주변인들을 기쁘게 해주거나 그들로부터 비난이 두려워 의도적으로 "매우 중요함" 또는 "중요함"에 응답한 경우

③ 3단계 : 적합한 직업탐색 (검사결과표 3)

직업가치관검사는 가치 프로파일 적합도와 가치점수 적합도를 고려하여 적합 직업을 추천해 주며, 이에 따라 추천되는 직업을 도표상으로 보여준다. 도표상에는 피검사자에게 추천될 수 있는 다양한 직업들이 기재되며, 그중에 가장 적합한 직업이 진하게 표시된다. 그리고 도표상에 오른쪽, 위로 갈수록 가치프로파일 적합도와 가치점수 적합도가 높음을 의미한다.

또한 본 도표에서 피검사자가 검사 당시 희망직업을 적었을 경우 ★로 하여 표시가 될 수 있다. 단, 희망직업이 본 결과표의 도표상 가치점수 적합도와 가치 프로파일 적합도가 모두 높은 경우에 한하여 제시된다.

직업추천 방법에 대한 설명

◙ **직업가치관검사에서 피검사자에게 제시되는 직업은 2가지 방법을 사용**

- 피검사자의 직업가치 요인점수와 검사개발 과정에서 선정한 196개 직업별 가치요인점수와의 프로파일 유사성 비교
- 피검사자의 각 직업가치 요인점수와 직업별 가치요인점수와의 차이 점수를 구하는 방법

  ▶ 위 두 가지 방법을 고려하여 중간 이상의 적합도를 보이는 직업들만 1사분면에 제시됨

검사결과표 3페이지

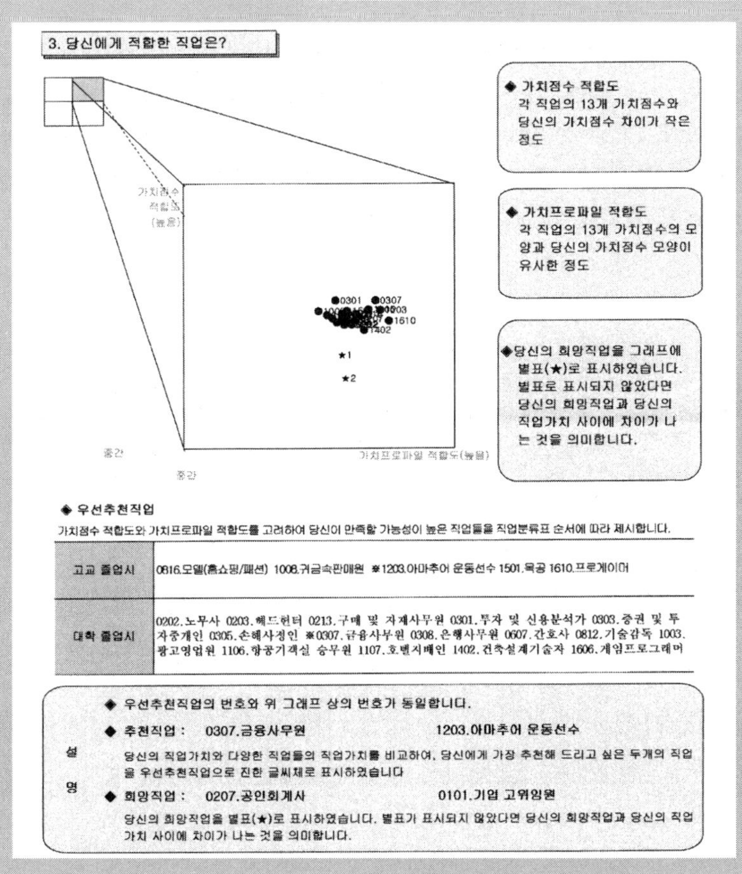

◆ 우선추천직업

가치점수 적합도와 가치프로파일 적합도를 고려하여 당신이 만족할 가능성이 높은 직업들을 직업분류표 순서에 따라 제시합니다.

고교 졸업시	0816.모델(홈쇼핑/패션) 1008.귀금속판매원 ※1203.아마추어 운동선수 1501.목공 1610.프로게이머
대학 졸업시	0202.노무사 0203.헤드헌터 0213.구매 및 자재사무원 0301.투자 및 신용분석가 0303.증권 및 투자중개인 0305.손해사정인 ※0307.금융사무원 0308.은행사무원 0607.간호사 0812.기술감독 1003.광고영업원 1106.항공기객실 승무원 1107.호텔지배인 1402.건축설계기술자 1606.게임프로그래머

◆ 우선추천직업의 번호와 위 그래프 상의 번호가 동일합니다.

◆ 추천직업 : 0307.금융사무원   1203.아마추어 운동선수

설명

당신의 직업가치와 다양한 직업들의 직업가치를 비교하여, 당신에게 가장 추천해 드리고 싶은 두개의 직업을 우선추천직업으로 진한 글씨체로 표시하였습니다

◆ 희망직업 : 0207.공인회계사   0101.기업 고위임원

당신의 희망직업을 별표(★)로 표시하였습니다. 별표가 표시되지 않았다면 당신의 희망직업과 당신의 직업가치 사이에 차이가 나는 것을 의미합니다.

> ## 우선 추천직업과 추천직업의 차이
>
> ■ 우선 추천직업은 직업가치관검사 결과 피검사자의 가치 프로파일 적합도와 가치점수 적합도가 적합한 직업들이며, 이 중 진하게 표시된 직업이 가장 적합한 직업임.
> 유사 추천직업은 우선 추천직업과 유사한 직업군으로 본 검사 개발 시 재직자 조사가 이루어지지 않은 직업들을 의미함.
>
> ▶ 위 두 가지 방법을 고려하여 중간 이상의 적합도를 보이는 직업들만 1사분면에 제시됨

④ 4단계 : 적합 직업과의 비교 (검사결과표 4)

여기서는 가장 적합한 직업 두 가지와 피검사자의 가치점수를 그래프로 비교하여 볼 수 있다. 이 그래프 비교를 통해 피검사자는 자신에게 가장 잘 맞는 직업은 어떤 것이며, 또한 그 가치는 어떤 것인지 쉽게 알아볼 수 있고, 각 가치별로 자신의 가치와 우선 추천직업의 가치를 비교해 볼 수 있다.

검사결과표 4페이지

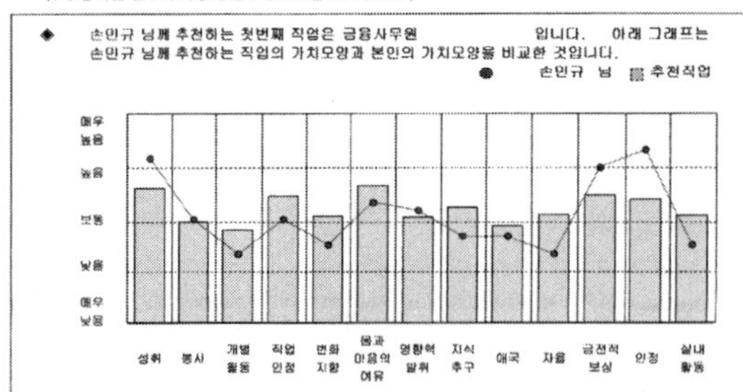

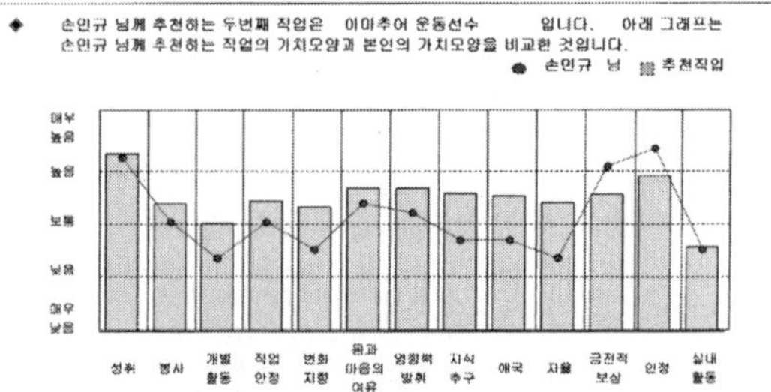

=== 생각해 본적 없는 직업들이 추천된 경우 ===

직업가치관검사 결과는 196개의 직종분야의 재직자들의 가치관 패턴과 피검사자 간의 가치관 결과를 비교하여 가치관 하위 요인들의 프로파일 모양과 가치관 점수의 차이라는 두 가지 기준을 근거로 그 모양과 차이 정도가 작은 직업을 추천하고 있다. 그러므로 추천해 주는 직업명은 평소에 관심이 있거나 잘 알고 있는 직업분야일 수도 있고, 그렇지 않을 수도 있다. 또한 피검사자가 가치관검사의 결과에서 제공받는 직업명이 다소 낯설 수도 있는 까닭은, 무엇을 좋아하며 어떤 일이 적합한가, 혹은 어떤 직업은 무슨 능력이 필요한가에 대한 정보에 대해서는 비교적 익숙한 데 비해서, 다양한 직업에 종사하는 사람들의 가치관에 대한 정보가 그렇지 않을 수 있기 때문이다.

⑤ 5단계 : 희망 직업과의 비교 (검사결과표 5)

피검사자가 직업가치관검사 당시 희망직업란에 기재한 희망직업과 본인의 가치 점수 프로파일을 비교하여 보여주는 페이지로 이 그래프 비교를 통해 희망직업에서 중요시하는 가치와 본인의 가치가 얼마나 일치하는지 혹은 차이가 있다면 어떤 가치에서 차이가 있는지를 구체적으로 살펴볼 수 있다.

검사결과표 5페이지

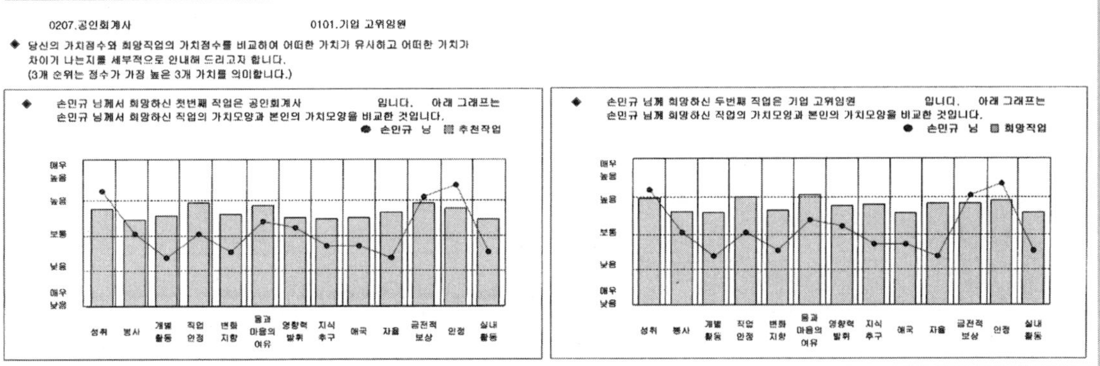

3. 직업흥미와 직업가치의 종합 해석

직업장면에서 가장 많이 사용하고 있는 직업흥미검사와 직업가치
관검사를 종합적으로 해석할 경우 직업흥미검사와 직업가치관검사
의 유사성을 파악한 후 유사성이 많이 떨어진다고 판단될 경우에
는 원인이 어디에 있는지 피검사자와의 상담을 통해 파악한 후, 직
업가치와 흥미를 조화시켰을 때 가질 수 있는 직업에 대한 대안을
선택해 보도록 해보는 것이 좋다.

〈 직업흥미 6개 유형과 직업가치 13개 요인의 상관관계 〉

구분	현실형 (R)	탐구형 (I)	예술형 (A)	사회형 (S)	진취형 (E)	관습형 (C)
성취	●	◎	◎			
개별활동			○			
봉사				●		
직업안정						●
변화지향		◎		○		
몸과 마음의 여유						◎
영향력 발휘	○				●	
지식추구		●				
애국						
자율성				●		
금전적 보상	◎					
인정					◎	
실내활동						

한국고용정보원, 직업가치관검사 실시요람

직업흥미 유형	상대적으로 높은 가치	상대적으로 낮은 가치
현실형(R)	성취, 직업안정, 변화지향, 봉사, 애국, 자율성, 금전적 보상, 인정	실내활동, 지식추구, 몸과 마음의 여유
탐구형(I)	지식추구, 성취, 개별활동, 인정, 변화지향, 직업안정	봉사, 애국, 금전적 보상
예술형(A)	성취, 개별활동, 변화지향, 몸과 마음의 여유, 자율성	애국, 봉사, 영향력 발휘
사회형(S)	봉사, 변화지향, 자율성, 성취	금전적 보상, 개별활동
진취형(E)	성취, 영향력 발휘, 지식추구, 애국, 금전적 보상, 인정	개별활동, 실내활동
관습형(C)	성취, 직업안정, 몸과 마음의 여유, 애국, 금전적 보상, 실내활동	변화지향, 지식추구, 영향력 발휘

한국고용정보원, 직업가치관검사 실시요람

나의 욕구는?

아래 질문에 대해 해당하는 점수를 주세요.
① 전혀 그렇지 않다   ② 별로 그렇지 않다   ③ 때때로 그렇다
④ 자주 그렇다   ⑤ 언제나 그렇다

1. 생존의 욕구

돈이나 물건을 절약한다. (   )
돈으로 살 수 있는 것에 각별한 만족을 느낀다. (   )
자신의 건강유지에 관심이 있다. (   )
균형 잡힌 식생활을 하려고 노력한다. (   )
성적인 관심이 많다. (   )
매사에 보수적인 편이다. (   )
안정된 미래를 위해 저축하거나 투자한다. (   )
부득이한 경우가 아니면 모험을 피하고 싶다. (   )
외모를 단정하게 가꾸는 데 관심이 있다. (   )
쓸 수 있는 물건은 버리지 않고 간직한다. (   )

2. 사랑과 소속의 욕구

나는 사랑과 친근감을 많이 필요로 한다. (   )
다른 사람의 복지에 관심이 많다. (   )
타인을 위한 일에 시간을 낸다. (   )
장거리 여행 때 옆자리의 사람에게 말을 건다. (   )
사람들과 함께 있는 것을 좋아한다. (   )
아는 사람과는 가깝고 친밀하게 지낸다. (   )
가족이나 가까운 친구가 내게 관심을 가져주기 바란다. (   )
다른 사람이 나를 좋아해 주기 바란다. (   )
다른 사람들에게 친절하게 대한다. (   )
가족이나 가까운 친구가 나의 모든 것을 좋아해 주기 바란다. (   )

3. 힘과 성취의 욕구

내가 하는 가사나 작업에 대해 사람들로부터 인정을 받고 싶다. (   )

다른 사람에게 충고나 조언을 잘한다. (   )

다른 사람에게 무엇을 하라고 잘 지시하는 편이다. (   )

경제적으로 남보다 잘살고 싶다. (   )

사람들에게 칭찬 듣는 것을 좋아한다. (   )

내 밑에서 일하는 사람이 문제가 있을 때 쉽게 해고한다. (   )

내 분야에서 탁월한 사람이 되고 싶다. (   )

어떤 집단에서든 지도자가 되고 싶다. (   )

자신을 가치 있는 인간이라고 느낀다. (   )

내 성취와 재능을 자랑스럽게 여긴다. (   )

4. 자유의 욕구

사람들이 내게 어떻게 하라고 지시하는 것이 싫다. (   )

내가 원하지 않는 일을 하라고 하면 참기 어렵다. (   )

다른 사람에게 어떻게 살아야 한다고 강요하면 안 된다고 믿는다. (   )

누구나 다 인생을 살고 싶은 대로 살 권리가 있다고 믿는다. (   )

인간의 자유로운 선택능력을 믿는다. (   )

내가 하고 싶은 일을 하고 싶은 때 하고 싶다. (   )

누가 무어라고 해도 내 방식대로 살고 싶다. (   )

인간은 모두 자유롭다고 믿는다. (   )

가족이나 가까운 친구의 자유를 구속하고 싶은 생각이 없다. (   )

나는 열린 마음을 지니고 있다고 믿는다. (   )

5. 즐거움의 욕구

큰 소리로 웃기 좋아한다. (   )

유머를 사용하거나 듣는 것이 즐겁다. (   )

나 자신에 대해서도 웃을 때가 있다. (   )

뭐든지 유익하고 새로운 것을 배우는 것이 즐겁다. (   )

흥미 있는 게임이나 놀이를 좋아한다. (   )

여행하기를 좋아한다. (   )

독서하기를 좋아한다. (   )

영화 구경가기를 좋아한다. (   )

음악 감상하기를 좋아한다. (   )

새로운 방식으로 일하거나 생각해 보는 것이 즐겁다. (   )

욕구	합계	순위
생존의 욕구		
사랑과 소속의 욕구		
힘과 성취의 욕구		
자유의 욕구		
즐거움의 욕구		

가치관 경매

1. 아래의 가치관 중에서 무엇을 얼마나 살지를 총 100만원 한도 내에서 짜보자!
2. 맨 아래 빈칸은 모둠별로 직업에서 필요한 가치관을 적어보자.

   ※ 모든 가치에 똑같이 나누어 할당하지 말 것!

3. 최고 할당 금액에는 사고 싶은 가치를 위해 어느 정도 투자할 수 있는지를
   각각 가치별로 100만원 한도내에서 적어보자.

   ※ 최고 할당 금액의 합은 100만원을 훨씬 넘을 수 있다.

구분	나의 할당 금액	최고 할당 금액	낙찰액	낙찰자
성취				
봉사				
개별활동				
직업안정				
변화지향				
몸과 마음의 여유				
영향력 발휘				
지식추구				
애국				
자율				
금전적 보상				
인정				
실내활동				
합계	100만 원			

4. 내가 선택한 가치 BEST 3

____

____

____

나의 가치관과 진로

1. 내가 중요시하는 가치관과 관련 직업은? (직업가치관검사 결과 참조)

내가 가장 중요시하는 가치관

★ 관련 직업 중, 관심 있는 직업 우선순위
①
②
③

내가 두 번째로 중요시하는 가치관

★ 관련 직업 중, 관심 있는 직업 우선순위
①
②
③

내가 세 번째로 중요시하는 가치관

★ 관련 직업 중, 관심 있는 직업 우선순위
①
②
③

2. 내가 중요시하지 않는 가치관 3가지는 무엇인가? 그것의 관련 직업에서 내가 관심을 가지고 있는 직업이 있는가?

3. 가치관과 관심 직업이 일치하지 않는 경우, 그 이유는 무엇일까?

가치관과 진로

옛날 러시아의 한 수용소에서 다음과 같은 형벌이 있었다고 한다. 수백 장의 벽돌을 한쪽에 쌓아 놓고는 다른 반대편으로 그 벽돌을 옮기게 하는 것이다. 그리고는 다 옮긴 벽돌을 죄수로 하여금 다시 원래 장소로 옮기게 하는 것이다. 그 같은 행동을 하루, 이틀, 계속 반복하는 것이다. 이 벽돌을 옮기는 데 드는 고통보다도 왜 이 벽돌들을 옮겨야 하는지 모르는 데서 오는 정신적인 고통으로 하여금 죗값을 치르게 하는 것이다.

또 어느 건설현장에서 작업반장이 노동자 한 사람을 불러서 구덩이를 파게 했다. 그 사람이 구덩이를 어느 정도 파냈을 무렵 작업반장은 옆자리를 다시 파라고 했다. 또 어느 정도 파내려갔을 무렵 작업반장은 "어! 아닌데?"하면서 또 다른 곳을 파게 했다. 이런 과정을 몇 번이나 했다. 그 노동자는 무엇 때문에 구덩이를 파는지 몰랐다.

그래서 노동자는 화를 내면서 말했다.
"내가 무엇 때문에 구덩이를 파는지 말해 주어야 할 것 아니오? 도대체 무엇 때문에 구덩이를 파는지 모르겠소! 일을 못 하겠소."
그러자 작업반장은 놀란 얼굴로 그를 쳐다보며 말했다.
"아, 말을 안 했던가? 지금 수도관 새는 곳을 찾고 있소."
그 말에 노동자는 다시 삽을 들면서,
"진작 말했어야 물새는 곳을 찾아 가면서 구덩이를 찾을 것이 아니오?"
하고는 다시 주의 깊게 구덩이를 파기 시작했다."

일이 무의미하고, 왜 하는지 모르고 할 때, 그 일을 하는 것은 고통스러운 일이 될 것이다. 그러나 내가 왜 이 일을 해야 하고, 이 일을 통해서 내가 얻는 것이 무엇인가를 분명히 안다면 그 일은 재미있고, 설사 고통스럽다 해도 적극적으로 긍정적으로 생각하면서 그 일을 수행할 수 있을 것이다.
그래서 모든 일에서 가치관을 가지고 일하면 자신의 일과 인생을 훨씬 더 긍정적으로 느낄 것이며, 일에 대한 스트레스도 적게 받을 것이다. 가치를 분명히 한다는 것은 특히 청소년기에 중요한 과업이다. 청소년들이 방황을 하는 이유도 가치관을 찾기 위한 한 과정으로도 볼 수 있다. 이러한 가치관을 얻는 방법은 친구들과의 토론이나 비교에서, 종교집단에 참여하거나 또는 가치관을 명료화할 수 있는 독서, 상담을 하거나, 또는 사회교육 프로그램에도 참여할 수 있다.

"진로지도 이렇게", 『진로지도 워크북』 중에서

4장 진로설정과 커리어 로드맵

우리가 잘 알고 있는 '아기돼지 삼형제' 이야기가 있다. 세 마리의 새끼돼지는 집을 떠나 각자 자기 집을 세우게 되었다. 이때, 첫째 돼지와 둘째 돼지는 집을 지을 재료에 대하여 특별히 신경쓰지 않았다. 그리하여 그들은 집을 짓는 데 그다지 노력이 요구되지 않는 짚과 나무로 대충 집을 짓고는 실컷 놀았다. 하지만 셋째 돼지는 어떤 위험에도 능히 버틸 수 있도록 벽돌로 튼튼하고 안전한 집을 지었다. 그런데 여기에 늑대가 출연하여 결과적으로 셋째 돼지가 옳았다는 것을 증명해 주었다. 실제로 아기돼지 삼형제 이야기는 준비하고 노력하는 일에는 그에 상응하는 결과가 따른다는 사실을 잘 보여주고 있다.

'벽을 오를 수 없으면 문을 만들어라' 중에서

우리들이 선택하는 '진로' 역시 집을 짓는 과정과 같이 단단한 설계가 필요하다고 할 수 있다. 따라서 본 장에서는 진로설정과 더불어 벽돌 하나하나를 쌓는 과정, 즉 로드맵을 설정해 보는 시간을 갖도록 하자.

1. 진로목표 설정

진로목표는 보통 우리의 일상과 같은 보통의 관점이 아니라 앞으로의 미래시간을 전망하는 통찰력이라고 할 수 있다. 즉 진로목표는 살아가는 이유이며, 꿈을 실현하기 위한 미래의 청사진을 제공한다고 할 수 있다. 따라서 대학생활에서의 진로목표 설정과 이에 대한 실천은 사회로의 이행을 준비하는 대학생에게는 매우 중요한 일이며 개인의 삶에 지대한 영향을 끼친다고 할 수 있다. 따라서 본 장에서는 대학생활에 대한 중요성과 진로목표 설정 및 로드맵에 대해 알아보고자 한다.

1) 대학생활의 중요성

대학생은 중·고교시절에 비하면 자유시간이 매우 많다고 할 수 있다. 한 학기에 평균적으로 18~21학점 내외의 수업을 듣는다고 할 수 있다. 매주 18~21시간 정도의 수업시간 외에는 자유시간이다. 하루에 4시간에서 6시간 이외의 나머지 시간은 자유롭게 사용할 수 있는 시간이다. 게다가 주말과 두 달이 넘는 긴 방학이 주어진다. 그러나 대학생들은 늘 시간에 쫓기며 너무 바쁘다. 이는 각 강좌당 쏟아지는 과제와 시험, 학교행사를 비롯한 동아리 활동 및 다양한 만남과 경험 등이 다채롭게 이루어지기 때문이다.

흔히 한국의 대학교는 사실 들어가기가 어려울 뿐, 일단 들어가면 졸업하기는 쉽다고들 말한다. 왜 그렇게 이야기하는 것일까? 그것은 아마도 대다수의 대학생들이 중·고등학교와 대학교가 어떻게 다른지 모르기 때문이다. 지금까지 대학생들은 소위 대학입학만을 위하여 안간힘을 썼고 대학입학만이 목적의 전부였기 때문에 대학입학 이후의 설계는 전혀 관심이 없었다. 단지 졸업만 하면 된다는 생각이 거의 지배적임을 알 수 있다.

그러나 그렇게 입학하여 들어온 대학은 실제로 생각했던 것과는 매우 다르다고 할 수 있다. 대학입학은 우리의 삶에 있어서 커다란 변화를 가져다 주는 곳이다. 대학생활의 특성을 잘 이해하지 못하면 대학생활은 시간을 낭비하고 사회로의 이행을 원활하게 하지 못할 확률이 높게 된다. 결국 우리가 상기해야 할 것은 대학은 변화하는 시대에 능동적인 대처를 할 수 있는 최신학문과 첨단문화를 가르치는 배움의 광장이라는 것이다. 그러므로 열린 사고와 진보적인 태도로 실천적인 행동을 하려고 한다면 얼마든지 미래에 대하여 비전을 갖게 될 것이다.

그러나 앞서 생각한 것처럼 졸업만 하면 된다는 식의 생각은 미래를 위한 자신의 삶을 생각해 볼 때, 바꾸지 않으면 안 되는 지극히 위험한 생각이라고 할 수 있다. 물론 대학에 갓 입학한 신입생들을 비롯한 저학년들은 깨닫지 못할 수도 있을 것이다. 하지만 실제로 대학은 인생에 있어서 중요한 몇 가지 전제를 제시한다. 먼저 대학은 인생의 골격을 유지하는 단단하고 굳건한 터를 잡고, 방향을 제시하는 조정역할을 한다. 그리고 철저히 혼자의 힘과 결정으로 자신의 인생을 설계하는 좋은 도면과 펜의 역할을 하는 곳이라고 할 수 있다(오성환 외, 2001).

그러므로 대학생활은 개인에게 있어서 앞으로의 방향을 설정하고 이를 위해 준비하는 매우 중요한 시기이며 자신과 사회에서 요구하는 많은 자질과 능력을 함양하게 된다고 할 수 있다. 그러나 본인이 어떻게 하느냐에 따라, 자신의 노력 여하에 따라서 같은 학교, 같은 전공의 학생들이라도 졸업 후, 매우 상이한 결과를 얻을 수 있다. 즉 대학생활은 본인이 만들어가는 결과물이라고 할 수 있다. 따라서 우리는 성공적인 대학생활을 하기 위해서 자신이 간절하게 원하는 비전과 이를 위한 계획을 세우고 실천하는 일이 매우 중요하다고 할 수 있을 것이다(한미희 외, 2011).

2) 진로목표 설정

대학생활의 가장 큰 성공과 실패요인은 삶의 비전인 진로목표가 뚜렷하게 설정되어 있는지 아닌지에 대한 차이일 수 있다. 입학 후, 진로와 목표를 상실하게 되면 대학생활을 이리저리 기웃거리며 시간을 허비할 수 있다. 결국 의욕적으로 시작한 대학생활이 시들해지는 이유가 바로 여기에 있다. 뚜렷한 목표의식이 없는 학생들은 대학생활의 의미를 느끼지 못하고 방향감각을 상실한 채 방황하게 된다. 반면 뚜렷한 목표를 지닌 학생은 자신이 무엇을 해야 하는지에 대한 분명한 목표의식과 함께 의욕적인 생활을 영위하게 된다.

그러므로 인생의 진로목표설정을 마련하는 것은 대학생활의 중요한 과제 중의 하나라고 할 수 있다. 그렇다면 다음의 내용들을 생각해 보며 자신의 진출목표 즉, 꿈에 대하여 생각해 보자.

- 내가 가장 잘하는 것은 무엇인가?
- 현재의 나에 대하여 만족스러운 것은 어떠한 것인가?
- 나는 졸업 후에 어떤 일을 하고 싶은가?
- 최대한 노력한다면 나는 미래에 어떤 사람이 될 수 있을까?
- 생각만 해도 나를 가슴 벅차게 하는 일은 무엇이 있을까?
- 십년뒤에 나는 어떤 모습으로 있을까?

자신이 설정한 진로는 자신의 인생에서 이루기를 간절히 열망하는 미래의 모습이라고 할 수 있다. 즉 떠올리기만 해도 가슴이 설레고 벅차오르는 그런 자신의 미래상이다. 물론 진로는 전혀 현실성이 없는 허황된 꿈을 의미하지는 않는다. 반드시 거창한 것이 아니어도 좋다. 자신이 충분히 흡족해 할 수 있는 그런 모습이면 된다.

자신의 능력을 과소평가할 필요는 없다. 스스로 최선을 다해 시도해 보지 않고서는 자신의 능력을 알 수 없기 때문이다. 젊음은 무한한 가능성이다. 시도조차 해 보지 않고 포기하는 것보다는 설혹 이루지 못하더라도 패기 있게 도전해 보는 것이 매우 값지다.

그러므로 진로는 장기적인 미래의 목표다. 그러한 진로를 성취하기 위해서는 여러 가지 단계와 과정을 거쳐야 한다. 자신의 진로를 준비하고 실현하기 위해서는 중기적 또는 단기적 목표들이 필요하다. 따라서 원하는 삶을 위한 목표와 그를 위한 대학생활의 로드맵은 필수적인 과정이라고 할 수 있다. 대학생활 로드맵이 마련되면, 대학생활 중에 또는 대학졸업 후에 무엇을 해야 할 것인지가 분명해진다. 우선 졸업 후의 진로가 좀 더 명확해진다고 할 수 있다(권석만, 2010). 따라서 진로설정과 로드맵의 작성은 가능하면 대학 1학년, 2학년에는 결정하고 준비하는 것이 바람직하다고 할 수 있다. 물론 빠르면 빠를수록 그 효과가 크다는 것은 너무나 당연한 일일 것이다.

3) 진로의사결정

우리는 그 동안의 경험과 지식, 감정 등을 활용하여 의사결정을 하게 된다. 보고에 의하면 인간은 하루에 5만 번의 의사결정 순간을 맞이하는데 그중 잠시라도 고민하여 결정하는 것은 200번 정도에 불과하다고 한다.

어떤 과목을 수강해야 학점을 잘 받을 수 있을까? 동아리는 어떤 동아리를 들까? 어떤 컴퓨터를 살까? 어떤 커피를 마실까? 이와 같이 우리는 일상 생활속에서 선택과 결정을 해야 하는 여러 가지 상황을 접하게 된다. 이와 같이 단순한 것에서부터 심각한 문제에 이르기까지 다양한 문제들을 포함하고 있다. 모든 사람에게 있어서 현재의 삶의 모습은 그동안의 선택의 결과라 할 수 있기 때문에 매순간 현명한 선택을 해야 한다. 여기서 현명한 선택이란 현명한 의사결정을 말하는데 어떤 문제상황에 처하게 되었을 때 해결하기 위해서 몇 가지 대안을 마련하고, 비판·선택·실천하는 과정을 의사결정이라고 한다. 특히 진학, 건축가, 의상디자이너, 교사 등과 같이 진로나 직업과 관련하여 의사결정을 하는 과정을 진로 의사결정이라고 할 수 있다.

대학생들이 지금까지 해왔던 많은 의사결정들은 주로 오랜 습관이나 관행, 경험, 주변의 도움 등으로 가능했다. 하지만 정작 자신의 진로와 직업을 선택해야할 때, 스스로 의사결정을 할 능력을 갖추지 못한 경우가 많다. 따라서 스스로 결정할 수 있는 의사결정능력을 함양하기 위해 진로의사결정 유형과 진로의사결정 단계에 대해서 알아보도록 한다.

① 의사결정 유형

의사결정 유형은 개인이 어떤 결정을 내릴 때 선호하는 접근방식으로 Harren의 의사결정 유형과 Johnson의 의사결정 유형이 있는데 일반적으로 많이 다뤄지는 것이 Harren의 의사결정 유형이다. Harren의 의사결정 유형은 합리적 유형, 직관적 유형, 의존적 유형 등으로 분류되며, 이 유형은 평소 습관적으로 주로 사용하는 의사결정 유형이라고 할 수 있다(김병숙, 2009).

합리적 유형은 의사결정을 전체적이고, 종합적인 시각에서 볼 수 있다. 자신과 상황에 대한 정확한 정보를 수집하고 논리적으로 결정을 내리고 그 결정에 대해서 책임을 진다. 의사결정에 신중하고 합리적이어서 실패할 확률이 낮지만 의사결정에 오랜 시간이 걸린다는 단점이 있다.

직관적 유형은 현재의 감정에 주위를 기울인다. 정보탐색이나 대안 평가 없이 상상과 정서적 자각에 기초해서 결정을 내리지만 그 결정에 대해서는 책임지고 의사결정의 속도 또한 빠르다. 진로와 관련하여 의사결정이 즉흥적이고 감정적이며, 스스로의 선택에 책임을 지나 잘못되거나 실패할 확률이 높다고 할 수 있다.

의존적 유형은 사회적 인정에 대한 욕구가 강하고 의사결정 상황이 여러 가지로 제한을 받는다고 지각한다. 의사결정 과정에서 타인에 의한 영향을 많이 받고 결정에 대한 책임을 부정한다. 진로의사결정이 수동적이고 순종적이며, 개인적 독립이나 성숙을 방해하지만 실패했을 때 남의 탓을 하기도 한다. 또한 결정을 내릴 때 정서적으로 불안을 느낄 수도 있다.

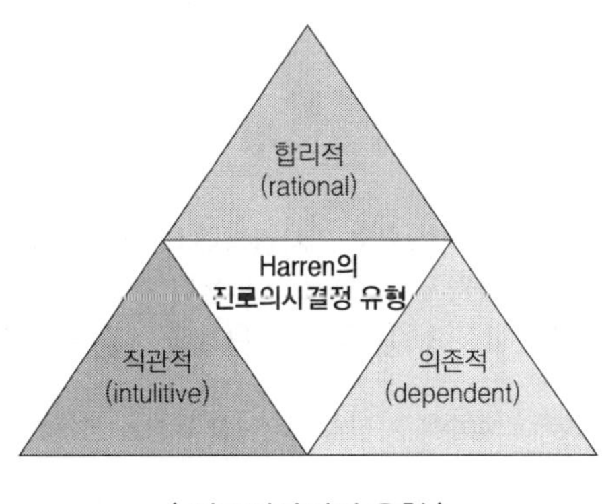

〈 진로의사결정 유형 〉

② 의사결정 유형의 활용

의사결정은 자신과 환경에 관한 정보의 인지 여부에 영향을 받게 되는데, 직관적 의사결정이나 의존적 의사결정이 반드시 나쁜 것은 아니며 상황에 따라 직관적 의사결정이나 의존적 의사결정 방식이 필요한 경우도 있다. 따라서 항상 합리적 의사결정만이 바람직하지 않으며 가능하지도 않다. 이는 왜 그럴까?

합리적 의사결정은 자신과 환경에 대한 정확한 정보를 충분히 수집하여 계획적이고 논리적으로 이루어지기 때문에 시간과 에너지가 필요하다. 하지만 모든 상황에서 충분한 시간과 에너지를 들여 정보를 수집하는 것은 매우 어려운 일이며 상황에 따라서는 필요하지 않을 수 있다. 합리적 의사결정이 바람직하지 않거나 가능

진로목표의 중요성
· 앞으로 나아가야 할 방향을 제시
· 잠재된 힘과 능력을 발휘

하지 않은 경우는 시간적 여유가 전혀 없이 결정을 내려야 할 때나 시간과 노력을 투입하여 결정할 만큼 중요하지 않은 경우, 또는 정보획득이 불가능하여 정보가 전혀 없이 결정해야 하는 경우이다.

결국 가장 적절한 의사결정은 결정해야 할 내용과 성격과 중요도 등에 따라 다르게 선택해야만 한다. 의사결정 유형이 3가지로 제시되어 있으나 어느 유형이 가장 좋다고 하기보다는 사안에 따라 3가지 의사결정 유형을 적절히 사용하는 것이 좋다.

나의 의사결정 유형 알아보기

이 검사는 개인이 어떤 방식으로 의사결정을 내리는지를 알아보기 위한 것이다. 문항들을 하나씩 읽어가면서 그 내용이 자신의 입장과 똑같거나 거의 같으면 'o'를, 자신의 입장과 매우 다르면 'x'를 공란(흰색 빈칸)에 표시한다.
정확하고 솔직하게 답할수록 자신의 의사결정 유형을 정확히 알 수 있다.

No	항목	A형	B형	C형
1	나는 중요한 의사결정을 할 때 한 단계 한 단계 체계적으로 한다.			
2	나는 내 자신의 욕구에 따라 매우 독특하게 의사결정을 한다.			
3	나는 얻을 수 있는 정보를 수집하지 않고는 중요한 의사결정을 거의 하지 않는다.			
4	의사결정을 할 때 친구들이 내 결정을 어떻게 생각할 것인가를 매우 중요시한다.			
5	나는 의사결정을 할 때 이 의사결정과 관련된 결과까지 고려한다.			
6	나는 다른 사람의 도움 없이는 중요한 의사결정을 하기가 힘들다.			
7	나는 어려운 문제에 부딪치면 재빨리 결정을 내린다.			
8	나는 의사결정을 할 때, 내 자신의 즉각적인 느낌이나 감정에 따른다.			
9	나는 내가 하고 싶은 것보다 다른 사람이 어떻게 생각하느냐에 영향을 받아 의사결정을 한다.			

10	어떤 의사결정을 할 때, 나는 시간을 갖고 주의 깊게 생각해 본다.			
11	나는 문제의 본질에 대해 순간적으로 떠오르는 생각에 의해 결정을 한다.			
12	나는 친한 친구에게 먼저 이야기하지 않고는 의사결정을 거의 하지 않는다.			
13	나는 중대한 의사결정 문제가 예상될 때, 그것을 계획하고 생각할 시간을 충분히 갖는다.			
14	나는 의사결정을 못한 채 미루는 경우가 많다.			
15	의사결정을 하기 전에 올바른 사실을 알고 있나 확인하기 위해 관련된 정보들을 다시 살펴본다.			
16	나는 의사결정에 관해 실제로 생각하지는 않지만 갑자기 생각이 떠오르면서 무엇을 해야 할지를 알게 된다.			
17	어떤 중요한 일을 하기 전에 나는 신중하게 계획을 세운다.			
18	의사결정을 할 때 나는 다른 사람의 많은 격려와 지지를 필요로 한다.			
19	나는 의사결정을 할 때, 마음이 가장 끌리는 쪽으로 결정을 한다.			
20	나는 인기를 떨어뜨릴 의사결정은 별로 하고 싶지 않다.			
21	나는 의사결정을 할 때 예감 또는 육감을 중요시한다.			
22	나는 조급하게 결정을 내리지 않는데, 그 이유는 올바른 의사결정임을 확신하고 싶기 때문이다.			
23	어떤 의사결정이 감정적으로 나에게 만족스러우면 나는 그 결정을 올바른 것으로 본다.			
24	올바른 의사결정을 할 수 있는 능력에 자신이 없기 때문에 주로 다른 사람의 의견에 따른다.			
25	종종 내가 내린 각각의 의사결정을 일정한 목표를 향한 진보의 단계들로 본다.			
26	내가 내리는 의사결정을 친구들이 지지해주지 않으면 그 결정에 대해 확신을 갖지 못한다.			
27	의사결정을 하기 전에, 나는 그 결정을 함으로써 생기는 결과에 대해 가능한 한 많이 알고 싶다.			
28	나는 '이것이다'라는 느낌에 의해 결정을 내릴 때가 종종 있다.			
29	대개의 경우 나는 주위사람들이 바라는 방향으로 의사결정을 한다.			
30	여러 가지 정보를 수집하거나 검토하는 과정을 갖기보다, 나에게 떠오르는 생각대로 결정을 내리는 경우가 자주 있다.			
	총 계	A형 개수:	B형 개수:	C형 개수:

▶ 나의 유형 확인

유형별로 ○의 개수를 적어주세요(가장 높은 점수가 나의 유형입니다).

A형		B형		C형	

서울시 교육청(2011),
주도적 진로탐색을 위한 의사결정 능력 향상 프로그램 지침서

의사결정의 세 가지 유형

합리적 유형 (A형)

- 의사결정을 할 때 논리적이고 체계적으로 접근하는 유형으로, 결정을 내리기 위해 관련 정보를 수집하고 이전의 결정을 검토해 보기도 하며 현재 자신의 결정이 미칠 영향에 대해서도 미리 생각해 보아야 한다.
- 결정을 내리기까지 여러 가지 준비가 필요하므로 시간과 노력이 많이 소요된다.
- 결정에 대한 책임은 자신이 진다.

직관적 유형 (B형)

- 의사결정을 할 때 자신의 감정적 상태에 의존하는 유형으로 객관적·논리적 사실에 의해 결정을 내리기보다는 기분이나 느낌을 중시한다.
- 결정을 내리는 데 감정 상태에 주로 의존하기 때문에 결정이 비교적 빨리 이루어진다.
- 결정에 대한 책임은 자신이 진다.

의존적 유형 (C형)

- 의사결정을 할 때 자신의 판단과 희망보다는 다른 사람들의 생각, 인정을 우선시하여 결정을 내릴 때가 많다.
- 자신의 결정에 대해 자신감이 없고 스스로 결정을 내릴 능력이 부족하다는 생각을 자주 한다.
- 결정한 후 실패에 대한 책임을 다른 사람에게 돌린다.
- 평소 다른 사람의 의견을 잘 수용하여 배려심이 많은 사람으로 인정받는다.

서울시 교육청(2011),
주도적 진로탐색을 위한 의사결정 능력 향상 프로그램 지침서

③ 진로의사결정 단계

진로설계시 현명한 선택과 결정을 하기 위한 진로의사결정은 5단계로 구분할 수 있다.

1단계는 문제를 인식하는 단계, 즉 직업을 선택하겠다는 인식을 하는 단계로 자신의 가치, 원하는 것, 해결할 문제, 변화하기를 바라는 것을 구체적으로 제시하는 것이 필요하다.

2단계 정보탐색 단계에서는 직업선택에 필요한 직업세계에 대한 정보를 탐색하는 단계로 자기이해 영역과 관련지어 어떤 정보가 필요하고, 어떻게 얻을 수 있는지 알아보아야 한다. 진로의사결정에 필요한 정보에는 개인 및 사회관련 정보, 교육 관련정보, 직업관련 정보 등이 있다.

3단계 대안설정 단계에서는 수집한 정보에 기초를 두어 대안을 설정해 보는 단계로 가능하거나 바람직한 모든 대안을 열거해야 한다.

4단계 대안평가 단계는 대안을 선택했을 경우의 결과를 예측항목에 따라 평가하는 단계이다. 예측항목으로는 성취가능성, 타당성, 위험성 등이 있으므로 이를 고려해야 한다.

5단계 의사결정 단계는 자신에게 가장 적합한 진로나 직업을 결

정하기 위한 단계로 대안 평가를 통해 순위를 정하고 최선의 대안을 선택해야 한다.

문제인식 단계
- 직업을 선택해야 겠다는 인식을 하는 단계
- 자신의 가치, 원하는 것, 해결할 문제,변화하기를 바라는 것을 구체적으로 제시하는 것이 필요

정보탐색 단계
- 직업 선택에 필요한 직업세계에 대한 정보를 탐색하는 단계
- 자기이해영역과 관련지어 어떤 정보가 필요하고, 어떻게 얻을 수 있는지 알아봄

대안평가 단계
- 대안을 선택했을 경우 결과를 예측 항목에 따라 평가하는 단계
- 예측 항목으로는 성취가능성, 타당성, 위험성 등이 있음

대안설정 단계
- 수집한 정보에 기초를 두어 대안을 설정해 보는 단계
- 가능하거나 바람직한 모든 대안 열거

의사결정 단계
- 자신에게 가장 적합한 진로나 직업을 결정하기 위한 단계
- 대안 평가를 통해 순위를 정하고 최선의 대안 선택

〈 진로의사결정 단계 〉

한국고용정보원(2006), 대학생 진로지도 프로그램 CDP-C

진로의사결정의 연습

> 저는 대학교 1학년 여학생입니다. 영어를 좋아하고 공부하기 편하고 쉬울 것 같아 영문학과에 진학했습니다. 그러나 와서 보니 영어를 잘하는 사람은 너무 많고 영어와 관련한 분야에 취업하고 싶지 않습니다. 게다가 아빠는 성적관리를 해서 편입을 권유하시고 저도 그러고 싶지만 쉽지 않을 것 같아 걱정입니다. 궁극적으로 제가 하고 싶은 일은 아나운서입니다. 저는 대학생활을 어떻게 해나가야 할까요?

제1단계 문제인식 단계	학생으로서의 시간적 제약이 증가한다.
제2단계 대안탐색 단계	가능한 대안은? 내가 찾은 해결방법은?
	☞
	☞
제3단계 대안의 평가기준 설정 단계	내가 중요하다고 생각하는 기준은?
	☞
	☞
제4단계 대안평가와 결정 단계	최선의 대안은?
	☞
	☞
제5단계 계획수립 단계	결정한 대로 문제를 해결하기 위해 세운 계획은?
	☞
	☞

한국고용정보원(2006). 대학생을 위한 진로지도프로그램 CDP–C

4) 진로목표의 시각화

자신이 설정한 진로에 대하여 검토해 보고 이를 바탕으로 자신의 진로목표를 시각화 하도록 한다.

① 진로목표 설정

〈 표 나의 진로목표 〉

작성자 :

작성일 :

나의 진로목표(가능한 한 압축하여 한 문장으로 표현)

목표로 설정한 구체적 이유

진로목표를 달성하기 위한 행동계획(5가지 정도로 요약하여 작성)

② 진로목표의 시각화

진로목표는 자신의 실천의지에 따라 성공정도가 다르다. 결국 중요한 것은 자신이 세운 진로에 대한 실천이 매우 중요하다는 것이다. 진로목표를 달성하기 위해 가장 좋은 방법은 글과 이미지로 된 비전보드를 만들어 늘 머리에 인식하게 하는 것이다. 우리도 진로목표 보드, 즉 우리의 꿈을 시각화해보도록 하자.

진로목표 시각화

2. 대학생활과 로드맵(Road Map)

대학은 전문교육기관이다. 대학에 진학하는 이유 또한 전문적인 지식과 기술을 익혀서 사회로의 진출을 돕고 건강한 사회인으로서의 삶을 추구하기 위한 것이라고 할 수 있다. 대학은 중·고등학교 시절과는 달리 대학생이 '성인'임을 의미하고 인정하는 자율적 체계를 갖추었다. 따라서 대학은 자신 스스로가 성공적인 대학생활을 통해 앞으로의 삶에 대한 준비를 계획하는 곳이며 이를 위해 자신이 설정한 비전과 로드맵의 실천은 매우 중요한 결과를 창출할 수 있다. 따라서 로드맵에 대한 정의와 실천을 위한 전략을 수립하는 것은 중요하다고 할 수 있다.

1) 로드맵의 정의 및 중요성

로드맵(Road Map)은 앞으로의 계획, 전략 등이 담긴 구상지도, 청사진, 안내도 등으로 번역될 수 있다. 로드맵은 어떤 일을 추진할 때 각종 비전과 지원계획을 담은 것이다. 즉, 자기관리 및 계발의 효율성을 높이기 위해 미래를 예측한 뒤 이를 실현할 수 있는 최적의 방법을 제시하는 것이라고 할 수 있다. 따라서 단기적으로는 자신의 비전을 설정하여 각 학년에 이루어야 할 것을 제시하며 장기적으로는 인생의 전체 행로를 구상하는 비전을 설정하고 졸업 후의 진로를 수행하도록 하는 것이다.

많은 대학생들이 공통적으로 고민하는 문제는 졸업 후의 자신의 진로일 것이다. 특히 우리나라 대학생들은 그 문제가 더욱 더 심각하다고 할 수 있다. 대부분의 고등학생들은 대학입시 즈음에 부모님, 선생님의 조언을 듣고 소위 '성적에 맞춘 전공학과'를 선택한다. 그러므로 대학에 와서도 자신에게 맞는 적합한 진로를 탐색하고 결정하는 것에 대해 자신의 의지가 없으면 4학년이 되도록 위기감만을 느낄 뿐 사회로의 준비를 못하게 된다. 졸업 후의 진로를 진지하게 탐색하여 체계적으로 준비하지 못한 학생들은 더욱 더 그러하다. 그래서 휴학을 반복하며 졸업을 미루는 학생들의 수가 늘어나고 있다.

성공적인 대학생활의 조건 중 하나는 앞에서 공부했듯이 효과적인 진로목표 설정을 하는 것이다. 이를 성공적으로 이루기 위해서는 체계적이고 구체적인 대학생활 로드맵을 설계하는 것이 무엇보다 선행되어야 한다. 이와 같은 로드맵의 설계가 대학생활 중에 본인이 앞으로 사회에 나가서 필요한 소양들을 체계적으로 쌓을 수 있는 기초가 되며 역량을 기를 수 있는 기회를 마련해 준다. 그렇다면 우리가 설정한 진로에 대한 효과적인 대학생활의 로드맵을 작성해 보도록 하자.

2) 대학생활 로드맵 작성하기

대학생활 로드맵을 작성하기 위한 자신의 탐색과정을 살펴보며 지금까지 설정한 자신의 진로와 꼭 대학에서 하고 싶고, 이루고 싶은 일들 또한 고려하여 대학생활을 어떻게 하면 성공적으로 이끌 수 있는지 자신만의 로드맵을 구상해 보도록 하자.

① 대학 1, 2학년때 하고 싶은 일들과 꼭 해야한다고 생각하는 일들은 무엇이 있는지 생각해 보자.

② 대학 3, 4학년 때 하고 싶은 일들과 꼭 해야만 한다고 생각하는 일들
이 무엇이 있는지 생각해 보자.

③ 자신이 설정한 진로를 위해서 무엇을 할 수 있는지 생각해보자.

진로를 이루기 위하여 해야 할 일

④ 자신의 1학년부터 4학년까지의 로드맵을 작성해보자.

진로목표

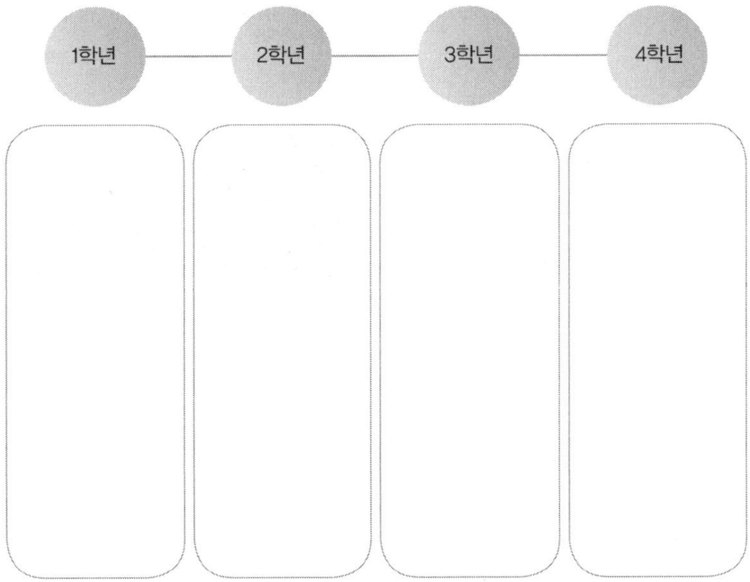

■ 참고

〈 대학생활 학년별 로드맵 〉

저학년	1학년	• 성격, 적성 등에 대한 이해–비전설정
	2학년	• 스펙관리(토익, 학점, 사회봉사, 단체활동) • 자격증(유통관리사, PC관련 자격증, 토익)
고학년	3학년	• 스펙점검, 외국어 능력, 직무스킬 • 경력보강 : 공모전, 직무관련 워크숍, 세미나
	4학년	• 서류작성 : 이력서, 자기소개서, 면접유형 대비 • 전략분석 : 지원사 및 산업군의 경쟁분석 대안설정

한국고용정보원(2006). 대학교 진로지도 담당자교육

대학생활 로드맵

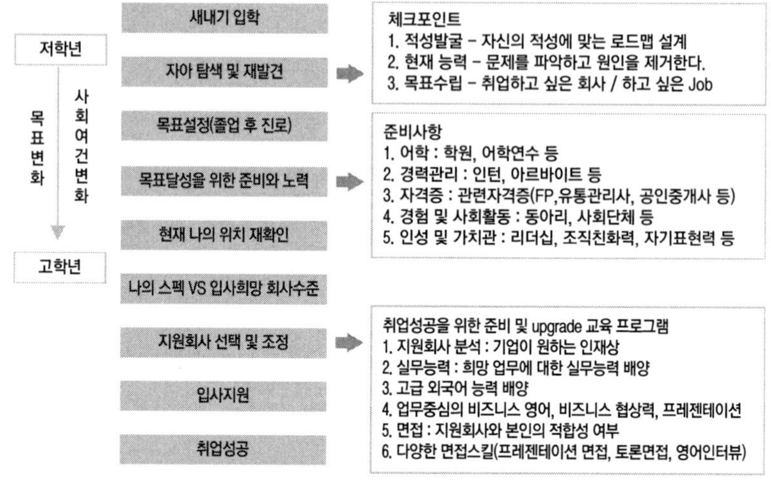

한국고용정보원(2006). 대학교 진로지도 담당자교육

3) 경력 로드맵 작성하기

자신이 설정한 진로목표와 로드맵을 설정하고 바람직한 자신의
삶과 사회로의 진출을 위하여 구체적인 경력 로드맵을 작성해 보
자. 우선 본인이 원하는 직업과 달성하는 과정을 알아보고 이를 위
한 경력(스펙)이 무엇인지 알아보자(예시: 토익 800점, 영어회화,
해외연수, 성적 평점, 관련자격증, 리더십 역량, 봉사활동, 인턴 등
을 로드맵으로 작성한다).

■ 희망직업 : 승무원

■ 경력 로드맵을 작성해보자.

나의 경력 로드맵

한미희 외(2011). 대학생활과 N+리더십

5장 효율적인 시간관리

인생은 마라톤이다.
마라톤 코스는 42.195km이다.
보통 사람들이 이 코스를 완주하는 데는
대략 3시간 정도의 시간이 소요되지만
2008년 세계신기록은 2시간 3분 59초로 줄어들게 되었다.
마라톤 경주에서 완주하기 위해서는, 나아가
1등을 하기 위해서는 반드시 시간을 잘 관리해야 한다.
마찬가지로 성공은 시간을 정복한 자의 것임을 잊지 말자.
성공은 시관관리 능력에 달려있다.

1. 시간관리의 중요성

'착안대국(着眼大局) 착수소국(着手小局)'이라는 바둑용어가 있다. 대국적으로 생각하고 멀리 보되 실행은 한수 한수에 집중함으로써 작은 성공들을 모아 나가는 것이 승리라는 뜻이다. 즉 진로설계를 함으로써 3~5년 뒤 내가 해야 할 일을 생각해 보는 것이 '착안대국'이라고 보면, 지금 당장 진로설계를 실천하기 위해 시간관리를 하는 것이 '착수소국' 일 것이다.

그러나 사람들 중에는 시간관리와 시간절약을 착각하고 있는 이가 많이 있다. 시간절약이란, 책을 읽을 때 속독법을 배워 남들보다 시간을 덜 들이는 경우, 또는 혼자 해야 할 일을 여러 사람들이 함께 하여 빨리 처리하는 경우 등을 말한다. 그러나 시간관리란 누구에게나 똑같이 주어진 하루 24시간을 가장 효율적으로 관리하는 방법을 말하는 것이다.

예를 들어 시간관리에 관심이 있던 마이클 포터 박사는 사람이 70세까지 산다고 했을 때, 시간으로 따지면 60만 시간이 된다고 하였다. 보통 사람의 경우 70세까지 TV 앞에 앉아 있는 시간이 약 7년, 잠자는 시간이 23년(7시간 기준), 양치질하고 씻고 화장실에 가는데 약 3년 반, 그리고 화내는 시간이 약 2년, 밥 먹는 데 6년, 물건 찾는 데 1년, 신호등 지키는 데 6개월, 하루에 열 번 웃는 데 88일이 걸린다고 하였다(한국성과향상센터, 2005).

이 재미있는 통계에서 느낄 수 있는 것은, 우리에게 무한정 주어지는 것으로 여겨지던 시간이 '유한한 자원'이라는 것이다. 이런 생각을 하면 지금 내가 무심코 써버리는 1분 혹은 1시간이 얼마나 소중한지 실감하게 될 것이다. 우리 귀에 익숙한 '시간은 금이다.'라는 말이 있다. 금은 쓰면 다시 벌면 되지만 한 번 지나간 시간은 다시 되돌릴 수 없다. 자신이 가진 시간은 점점 줄어들 뿐이다. 이는 마치 수명을 깎아 먹는 것과 같기 때문에 나는 '시간은 생명이다.'라고 말할 수 있을 것이다.

그러나 우리는 이처럼 시간이 한정되어 있다는 것을 미처 깨닫지 못하고 시간을 낭비하거나 바쁘다는 핑계로, 정말 소중한 일에는 시간을 할애하지 못하고 살아가고 있다. 만약 우리가 이처럼 시간이 유한하다는 것을 기억한다면 아무리 바쁘더라도 일의 전체적인 흐름을 놓지 않기 위해 노력할 것이다.

그렇다면 우리는 귀중하고 유한한 시간을 어떻게 써야 시간관리가 잘 되었다고 할 수 있을까? 진로설정과 동시에 만족할 만한 성과를 내고 싶다면 매일 최소한 몇 분만이라도 나의 시간을 관리해 보는 것이 필요하다.

그렇다면 아래의 그림을 통해 내게 남아 있는 '삶의 시간'을 분명하게 확인해 보도록 하자. 자신에게 지나간 시간은 선으로 긋고, 선을 긋지 않은 부분은 바로 자신있게 남아 있는 시간이라고 생각하면 될 것이다. 이 한정된 시간의 범위 내에서 내가 무엇을 해야 하는 것이 좋은지 한번 작성해 보도록 하자(Tokio Godou, 2008).

나의 시간 그래프

〈 나의 시간 그래프 〉

그래프를 작성하면서, 앞으로 남은 시간 동안 무엇을 해야 할지, 시간관리가 얼마나 중요한지 생각해 보도록 하자. 그리고 시간 그래프는 지금까지 해왔던 더 많은 일을 하기보다 원활하게 업무를 처리하고, 자신이 원하는 중요한 일을 할 수 있는 시간을 확보하는 작업이므로, 효율적인 시간관리에 중요한 방법이라고 할 수 있다.

2. 시스템 구축에 필요한 시간관리 분석

시간관리의 중요성에 대해 인식하였다면 우리는 시간을 기록해서 불필요한 시간 낭비요인을 제거해야 한다. 또 시간의 공급적 측면보다 수요적 측면을 중시해야 한다. 예를 들어 경영자 시간의 중요 수요자는 직원들이다. 직원들은 경영자의 시간을 쓰지만 이것을 비용으로 생각하지 않는다. 경영자의 시간은 제한적이고 귀한 자원이기 때문에 아끼는 마음이 중요하다. 이를 위해서는 경영자의 시간에 값을 매기고 필요로 하는 사람은 어떤 형태로든 그 비용을 부담하는 시스템을 만드는 것이다. 즉 진로설계에서도 계획만 앞세우는 것이 아니라 그것을 실천하기 위하여 나의 시간을 비용으로 환산하고 시스템을 만들어 관리하는 것이 필요하다고 할 수 있다. 따라서 시간관리 시스템을 만들기 위해서 우선 나 자신을 먼저 파악하는 것이 중요하다고 할 수 있다. 실제로 지금 시간관리를 잘하고 있는지, 내가 시간관리를 못하는 이유는 무엇인지, 근본적인 원인부터 밝혀내기 위한 아래의 표를 작성해 보도록 하자.

〈 내가 시간관리를 못하는 이유 〉

내가 시간관리를 못하는 이유
예) 시험 때마다 벼락치기를 한다.

여러분들은 어떤 이유 때문에 시간관리를 못한다고 작성하였는가? 일반적으로 D대학의 대학생들은 다음과 같은 이유 때문에 시간관리를 못하다고 이야기한다.

1) 전자기기(핸드폰, 컴퓨터)가 손에서 떨어지지 않는다.
2) 비전, 그리고 목표가 불분명하다.
3) 뭘 해야 하는지 자꾸 잊어버린다.
4) 일정한 시간에 하는 일이 없다. 항상 벼락치기 한다.
5) 일이 너무 많다.
6) 일의 우선순위가 없다.
7) 자투리 시간을 허비한다.
8) 우유부단하다. 결정을 잘 내리지 못한다.
9) 주변이 정신없다. 물건이 어디 있는지 잘 찾지 못한다.
10) 기운이 없다. 자꾸 눕고 싶다.
11) 매사에 완벽해지려고 하다 보니 자꾸 시간이 미루어진다.
12) 시간관리의 필요성을 느끼지 못한다.
13) 스트레스가 자꾸 쌓인다.

여러분들이 작성한 것과 다른 친구들이 작성한 것을 비교하고 왜 여러분들이 시간관리가 되지 않고 있는지 생각해보자.

작성한 것만으로는 나 자신을 파악 할수 없다고 생각된다면 〈시간관리 체크 설문지〉를 통해 자신의 시간관리 수준을 파악하고 어느 부분이 부족하여 시간관리를 못하는지 파악해 보도록 하자. 어느 영역이 만약 '보통이다, 떨어진다'라고 평가되었으면 지금부터라도 시간관리의 필요성을 느끼고 잘할 수 있는 방법을 터득해 나아가야 할 것이다. 또한 '뛰어나다'라고 나온 사람들도 시간관리를 잘한다고 자만하지 말고 지금보다 더 열심히 관리한다면 진로계획 시

많은 영향력을 미칠 수 있으며, 리더로서 성공할 수 있는 요인이 될 것이라고 할 수 있다.

3. 시간관리 1단계 : 시간관리 출발점 정하기

운동이 몸에 좋다는 것은 누구나 잘 알고 있다. 하지만 자신의 평소 운동량을 확인하지 않은 상태에서 급격한 운동을 시작하면 오히려 건강을 해치게 된다. 마찬가지로 자신의 평소 생활에 대한 확신 없이 시간관리를 시작하면 잠깐은 효과가 있는 것처럼 보일지 모르지만, 곧 좋지 못한 결과를 낳을 수 있다.

그러므로 시간관리를 하기 위해서는 나 자신의 시간을 어떻게 관리하고 있는지 분석할 필요가 있다. 아래 표처럼 자신의 일주일 간의 시간을 꼼꼼히 기록해 보고, 일기를 쓰듯이 자신의 시간 사용 내용을 기록하는 것이다. 그러면 자신의 기본적인 생활패턴을 파악할 수 있고, 헛되이 낭비되는 시간의 양을 체크하여 평상시 학습량도 체크할 수 있는 계기가 될 것이다.

시간일기를 작성하였다면 일주일 정도 시간 사용에 대한 기록을 보고 자신의 평균적인 시간사용에 대한 내역을 확인할 수 있다. 시간을 사용한다는 것은 거의 습관적으로 일어나는 일이기 때문에, 한 번쯤 이렇게 정리를 해보아야 시간 사용에서의 문제가 있는지의 여부와 원인을 찾아낼 수 있을 것이다. 특히 자신의 평소 학습량에 대한 평가가 중요하며, 그 이유는 앞으로 다루게 될 시간계획은 주로 자기 공부에 초점을 두기 때문에 좋은 정보를 제공해 줄 것이며, 이는 진로계획에 가장 먼저 해야 할 조건이 될 것이다.

시간	일	월	화	수	목	금	토
0							
1							
2							
3							
4							
5							
6							
7	기상						
8							
9	수업						
10							
11							
12							
13	수업						
14							
15							
16	컴퓨터						
17	PC방						
18	친구들과						
19	식사						
20							
21	자기						
22	공부						
23	수면						

〈 시간일기 작성표 〉

　일주일 동안의 생활에 대해 꼼꼼하게 기록하여 그 내용을 아래 표에 맞추어 정리해 보도록 하자. 내가 자는 시간은 몇 시간이고, 일주일이면 어느 정도 잠을 자는지, 그리고 기억이 나지 않는 시간은 어느 정도인지, 헛되게 보내는 시간은 어느 정도인지 체크해 보자.

나는 하루에	시간	일주일에는?
잠 통학 학교수업 자기공부 TV 컴퓨터 친구 만난 시간 기억나지 않음 기타 합계		

구분	일이나 습관, 행동
Eliminate (제거해야 할 것)	
Reduce (줄여야 할 것)	
Create (새로 해야 할 것)	
Raise (늘려야 할 것)	

〈 나의 시간일기 정리표 〉

　일주일 동안 내가 한 시간들을 정리한다면 꼭 제거해야 할 것과 줄여야 할 것, 새로 해야 할 것, 늘려야 할 것 등이 구분될 수 있을 것이다. 이것이 진로계획 첫 단계인 시간일기를 작성하여 나를 관리하는 것이다.

4. 시간관리 2단계 : 좋은 시간표 만들기

　시간일기를 작성하여 자신의 시간관리 방법을 확인하였다. 그런 후, 시간을 관리하기 위해서는 시간표를 만들어야 할 것이다. 사람들은 시간을 관리하는 방법을 크게 두 가지로 나눈다. 한 가지는 아래 왼쪽에 있는 그림과 같은 시간대별 시간표를 이용하는 것이다. 이 방법은 여러분들이 초등학교 시절부터 주로 그려오던 시간표로 '시간중심 시간표'라고 불린다.

　또 한 가지 방법은 오른쪽에 있는 다이어리 형태의 시간표로, 주로 자신이 해야 할 일들의 목록을 적는 데 사용된다. 그래서 굳이 이름을 붙이자면 '할일중심 시간표' 혹은 '과제중심 시간표'라고 불린다.

　여러분은 어떤 것을 사용하고 있는지, 그리고 어떤 쪽이 사용하기가 더 편리한지, 작성해보고 느껴보도록 하자.

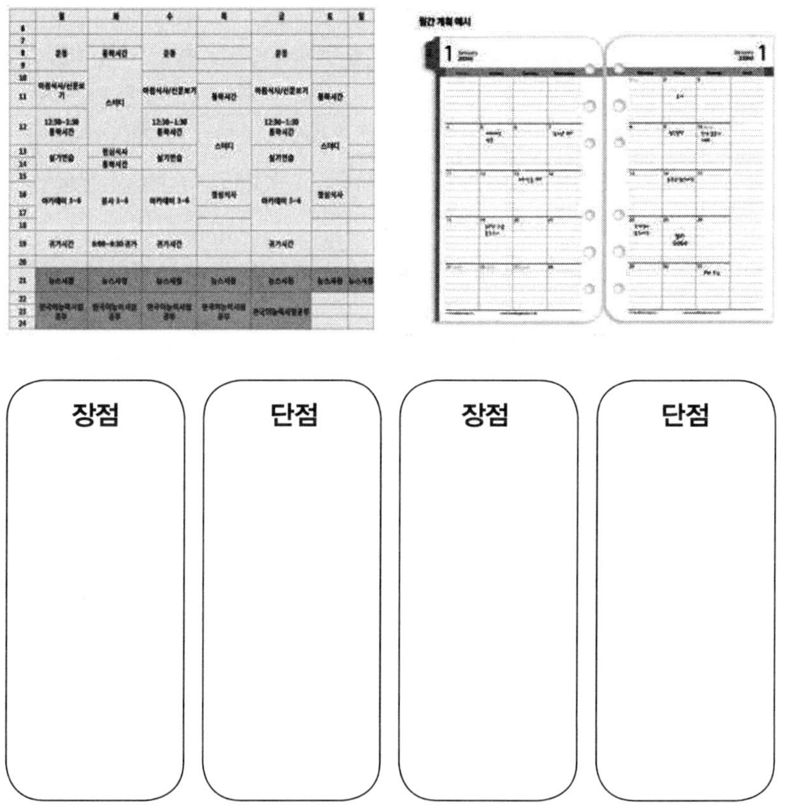

장점　　단점　　장점　　단점

〈 시간중심 시간표 vs 과제중심 시간표 〉

　시간표도 어느 것이 '좋다, 나쁘다'라고 할 수는 없다. 자신에게 맞는 시간표를 작성해야만 시간관리를 하는 데 수월하게 사용될 것이며, 시간표는 20대 80의 법칙인 파레토의 원칙에 따라 작성해 주는 것이 효과적이다. 이는 사람들이 하루 동안 하는 일들 중의 중요도 80%의 일들은 하루 동안 일하는 시간의 20% 동안에 이루어진다고 볼 수 있기 때문이다.

　그러나 사람들은 계획을 모두 달성한다는 가정하에 많은 계획만을 세우고 실천하지 않기 때문에 20대 80의 원칙을 사용하여 자신에게 효율적인 시간중심 시간표 또는 과제중심 시간표를 작성하곤 한다.

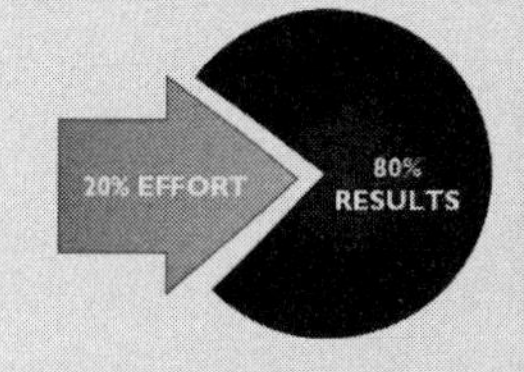

〈 파레토의 원칙 〉

파레토의 원칙이란 : 이탈리아의 경제학자 파레토는 전체 인구의 비중과 그들이 소유하고 있는 부의 정도 사이에 어떤 규칙이 있음을 발견하였다. 즉 전체 인구의 20%가 전체 부의 80%를 차지하고 있으며, 이러한 원리는 흔히 20/80법칙으로 불리고 경제적인 현상뿐만 아니라 시간관리 현상에도 동일하게 적용된다는 법칙이다.

- 어떤 회사의 총수입 80%는 20%의 제품을 통해 얻어진다.
- 백화점 매출의 80%는 전체 손님 중의 20%의 단골 고객에 의해 만들어진다.
- 사회적인 측면에서도 범죄자의 20%가 전체 범죄의 80%에 해당하는 범죄를 저지른다.
- 20%의 시간을 사용하여 80%의 성과를 달성하도록 한다.

5. 시간관리 3단계 : 우선순위 만들기

시간표에 있는 것들을 보면 알 수 있듯이 사람들이 항상 중요한 일에 매달려 사는 것 같지만 정작 자신의 목표달성을 위해 필요한 중요한 일을 하는 시간은 생각보다 많지 않다는 것을 알 수 있다. 그러므로 우선순위 세우기를 통해 이러한 문제들을 해결해 보고 Richard Koch(2002), 오늘 하루 동안, 해야 할 일들을 작성해 보도록 하자.

오늘 하루 동안 해야 할 일들

〈 오늘 하루 해야 할 일 〉

사실 우선순위를 결정하는 것은 대단히 어려운 일이다. 특히 시간이 없고 할 일이 많을 때는 더더욱 혼란스럽고 어려운 일이 된다. 하지만 순서를 정하지 않으면 마구잡이식으로 시간을 사용하기 때문에 어떻게든 일의 순서를 정하는 것이 효과적이다.

다행히도 일의 순서를 비교적 쉽게 결정할 수 있는 방법이 있다. 이것은 '우선순위 법칙 또는 시간관리 매트릭스'라고 한다. 이는 중요도와 긴급도를 고려하여 시간관리를 점검해 볼 수 있는 도구이다. 즉 시간을 계획할 때 '중요도가 높고 긴급도가 높은 일'만 하게 되면 사람이 지치게 된다. 이러한 사람은 공부나 일에 있어서 탄력이 없어진 고무줄처럼 되어버릴 확률이 높다. 또한 중요도가 낮고 긴급도가 높은 일이 가까운 장래나 먼 장래에 영향을 미치는 일은 거의 없다.

한편 대부분의 사람들은 중요도가 낮고 긴급하지 않은 일에 시간을 보낸다. 시간을 낭비하는 사람들은 주로 잡담을 한다거나 TV를 본다거나, 용무 없이 전화기를 들고 통화를 오래 한다거나, 컴퓨터 게임을 조절 없이 계속 하고 있다거나 하는 등의 중요도도 낮고 긴급도도 낮은 일을 하는 데 시간을 써버린다. 대부분 가까운 장래에 되고 싶은 인물이 되기 위해 꾸준히 공부한다거나, 체력을 유지하기 위해 규칙적으로 운동하는 등의 중요도가 높고, 긴급도가 낮은 일은 현재와 미래의 삶에 영향을 미치는 경우가 많다. 따라서 중요도가 놓고 긴급도가 낮은 일을 꾸준히 해내는 것이야말로 성공적인 시간관리를 하는 방법일 것이다(조용개, 2009).

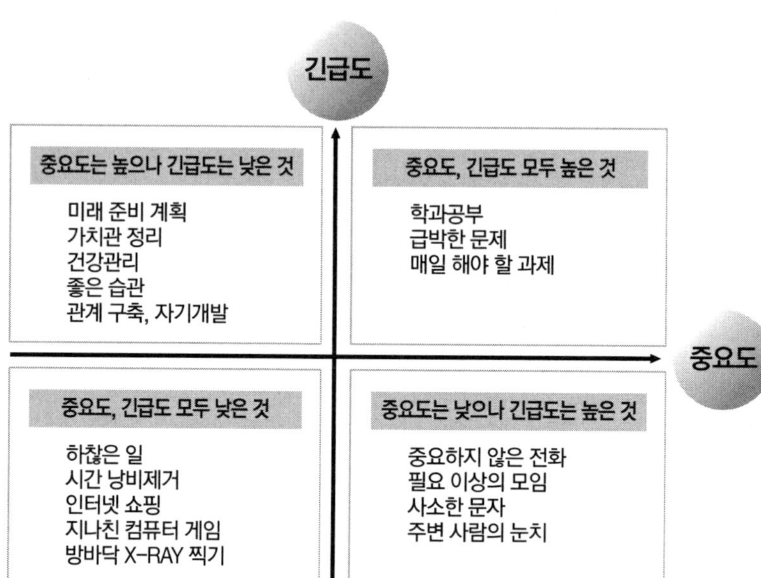

〈 시간관리 매트릭스 Tokio Godou(2008) 〉

시간관리 매트릭스에서 가장 관심을 기울여야 할 부분은, 중요도는 높으나 긴급도가 낮은 2사분면이다. "시간을 관리하는 중요한 습관은 어떤 일을 우선순위에 두느냐에 있다. 많은 이들이 중요하고도 시급한 일을 가장 먼저 해야 한다고 생각하지만 코비 박사는 중요하지만 시급하지 않은 일이 더 중요하다고 조언한다.
– 스티븐 코비 –

여러분들도 오늘 해야 할 일들을 중심으로 우선순위 매트릭스를 작성해 보도록 하자.

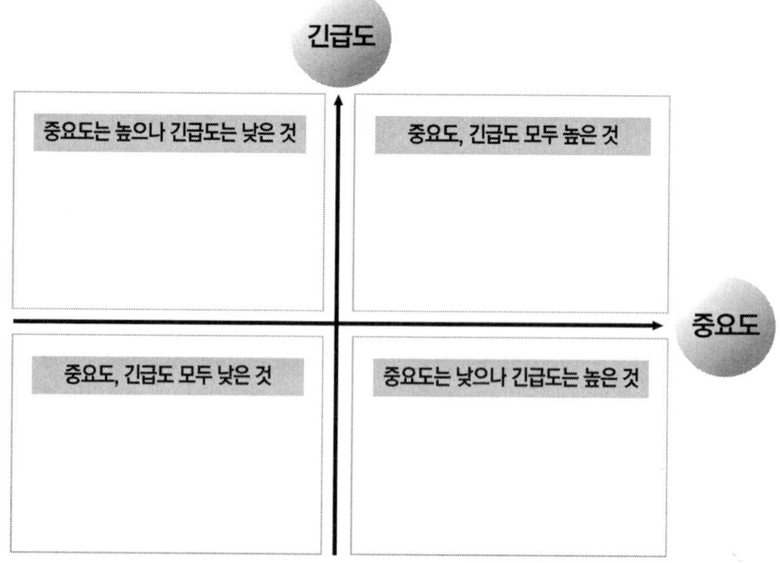

아직도 우선순위를 정하는 게 어렵다면, 그럼 내 자신이 중요도와 긴급도 사이에서 어떤 부분에 고민을 많이 하고 있는지 긴급도 & 중요도 체크 설문지를 작성 해보자. 그리고 이 설문지를 통해 내가 어느 부분의 활동이 잘 활용되고 있는지 부족한 부분은 어디인지를 정확히 체크해 보자.

만약에 당신의 부모님이 병으로 쓰러졌다면 어떻게 하겠는가? '바빠서 병원에 갈 시간이 없다.'라고 하겠는가? 누구라도 당장 날아갈 듯이 달려갈 것이다. 혹시 당신이 로또 1등에 당첨되었다고 하자. 오늘이 상금을 지급하는 마지막 날이다. 당신은 '바빠서 상금을 받으러 갈 시간이 없다.'라고 말하겠는가? 요컨대 시간이 '있고, 없고'의 물리적인 문제가 아니라 그 사람의 마음속에서 우선순위가 높은가 낮은가 하는 문제에 지나지 않는다. 정말로 하고 싶은 일이라면 하늘이 무너져도 다른 어떤 일보다 먼저 할 것이다. '바빠서 공부할 시간이 없다.'라는 말은 '특별히 공부를 하지 않아도 상관없다.'라거나 '공부의 우선순위가 높지 않다.'라는 말과 크게 다를 바가 없을 것이다(Tokio Godou, 2008).

6. 시간관리 4단계 : 실천하기

지금까지 시간관리를 잘 하기 위하여 시간일기도 작성하고, 시간표도 작성하고, 목표에 따른 우선순위 매트릭스도 작성해 보았다. 이 모든 것을 중심으로 시간관리를 잘 하는 몇 가지 포인트를 체크하고 실천해 보자.

1) '기한'을 정하자.

이는 속도와도 관련이 있는데 '5시까지 끝내자', '월요일까지 완성하자'라는 식으로 마감을 정하지 않으면 아무래도 긴장감이 덜해 일이 마냥 늘어지기 쉽다. 따라서 집중력의 향상과 동시에 빠른 일처리를 위해서는 '언제까지는 마무리하겠다.'라고 스스로 기한을 정하는 일이 중요하다.

2) '목표'를 명확히 하자.

'무엇을 위해, 왜 나는 이 일을 하고 있는가'를 항상 염두에 두고 목표를 분명히 하는 일은 동기를 자극하고 집중력을 높이는 원동력이다. 예를 들어 갖고 싶은 물건이 있다면 자동차나 집안을 온통 그것의 사진으로 장식해보자. 유치해 보이지만, 그런 식으로 동기를 자극하고 목표의식을 유지해 원하는 바를 이룬 사람도 많기 때문이다. 이때 목표를 한 단계 높게 잡으면 좀 더 분발하자는 생각에 한층 더 집중력을 높일 수 있다.

3) '수면'이다.

의외라고 생각할지도 모르겠다. 그러나 시간관리를 잘 하고 싶을 때 수면부족만큼 방해가 되는 큰 적도 없다. 아무리 강한 의지의 소유자라도 수면부족으로 머리가 멍할 때는 집중력이 높아지지 않는다. 집중력을 촉진하고 시간의 밀도를 높이는 가장 중요한 열쇠는 수면이 쥐고 있다고 해도 과언이 아닐 것이다.

4) '자투리 시간'을 활용하는 것이다.

'티끌모아 태산'이라는 말대로 생각보다 많은 자투리 시간이 있다는 것을 알게 된다. 그러나 이러한 시간들은 모두 이어 붙일 수 없기 때문에 그 활용법은 조금 다른 방식을 찾아보아야 할 것이다. 어쩌면 여러분 중에서 이미 토막시간을 알뜰하게 활용하고 있는 사람들도 있을 것이다. 대표적으로 공부거리를 가지고 다닌다거나, MP3 플레이어를 이용하여 외국어 회화나 자신의 목소리로 암기해야 할 교과 내용을 녹음해서 활용하는 방법 등이 있다. 그밖에도 자신의 취향에 맞게 필요에 따라 활용할 수 있는데 혹시 자신만의 방법이 있다면 다른 사람들과 나누어 보자.

토막시간을 활용하는 방법

5) '생활의 액센트'를 주는 것이다.

시간관리를 하기 전 학업, 진로, 취업, 연애, 대인관계, 경제, 가정, 외모문제 등 스트레스 요인이 많다. 이러한 스트레스 요인이 시간관리에 영향을 미칠 때도 많다. 사람들은 생활의 액센트를 주기 위해 맛있는 음식을 먹으러 갈 때도 있다. 또한 스트레스 해소 음식인 시금치, 견과류, 와인, 초콜릿, 견과류, 껌 등을 먹는 것도 효과가 있다고 한다. 또한 사람들과 많은 대화를 하면서 웃음을 불러일으키거나, 긍정적인 사고방식을 높이는 것, 그 외 취미생활을 만드는 것도, 혼자만의 시간을 관리하는 것도 시간관리에 도움이 되는 방법이라고 할 수 있다.

6) '정리' 습관을 가지는 것이다.

수첩이나 휴대폰, 컴퓨터의 일정관리 프로그램을 적극 활용하여 정리하는 것이다. 또한 색상으로 정리하고 분류하는 것으로 자신과 관련된 일정을 성격이나 중요도에 따라 종이나 펜의 색깔을 활용하여 구분하고 실천하는 것이다. 마지막으로 늘 사용하는 인터넷 주소는 쉽게 정보를 얻을 수 있는 사이트와 핵심 사이트로 분류하고 정리하는 것도 도움이 될 것이다.

7) '미루는 습관'을 버리는 것이다.

즉 '지금은 이것을 하고 싶지 않아.'라는 게으름, 다른 일 찾기, 헛된 다짐, 백일몽 등 미루는 행동을 합리화하는 이유를 경계해야 할 것이다. 그러면서 스스로에게 인색하게 굴거나 싫어하는 일을 먼저 하는 습관을 들이는 것도 시간관리 실천원리이다.

　그밖에도 Tokio Godou(2008), 정병태(2011)가 제시한 시간관리 실천방법에 대해서도 보자.

- 자투리 시간은 애초에 만들지 않는다.
- 이동시간도 업무시간으로 만들다.
- 약속장소에는 30분 전에 도착한다.
- 어디서든 시간을 유효하게 쓸 수 있도록 준비한다.
- 사고노트를 가지고 다니며 도식화하여 생각한다.
- 러시아워를 피한다.
- 무슨 일이든 미루지 않고 지금 바로 시작하라.
- 출퇴근 시 책을 읽거나 음악을 들어라. 즉 활용하라.
- 나에게 최고로 능률이 오르는 시간이 언제인가를 파악하고 그 시간에 가장 중요한 일을 처리하라.
- 시간 없다고 불평하지 말라.
- 정신을 집중해야 하는 창조적인 업무는 행정적 업무와 분리시켜라.
- 시작한 일은 가능하면 끝을 내라.
- 빡빡한 스케줄보다 느슨한 스케줄이 업무의 완성도를 높인다.
- 매일 일기를 쓰는 사람을 본받아라.
- 아이디어가 떠오를 때마다 쓸 수 있는 노트를 준비하라.
- 약속 장소에 먼저 나가라.
- 정말 원하는 것을 위해 시간을 투자하라.
- 시간은 돈이라는 사실을 명심하라.

시간관리 영역 설문지

　다음은 여러분이 일상생활에서 어떠한 방식으로 시간을 활용하고 있는지 알아보기 위한 것이다. 각 문항을 잘 읽고 여러분 자신에게 해당된다고 생각하는 점수를 주자(김창민, 2011).

　매우 그렇다: 5점 / 약간 그렇다: 4점 / 보통이다: 3점 / 약간 아니다: 2점 / 전혀 아니다: 1점

번호	나는 무슨 일을 할 때 _______________________	점수
1	분명한 목적을 가지고 한다.	
2	목표(장기, 중기, 단기)를 세운다.	
3	행동에 옮길 수 있는 구체적인 목표를 세운다.	
4	목표달성 예정일을 정한다.	
5	해야 할 일의 우선순위를 정한다.	
6	일의 중요도(중요한 일과 덜 중요한 일)에 따라 순서를 정한다.	
7	일의 긴급도(급히 처리해야 할 일과 급하지 않은 일)에 따라 순서를 정한다.	
8	일의 중요도와 긴급도 모두를 고려하여 순서를 정한다.	
9	계획하는 시간을 따로 마련한다.	
10	계획(장기, 중기, 단기)을 세운다.	
11	계획을 세우고 계획한 일과 그 일에 필요한 소요 시간을 써둔다.	
12	빡빡한 계획보다는 여유 있는 계획을 세운다.	
13	계획표에 따라 생활하는 편이다.	
14	계획한 것을 실천하는 데 별 어려움을 느끼지 않는다	
15	실행하는 데 어려움이 생기더라도 강한 의지력과 투지를 발휘하여 목표를 달성한다.	
16	계획은 좋은데 실천이 따르지 않는다는 말을 주변에서 자주 듣지 않는다.	
17	일의 진행과정과 성과에 대해 평가해본다.	
18	이 일이 나에게 필요한 일이고 가치 있는 일인지 생각해본다.	
19	내가 끝내지 못한 일은 무엇이고 그 원인은 무엇인지 생각해본다.	

20	다음 계획에 반영시킬 것이 무엇인지 생각해본다.	
21	목표수행에 도움이 될 만한 가능한 한 다양한 정보 (TV, 신문, 잡지, 컴퓨터 등)를 모은다.	
22	정보를 이용한 후 내용에 대해 간단한 요약과 메모를 해둔다.	
23	정보에 대한 정확성과 유용성을 따져본 후 이용한다.	
24	정보를 얻고, 이용하는 데 어려움이 없다.	

◈ **채점방법 :** 영역별 해당 문항들의 점수(1~5점)를 더하여 그 총점을 아래 표에 적어주세요.

　해석 : 영역별로 시간 관리 능력이 어느 정도 되는 알아보자.

영역	해당문항	점수의 범위	본인 점수	총점
목표 세우기	1~4번	4~20점		
우선순위 정하기	5~8번	4~20점		
계획하기	9~12번	4~20점		
실행하기	13~16번	4~20점		
평가하기	17~20번	4~20점		
정보 이용하기	21~24번	4~20점		

영역별로 점수를 평가한다면

① 4 ~ 8점 : 시간관리 능력이 떨어진다.

② 9 ~ 12점 : 시간관리 능력이 보통이다.

③ 13 ~ 16점 : 시간관리 능력이 뛰어나다.

④ 17 ~ 20점 : 시간관리 능력이 매우 뛰어나다.

그리고 총점으로 평가한다면

① 24 ~ 48점 : 시간관리를 못하는 편이다.

② 54 ~ 72점 : 시간관리가 보통인 편이다.

③ 78 ~ 96점 : 시간관리 능력이 뛰어나다.

④ 102 ~ 120점 : 시간관리가 매우 뛰어나다.

긴급도와 중요도 체크 설문지

시간을 효과적으로 관리하기 위해서는 자신이 시간을 어떤 방식으로 사용하는지 먼저 패턴을 파악하고 다음 각 문항에 대하여 점수를 부여하고 그 점수를 아래 표에 기재하자.

매우 그렇다: 5점/ 그렇다: 4점 / 보통이다: 3점/ 그렇지 않다: 2점 / 전혀 그렇지 않다: 1점

번호	질 문	점수
1	나는 항상 시간에 쫓기며 살아간다.	
2	나는 마음의 여유를 가지고 생활한다.	
3	나는 상대방의 요구에 거절을 못한다.	
4	나는 지금 하고 있는 일에 흥미나 보람을 못 느낀다.	
5	나는 언제나 다급하고 바쁜 상태로 생활한다.	
6	나는 항상 미래를 준비하고 계획하며 산다.	
7	나는 남을 도와 주느라고 내 일을 못할 때가 많다.	
8	나는 시간이 지나도 늘 그 자리에 있는 느낌이다.	
9	나는 당장 해결하지 않으면 안 되는 일거리가 많다.	
10	나는 일의 우선순위를 따져 실행에 옮긴다.	
11	나는 일을 하다 보면 우선순위가 낮은 일을 하는 경우가 많다.	
12	나는 늘 생각이 지루하고 따분하다.	
13	나는 늘 당장 눈 앞에 닥친 문제 해결에 초점을 맞춘다.	
14	나는 일에서 일관되고 지속적인 성취감을 얻는다.	
15	나는 어떤 일을 만나면 늘 바쁜데 성과는 없다.	
16	나는 시간이 남아 무엇을 해야 할지 모를 때가 많다.	
17	나는 늘 할 일에 비해 시간이 부족하다는 느낌이 든다.	
18	나는 매사에 'yes'와 'no'가 분명한 편이다.	
19	나는 내가 일의 희생자라고 생각한다.	

20	나는 소일거리나 시간 때울 거리를 찾을 때가 많다.	
21	나는 일이 끝나면 스트레스를 많이 받는 편이다.	
22	나는 일에서 심리적인 만족과 안정감을 얻는다.	
23	나는 무슨 일을 하고 나면 마음이 허전하고 씁쓸할 때가 많다.	
24	나는 무력감이 들거나 자신이 싫어질 때가 많다.	

	A형		B형		C형		D형	
	1		2		3		4	
	5		6		7		8	
문항별 점수	9		10		11		12	
	13		14		15		16	
	17		18		19		20	
	21		22		23		24	
총점수								
환산점수								
순위								
환산점수 계산 방법 : (총점수 / 6) X 20 = 환산점수								

A형은 긴급하고 중요한 일

B형은 긴급하지는 않지만 중요한 일

C형은 긴급하지만 중요하지 않은 일

D형은 긴급하지도 않고 중요하지도 않은 일

자신이 직접 체크한 환산점수가 영역별로 몇 점씩인가 확인해보고, 지금까지 주로 어떤 성격의 일을 하는 데 시간을 많이 보냈는지 점검해보자. 아울러 순위가 가장 높은 영역이 어디인지 알아보고, 그 원인이 무엇인지도 진단해 보기로 하자.

'성공한 이들의 시간관리', 비법 있다

러시아의 곤충 분류학자 알렉산드르 A. 류비셰프(1890~1972)는 지독한 시간관리광이었다. 생전에 70여 권의 저서를 내서 20세기 러시아 과학사를 이끈 인물로 평가되는 그는 26세 때부터 죽을 때까지 56년 동안 하루도 빠짐없이 일기를 썼는데, 그것은 매일매일 시간을 어떻게 썼느냐를 기록한 회계장부라고 할 만하다. 가령 1964년 4월 7일의 일기는 이렇다. "알 수 없는 곤충 그림을 두 점 그림(3시간 15분), 어떤 곤충인지 조사함(20분), 슬라바에게 편지(2시간 45분), 식물보호단체 회의(2시간 25분), 프라우다지(紙) 읽음(10분), 톨스토이 '세바스토폴 이야기' 독서(1시간 25분)…." 그는 이렇게 시간을 자기 것으로 만들었다.

학자뿐만 아니라 각 직업군에는 바쁘게 사는 사람들이 있기 마련이다. 그들은 어떻게 자신의 시간을 관리할까? 시간 없기로 유명한 중소기업 CEO들이여, 귀를 쫑긋 세우고 시간 관리 명인들의 이야기를 들어보자.

CEO_ 이재웅 (주)다음커뮤니케이션 사장

불필요한 것은 딱 자르는 과감형 시간관리

인터넷 대표 기업 중 한 군데인 다음커뮤니케이션의 이재웅 사장은 주차를 하다가 진땀을 뺀 적이 있다. 후진주차를 하는데 운전 실력이 미숙해 몇 번 시도해도 제대로 되지 않았다. '바쁜 시간에 이걸 하고 있어야 하나'라는 생각에 차에서 그냥 내려 관리인에게 맡겼다. 그 후 그는 주로 택시를 이용하게 되었다. 시간 관리를 가장 중요시하기 때문이다.

그래서인지 오전 서너 시면 어김없이 일어난다. 잠자리에서 일어나자마자 하는 일은 곧바로 컴퓨터를 켜고 인터넷을 통해 세계 뉴스를 점검하는 것. 세계와 경쟁해야 살아남을 수 있다고 생각하기 때문이다. 세상의 변화를 눈으로 직접 확인하기 위해 해외출장도 자주 간다. 그러나 임직원을 줄줄이 데리고 다니는 대기업 총수와 달리 대부분 혼자 다닌다.

회사 사무실에는 별도로 마련된 방도 없고 비서도 없다. 직원들과 똑같은 자리에 앉아 컴퓨터로 일정을 관리하고, 어느 누구와도 이메일과 메신저로 스스럼없이 대화하는 '신세대 사장'이다. 얼마 전 제주로 본사를 이전한 뒤, 마련한 사장 책상(사장실이 아니다)도 마찬가지. 나무합판으로 간단히 만든 책상에 딸랑 전화기만 있을 뿐이다. 불필요한 것이 책상 위에 많이 올라와 있으면 정신이 사나워져 업무시간을 효율적으로 사용할 수 없다는 생각 때문이다. 그래서 사장님이라면 반드시 대동해야 한다는 비서조차 없다. 사무실에서는 메신저가 비서요, 이동 중에는 개인휴대단말기(PDA)가 비서다. 전세계 어디를 가나 PDA로 직원들과 이메일을 주고받는다.

그의 이런 사고방식은 의사결정을 내릴 때에도 적용된다. "예, 아니오."가 분명하고 언제 어느 때나 질문에 빠르고 간단하게 답변한다. 이를 두고 이재웅 사장을 좀 아는 사람들은 '달변'이라거나 '순발력이 좋다'라고 한다. 그러나 측근의 표현은 다르다. 평소에 생각과 준비를 많이 하기 때문이라는 것. 그만큼 부지런하다는 뜻이다.

이재웅 사장의 시간관리법 특징

1. 불필요한 관행이 시간을 지연시킨다 : 비서, 운전사, 심지어 핸드폰까지 꺼리는 이재웅 사장. 사장이라면 반드시 데리고 다녀야 한다는 고정관념에 사로잡혔다가는 언제 바쁜 업무를 다 처리하느냐고 반문한다.

2. 정확한 의사전달이 중요 : 인터넷 사업의 주역답게 이재웅 사장의 주요무기는 이메일과 메신저. 왜냐하면 간결하고 직선적으로 업무내용과 의사를 전달할 수 있기 때문이라고 한다. 괜히 전화통화를 했다가 말하기 어려운 사안에 대해 결국 차일피일 미루게 될지도 모른다는 우려를 말끔히 씻어내기 위해서이다.

[출처] '성공한 이들의 시간관리'

6장 효과적인 프레젠테이션

프레젠테이션을 준비하고 전달하기 위해서는 3가지 목표를 달성해야 한다.

목표 1 : 청중을 끌어들여라.
　　　　목표와 연관성을 가진 메시지로 청중의 주의를 끌어야 한다.

목표 2 : 주의를 집중시키고 유지하라.
　　　　중요한 점에 청중의 주의를 집중시켜야 한다.

목표 3 : 이해와 기억을 도우라.
　　　　자신만의 노하우로 이해와 기억을 도울 준비를 철저히 한다.

『프레젠테이션 심리학』 중에서

1. 프레젠테이션에 대한 개념 및 이해

1) 프레젠테이션의 개념

프레젠테이션(presentation)은 사전적인 뜻으로는 증정, 기증, 표시, 발표, 의양, 소개, 제시 등을 의미한다. 즉 자신이 가지고 있는 생각이나 자료들을 상대방에게 전달하기 위한 '말하기 형태의 모든 것', 한마디로 표현하면 '제안형 설득'이라고 할 수 있다(정유선 역, 2005).

특히 21세기 정보화 사회는 개인이 접근할 수 있는 정보를 다방면으로 폭넓게 수집하여 지식으로 표현해 내는 일이 매우 중요한 능력이라고 할 수 있다. 즉 다양한 지식과 정보를 가공할 수 있는 이해력과 문제를 판단하고 분석하는 기획력, 수집된 정보를 바탕으로 상대와 의사소통을 할 수 있는 전달력이 필요하다. 이와 같은 이해력, 기획력, 전달력은 모든 커뮤니케이션 기법에서도 요구되는 능력이며, 이와 같은 능력이 종합되어야만 프레젠테이션을 효과적으로 수행할 수 있을 것이라고 사료된다.

이해력	기획력	전달력
다양한 지식과 정보를 가공할 수 있는 능력	수집된 정보를 바탕으로 상대와 의사 소통 할 수 있는 능력	문제를 판단하고 분석하는 능력

〈 프레젠테이션의 효과적 수행 능력 〉

하지만 프레젠테이션을 해보았던 사람이라면 대개의 경우 불안감이나 두려움을 느낀 적이 있을 것이다. 때로는 준비한 내용이 전혀 생각나지 않고, 앞이 캄캄해지는 것과 같은 경험도 말이다. 하지만 이와 같은 불안감의 원인을 차근차근 분석해보고 하나씩 하나씩 극복해 나간다면 프레젠테이션을 기피의 대상이 아니라 즐거운 마음으로 맞을 수 있을 것이라고 예측할 수 있다(조용개 외, 2010).

2) 프레젠테이션에 대한 이해

프레젠테이션이 어려운 이유는 다른 사람을 대상으로 한정된 시간내에 이야기를 끝내야 하는 시간 제약이 있고 목적을 가지고 이야기 해야 하기 때문이다. 물론 더 큰 이유는 목적을 달성해야 한다는 점 때문에 더욱더 어렵다고 할 수 있다. 따라서 이에 따른 심리적 부담은 정신적인 구속이 가해져서 프레젠테이션을 한층 더 어려워지게 한다.

프레젠테이션이 어려운 이유

▶ 2400 : 1의 경쟁률을 통과해야 하며
▶ 설득을 해야 하고
▶ 인간의 망각증과 대결할 뿐만 아니라
▶ 내용과 인상이 모두 중요하기 때문이다.

한 조사에 의하면 우리 주위에 있는 모든 정보원인 신문잡지, 방송, 책, 대화 등에서 얻어지는 메시지는 하루 평균 2,400개에 달한다고 보고되고 있다. 따라서 프레젠터는 이 2,400개의 메시지와 경쟁하는 것과 같으며 계속적인 정보가 늘어나듯이 이에 대한 경쟁은 매우 치열하므로 입시준비를 하듯 철저히 준비하는 것이 필요하다고 할 수 있다(한정선, 2000).

또한 프레젠테이션은 '제안형 설득'이기에 설득력이 있어야 그 목적을 달성할 수 있다. 설득은 프레젠테이션을 하는 이유라고 할 수 있을 것이다. 따라서 이를 위한 많은 것들이 준비되어야 하기 때문에 어렵다고 할 수 있다. 앞서 말했듯이 특히 정보화 시대를 살아가고 있는 우리는 매일매일 수많은 양의 정보를 접하게 된다. 따라서 많은 정보 중에서도 오래오래 기억될 수 있는 프레젠테이션이 되어야 하며 그렇지 않으면 잊혀지기 쉽고 프레젠테이션을 하는 의미를 상실할 수도 있다.

그리고 특히 주목할 것은 청중 앞에서 하는 프레젠테이션은 프로의식을 갖고 있어야 한다는 것이다. 귀로만 듣는 프레젠테이션이 아니라 온몸으로 전달될 수 있는 내용, 제작방법뿐만 아니라 프레젠터로서 자신의 모든 것을 동원해야 하는 것이 필요하다. 음성, 발음, 외모, 자세, 태도 또한 크게 영향을 미치며 이것은 처음 시작할 때, 특히 집중과 관심을 끌게 되고 프레젠테이션의 전체적인 인상을 결정하게 된다. 이것은 중요한 사실이므로 프레젠테이션이 끝나는 순간까지 명심해야 한다고 할 수 있다.

2. 프레젠테이션을 위한 준비

1) 프레젠테이션에 대한 긍정적 사고

프레젠테이션에 대해 '잘할 수 있다.'라는 신념을 갖는 것이 매우 중요하다. 프레젠테이션을 준비하는 시간부터 '과연 잘할 수 있을까?' 하는 생각은 주제선정과 그 구성을 확정하는 것 또한 망설이게 할 수 있다. 그러나 '잘할 수 있다.'라는 신념은 하루 아침에 만들어지는 것이 아니라 오랜 동안의 경험과 생각을 수반하기 때문에 끊임없는 연습과 노력에 의한 자기효능감과 더불어 만들어진다.

긍정적인 말을 통해 긍정적인 사고를 만든다

당신이 일상에서 아무렇지도 않게 쓰는 말은 그대로 당신의 의식이 되고 당신의 세계상을 만든다.

즉, 당신이 자신을 바꾸고 싶다면, 꿈을 이루고 싶다면, 먼저 말을 바꿔야 한다.

– 사토 도미오 –

크게 호흡하고 크게 외쳐보자

"잘할 수 있다. 프레젠테이션, 잘할 수 있다, 멋지게 해내자."

2) 불안감 극복

효과적인 프리젠테이션을 하기 위한 주요한 방법은 불안감을 극복하는 것이다. 이를 위해서는 끊임없는 연습과 노력이 필요하다. 즉, 발표 때문에 발생하는 불안감을 유발시키는 요인을 제거하려는 노력이 필요하다.

① 프레젠테이션 불안을 완화시키기 위해서는 리허설(연습)이 중요하다.
② 노력과 불안을 혼동하지 않도록 하고, 불안감을 참으며 도전한다.
③ 프레젠테이션 자체에 압도되지 말고, 당당하게 맞선다는 마음을 가지고 시작한다.
④ 결과에 대한 걱정보다 과정에 집중한다(조용개 외, 2010).

3) 프레젠테이션을 위한 자기탐색

프레젠테이션을 위한 자신의 강점이 무엇이며 단점이 무엇인지 생각해보는 것은 매우 중요하다. 그리고 무엇을 개발하면 프레젠테이션을 잘할 수 있는지 생각해보는 것이 필요하다. 자신에 대한 SWOT 분석을 통해 프리젠테이션 실력을 향상시키도록 하자.

> S = STRENGTH (강점)
> W = WEAKNESS (약점)
> O = OPPORTUNITY (기회)
> T = THREAT (위협)

　SWOT 분석은 자신의 내부역량(S, W)과 외부역량(O, T)을 조사하여 강점은 부각, 약점은 개발하고 기회를 활용, 위협을 억제함으로써 보통 아래와 같은 틀에 각각의 요소를 넣어 정리한다.

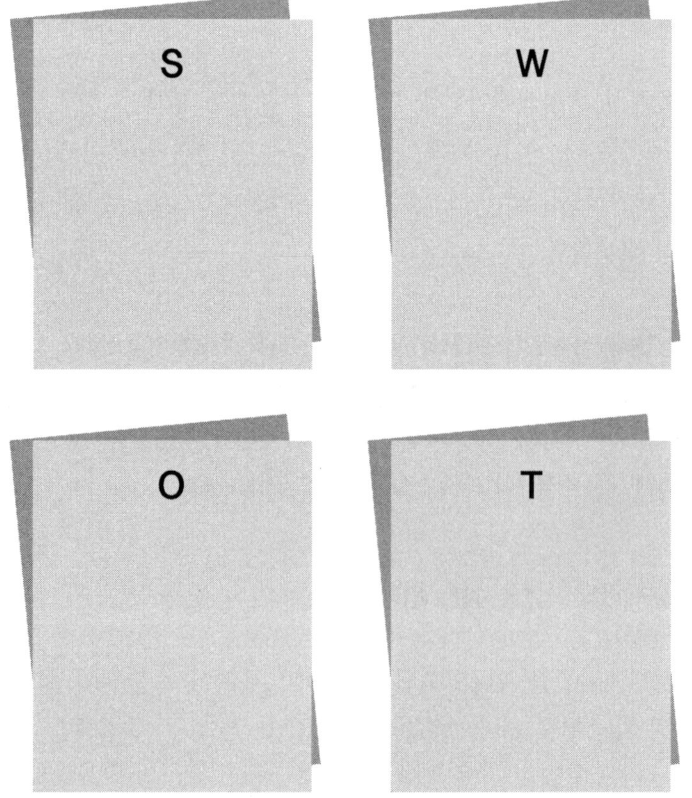

4) 롤 모델

　프레젠테이션을 훌륭히 수행하는 롤 모델(role-moder)의 자세나
태도를 모방하여 보자. 그들의 표정, 제스처, 억양, 클라이막스 등
의 강조 등을 어떻게 하는지 유의깊게 보도록 하자.

자신의 롤 모델은 누구인가?

롤 모델의 인상깊었던 프레젠테이션 장면과 선정 이유

3. 프레젠테이션의 내용구성 전략

1) 프레젠테이션의 목표

프레젠테이션의 목적은 크게 아래의 네 가지로 구분되며, 무엇을 목적으로 하느냐에 따라서 그 내용이 달라질 수 있다.

1	2	3	4
확신을 주기 위한 프레젠테이션	정보를 제공하기 위한 프레젠테이션	동기부여를 함으로써 청중이 무엇을 하도록 유도하기 위한 프레젠테이션	즐거움을 주기 위한 프레젠테이션

① 목표를 설정하고 제시하기

프레젠테이션을 준비하기 전에 발표의 목적이 무엇인지를 분명하게 생각하고 작은 세부목적까지도 생각한다. 그리고 프레젠테이션의 목적을 달성하기 위해서 발표내용의 구성에 대한 전략을 세운다.

② 큰 그림을 보여주자

프레젠테이션을 시작할 때 전체내용을 설명함으로써 청중의 이해도를 높인다. 큰 그림을 제시하려면 발표자가 내용을 준비할 때, 구조화하는 과정을 거쳐야 한다. 구조화란 다른 내용의 큰 주제와 세부주제를 설정하는 것으로 이때, 각 주제간의 위계가 적합한지를 반드시 점검해야 한다.

③ 청중의 경험과 연관시키자

발표자는 프레젠테이션의 내용에 익숙해 있으나 청중은 그렇지 못하다. 흔히 발표자는 이 사실을 잊는 경우가 많다. 프레젠테이션은 전달할 내용이 청중과 경험적인 것을 다루는 것으로 선정하는 것이 필요하다. 이와 같은 측면은 내용을 구성하는 데 있어서 매우 중요하게 고려되어야 한다고 할 수 있다.

2) 프레젠테이션의 내용구성

프레젠테이션의 내용은 서론, 본론, 결론 또는 도입, 본론, 맺음말 등으로 구성하는 것이 효과적이다. 즉 프레젠테이션의 내용을 정확히 전달하기 위해서는 일정한 구조를 갖추어야 한다.

① 서론
- 전체내용의 5~10% 차지함
- 청중의 관심을 유도하기 위하여 이야기 또는 시각자료 제시
- 프레젠테이션의 동기나 목적을 분명히 언급함
- 전체내용의 요약, 결론을 먼저 제시하기도 함

② 본론
- 전체내용의 70~80%
- 서론에서 결론을 먼저 제시했다면 결론에 대한 근거나 이유를 제시
- 본론의 내용을 세 가지 정도의 논점이나 주제로 분류
- 각 주제별로 소주제나 보조자료를 제시
- 두 번째 논점을 설명할 경우, 첫번째 논점을 정리하고 다음 주제로 넘어감

③ 결론

- 전체내용의 5~10%
- 프레젠테이션의 주된 논점을 정리
- 프레젠테이션의 동기와 목적을 다시 한 번 확인
- 실천적인 행동을 요구하는 것으로 마무리

프레젠테이션의 3부구성

서론	본론	맺음말
• 인사와 자기소개 • 주제제시 • 아우트라인 설명	• 내용전개 • 이유, 근거 제시	• 내용의 요약 • 협력요청

조용개 외(2010).

3) 프레젠테이션의 3원칙

① 알기 쉽게

'알기 쉽게'를 표현하는 것은 프레젠터의 사명이다. 잘 아는 이야기를 들으면 누구나 즐거워진다. 미처 몰랐던 점을 알게 된다거나 마음이 찡한 감동을 받으면 이야기를 들려준 사람에게 감사한 마음마저 든다. '알기 쉽게 표현하는 것은 하나의 미덕이다.'라는 말이 있다. 이를 위한 내용으로는 다음과 같다.

- 일목요연하게
- 이유·근거 제시
- 숫자·통계치로
- 구체적인 사례로

- 청중에게 적합한 단어로

② 간결하게

　'간결하게'는 '알기 쉽게'와 '인상 깊게'의 사이를 이어주는 다리 역할로도 이해할 수 있다. '간결하게'는 '간단하고 짧은 표현'만이 아니라 포인트는 '요약된 표현'에 있다. '필요한 것은 빠짐 없이 챙기고, 필요 없는 것은 과감하게 생략!' 이것이 핵심이다. 무조건 짧게 이야기하라는 말로 받아들여선 안된다.

- **주제는 한 줄로 요약**

> - 프레젠테이션은 예술이다.
> - 클레임은 귀중한 정보원이다.

- **쓸모없는 것은 생략**

> - 반복되는 표현
> - 과도한 표현
> - 문장마다 등장하는 주어
> - 서두는 간략하게
> - '그러니까', '즉' 과 같은 접속사 등
> - 변명("시간이 없어서 준비를 못했습니다") 등

- **피해야 할 표현**

버려야 할 표현		버려야 할 표현

• " 잘모르겠습니다만."
• " 아마, 이러지 않을까 생각합니다."
• " ~한 것 같습니다."
	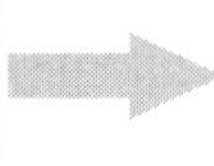	• "프레젠테이션에는
		  사실 자신이 없습니다."
		• "그리 큰 일은 아니라고
		  생각합니다만"

③ 인상 깊게

인간은 끊임없이 무엇인가를 생각하고 느끼면서 살아간다. 표현의 관점에서 '느낀다'라는 활동은 매우 중요하다. '인상 깊게' 이야기한다는 것은 이론적 접근만이 아니라 상대방의 감정에 영향을 미치는 것으로 이를 위해서는 프레젠터는 감정을 실어 생기 있게 이야기하는 것이 필요하다.

- 감정을 실어 생기 있게 이야기한다.
- 이미지가 떠오르도록 이야기한다.
- 비유를 사용한다.
- 클라이맥스에서 강조한다.

- **강조의 방법**

  반복(같은 표현보단 조금씩 바꾸어본다)

  확대(강조항목을 어느 정도 확대해서 인상 깊게 한다)

  대비(유사한 것들 사이에서 차이점을 강조한다)

  (정유선 역, 2005).

4. 프레젠테이션의 기술

1) 프레젠테이션과 대인관계

프레젠테이션을 하기 위해서는 대인관계 능력이 매우 중요하다. 프레젠테이션의 대상인 청중과의 관계는 크게 영향을 미칠 수 있으므로 그와 관련된 요소들을 신중하게 고려하여야 한다. 특히 처음으로 청중을 대면하는 자리, 첫인상도 매우 중요하므로 이에 대한 내용을 살펴보면 다음과 같다.

① 좋은 첫인상을 보여주라

프레젠테이션 장소에 먼저 도착하여 일찍 도착한 청중에게 먼저 인사하며 가볍게 대화를 나누는 것은 진솔한 태도를 보여주며 첫인상을 좋게 해주는 방법이다. 또한 시작 전, 프레젠테이션을 준비하는 모습은 청중에 대한 존중과 예의를 표현할 수 있으며 프레젠터에게 호감을 갖게 해줄 수 있으므로 프레젠터로서의 철저한 준비는 좋은 관계를 형성하는 데 필수적이라고 할 수 있다.

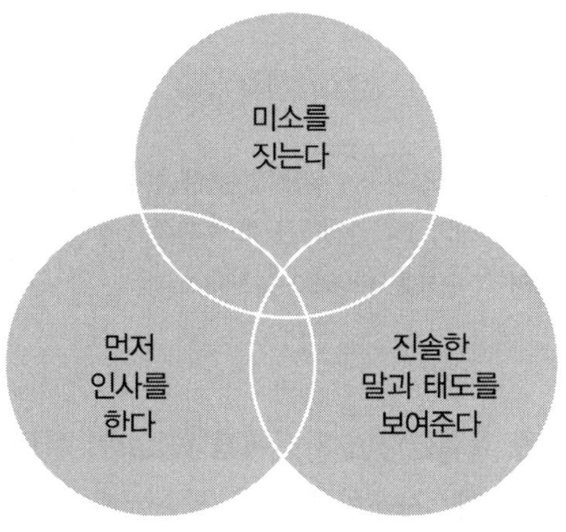

② 경청하고 이야기하라

좋은 인상과 함께 서로 얼굴을 마주보며 프레젠테이션을 할 때, 유언·무언의 청중의 이야기를 잘 들어주는 것은 관계를 향상시키는 좋은 방법이다. 또한 상대방에게 눈을 맞추며 충분히 잘 들었다는 눈빛교환과 고개를 끄덕이며 호응하는 것도 서로의 공감대를 형성하며 관계를 구축해 나간다.

③ 질문에 성의껏 대답하라

청중들은 프레젠테이션을 통해 메시지, 정보 등을 파악한다. 그리고 나이에 대한 질문이 있을 경우, 프레젠터는 질문에 대답을 하면서 프레젠테이션의 내용에 대한 정확한 전달과 함께 목적을 다시 한 번 상기하게 한다. 또한 성의 있는 답변을 통해 신뢰관계를 맺으며 많은 것들에 대한 공유의 시간을 갖는다.

5. 프레젠테이션 연습

1) 프레젠테이션을 계획한다

프레젠테이션 준비

최근에 자신이 가장 정확하게 알고 있는 내용이나 관심 있는 정보 등을 탐색한 후, 자신이 프레젠테이션 할 주제를 결정하고 어떻게 할 것인가에 대하여 그 순서를 정리하고 실천해 보자.

프레젠테이션을 계획한다면 자신에게 What이 아니라 Why를 물어야 한다. 당신은 왜? 자신이 특정한 청중에게 왜 이 발표를 하려고 하는지 생각해 보아야 한다. 이 질문의 답은 발표를 계획하는 데 도움이 될 것이다. 이는 집을 잘 짓기 위해서 계획을 하는 것과 유사하다고 생각할 수 있다. 자신의 프레젠테이션에 대한 Why를 위하여 효과적인 계획을 세운다면 어떠한 것이 있는지 생각해보자.

프레젠테이션 Why?

---

2) 프레젠테이션의 목표개발

프레젠테이션을 효과적으로 하려면 명확하고 구체적인 목표를 결정하여야 한다. 즉 발표를 어느곳에 중점을 두어야 할 것인지를 생각하는 것이다. 물론 화살표의 방향으로 향할수록 발표는 더욱 설득적이 된다. 하지만 대부분의 프레젠테이션은 정보제공과 설득을 목적으로 하는 분리된 형태가 아니라 연속선상에 있다는 것을 고려하여 강력한 프레젠테이션이 되도록 한다. 그렇다면 본인은 정보제공과 설득을 목적으로 프레젠테이션을 하려면 어떻게 하는 것이 효과적일 수 있는지 생각해 보자.

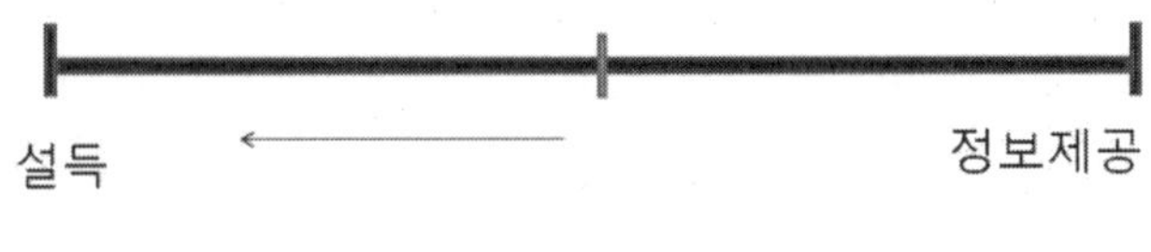

프레젠테이션 주제 및 정보제공과 설득을 위해 할 일

3) 청중분석

청중을 분석할 때는 4가지 항목을 고려해야 한다.

① 가치 : '청중들은 어떠한 특성을 가졌는가? 그들에게 중요한 것은 무엇인가?'를 고려한다. 조직의 성격에 따라서 서로 다른 가치체계를 갖는다.

② 필요 : 청중이 필요하다고 생각하는 것을 프레젠테이션 전에 파악하는 것이 중요하다. 자신의 입장에서 생각한 것과 청중의 입장에서 생각한 것은 상당한 차이가 있다. 발표자는 그 차이를 좁히는 방법을 찾아야 한다.

③ 지식 : 청중들은 특정한 자기 분야가 있다. 청중들이 이해하지 못할 전문용어, 약어, 통용어 등을 사용하지 않도록 주의해야 한다. 의심이 나면 그 전문용어를 아는지 묻고 필요하다면 설명하는 것이 필요하다.

④ 통계정보 : 청중의 수, 프레젠테이션 장소 등은 프레젠테이션을 구성하는 데 영향을 주므로 신중히 고려해야 한다.

청중분석

4) 내용구성

효과적인 프레젠테이션을 위해 구성을 체계화하는 것이 필요하다. 이를 위한 몇 가지 전략을 살펴보면 다음과 같다.

① 자신의 발표에 필요한 주요 아이디어를 브레인스토밍 한다.
② 주요 아이디어를 입증하는 설명과 자료 혹은 다른 증거로 구성한다.
③ 청중들이 받을 이익, 정보 등을 통해 설득을 돕도록 한다.
④ 유인물 및 시각자료를 개발 한다.
⑤ 서론, 본론, 결론을 체계적으로 구성한다(스티브 멘델, 1998).

서론, 결론의 전략

〈 프레젠테이션 분석을 위한 평가지 〉

관찰 영역	관찰항목	부정		보통		긍정
		1	2	3	4	5
언어적 표현	목소리 크기가 적절한가?					
	말하는 속도가 적절한가?					
	발음이 정확한가?					
	내용에 따라 목소리 변화가 있는가?					
비언어적 표현	얼굴표정은 부드러운가?					
	청중에게 골고루 시선을 주는가?					
	몸동작이 의도적이고 자연스러운가?					
	서있는 자리를 적절히 옮겨주는가?					
	긍정적인 느낌의 태도를 취하는가?					
PT 진행	PT에 열의가 느껴지는가?					
	PT의 속도와 흐름은 적절한가?					
	시간조절을 잘하고 있는가?					
내용구성	PT 시 목표를 명확하게 제시하였는가?					
	청중의 호기심을 유도하는가?					
	전달내용을 명확하게 설명하였는가?					
	중요한 내용을 부각하는가?(요약, 정리)					
	끝맺음이 있는가?					
시각자료	자료의 양은 적절한가?					
	말하는 내용을 보완하고 있는가?					
	자료의 시각적 효과를 주는가?					
총 점						

조용개 외, 2010, 학습전략 포트폴리오

- **프레젠테이션 시, 자신의 장점이라고 생각되는 점을 세 가지 쓰시오.**

- **프레젠테이션 시, 자신의 단점을 세 가지 정도 쓰시오.**

7장 올바른 이력서 및 자기소개서

당신의 젊음은 당신의 믿음의 깊이에 비례하며,
당신의 늙음은 당신의 의혹의 깊이에 비례한다.
당신의 젊음은 당신의 자신감의 강도에 비례하며,
당신의 늙음은 당신의 공포심에 비례한다.
당신의 젊음은 당신의 희망에 비례하며,
당신의 늙음은 당신의 절망에 비례한다.
나이는 당신의 피부에 주름살을 더해주지만
정열을 포기할 때 당신의 혼에 주름살이 지고 만다.

더글러스 맥아더

본 장에서는 사회진출을 위하여 자신이 그 동안 쌓아왔던 지식과 경험을 효과적으로 표현할 수 있는 입사지원서 작성에 대하여 알아보도록 하자.

박성철(2003), 『세계 명언집 '인생의 의미'』

1. 이력서 의미와 중요성

취업의 첫 관문인 서류전형, 이력서와 자기소개서의 작성은 채용을 위해 2분 안에 평가받는 본격적인 구직활동의 첫걸음이다. 어떤 인사담당자들은 입사서류를 검토할 때 10초 안에 면접의 필요성이 발견되지 않으면 곧장 휴지통으로 보낸다고 한다. 인사담당자들의 입사서류 검토는 불필요한 사람이 회사 면접에 참가하지 않도록 걸러내는 과정이다. 서류전형의 관문을 통과하고 채용의 조건인 면접의 기회를 잡기 위하여 최대한 효율적으로 자신을 표현해야만 한다. 아무리 뛰어난 인재라 할지라도 자신의 역량과 자신의 발자취를 이력서와 자기소개서에 효과적으로 표현하지 못한다면 유능한 인재로서 평가받지 못할 것이다(김병숙, 2009).

1) 이력서의 의미

이력서란?

이력서란 자신의 능력과 경험을 체계적으로 정리한 문서로 취업을 위한 면접의 기회를 얻기 위해 회사 등 조직에 제출하는 개인의 신상정보, 학력, 경력 등을 시간 순으로 요약 혹은 나열한 것이다. 영어로 레주메(resume)라고 하며 컬럼바이티(curriculum vitae)를 줄여 CV라고 부르기도 한다. 문구점에서 파는 인사서식 1호 양식을 이용하여 기록하는 것이 흔했지만, 인터넷의 발전에 힘입어 인터넷 이력서도 많이 사용되고 있다. 인사담당자가 채용을 위해 처음으로 접하는 문서가 이력서이며, 이를 통해서 면접여부를 결정하게 된다. 일반 목적의 이력서에는 신상정보, 학력, 직업이력 등 간단한 정보만이 들어가지만 목적에 맞게 작성하는 이력서도 있다. 이러한 이력서에는 자신의 직무적합성을 위한 직업이력기술, 직무경험 등을 상세히 기록하기도 한다(위키백과, 2008).

이력서는 구직자와 인사담당자와의 첫 만남이라고 할 수 있으며 자신을 대변하는 문서로 좀 더 구체적으로 나를 표현할 수 있으며 면접의 기회를 얻을 수 있을지 결정하는 문서로 표현된 또 하나의 '나'라고 할 수 있다. 따라서 구직자는 정성을 다해 상품으로서의 자신을 알릴 필요가 있다. 짧은 시간내에 단 1장의 이력서로 취업의 당락이 결정된다고도 할 수 있기 때문에 이력서 작성에 혼신의 정성을 기울이는 것이 취업의 첫 걸음이다. 또한 이력서는 자신의 가치를 평가받는 아주 중요한 마케팅 도구이므로 자신의 실력을 잘 드러내 보여 긍정적인 첫인상을 남길 수 있도록 해야 한다.

2) 이력서의 중요성

인터넷 채용시대에 이력서는 보다 더 중요해지고 있다. 서류전형만으로 지원자의 80%까지 걸러내는 상황에서 인사담당자는 이력서 내용만으로 그 사람의 능력, 자질, 성격 등을 파악하려 하기 때문이다. 따라서 즉흥적으로 쓰지 말고 꼼꼼히 내용과 형식을 살핀 다음 제출해야 한다고 채용전문가들은 조언한다.

많은 사람들이 첫인상에 대한 선입견을 가지고 있듯이 첫 느낌이 좋은 이력서는 일반적인 이력서보다 인사담당자들의 시선을 끌기 마련이다. 거기에다 동등한 실력을 보유하고 있는 지원자라고 할 경우, 성실하고 깔끔하게 이력서를 작성한 사람을 선택하게 되는 것은 당연한 결과이다. 기획, 마케팅, 또한 일반 사무직을 모집하는데 이력서를 제대로 꾸미지 못하는 사람에게 어떻게 회사의 중대한 문서나 제안서 등을 맡길 수 있겠는가?

이력서의 중요성

- 이력서는 취업을 위한 1차 관문으로 면접을 위해서는 반드시 통과해야 하는 필수 과정이다.
- 이력서는 자신을 대변해주는 첫인상이며 서류로 만나는 첫 번째 면접으로 면접기회, 채용 결정에 영향을 준다.
- 공식적으로 허용된 나의 홍보지로 자신브랜드, 상품가치, 잠재능력 등을 마케팅 할 수 있는 도구로 어떻게 표현하는지에 따라 자신의 가치가 달라진다.
- 인사담당자는 이력서를 통해 성격, 능력, 적합성 등을 판별하려 하며 지원자에 대해 많은 걸 알고 싶어한다. 잘 작성된 이력서를 가진 70%의 구직자가 취업에 성공하고 있다.

이력서의 기능

- 이력서는 '나'라는 제품을 알리는 팸플릿
- 이력서는 취업을 위한 대표 명함
- 이력서는 인사담당자들에게 '나'를 기억시키는 매개물
- 이력서는 면접의 문을 여는 열쇠

3) 이력서의 종류

① 학력위주 이력서

일반적으로 볼 수 있는 '인사서식 1호'에 가까운 전형적인 이력서이다. 신입이나 경력이 적은 사람에게 경력보다는 학력을 강조할 때 유리한 형식이다. 학력위주 이력서를 쓸 때는 신입의 경우 '학력사항', '자격사항', '교육 및 대내외 활동', '수상내역' 등의 구성으로 기술한다.

② 연대기형 이력서

경력자는 보통 학력사항보다는 경력사항의 내용이 많다. **'연대기형 이력서'**란 경력을 중심으로 연대순으로 나열한 이력서이다. 희망 직종과 관련이 있는 경력이나 업적 등을 순서대로 쓰는 형식으로 직업이력이 많은 경우에 적절한 형태이나 학생의 경우 직무관련의 봉사활동이나 아르바이트 경력을 기재하여 활용할 수 있다. 외국에서는 역사적 자기소개서라고도 부른다. 연대기형 이력서는 작성하기 쉬울 뿐더러 가독력도 뛰어나다. 특히 경력이 일관적이고 안정적일 때, 성공적인 승진과정을 강조할 때 유용하며 또한 여러 회사에 공통으로 사용하고 있는 이력서라는 점에서 강점이 있는 이력서 형식이다. 하지만 경력에 공백이 있을 경우, 직업이력 공백이 너무 눈에 띤다는 단점도 있다.

'역 연대기형 이력서'는 최근 직장이력과 업적을 강조할 때 유리한 형식이다. '역 연대기형 이력서'는 최근 경력부터 과거로 거슬러 올라가는 형식으로 직업이력의 성장을 한눈에 보여준다. 하지만 특정 직무나 능력, 업적 등이 한눈에 보이지 않는다는 단점을 가지고 있다. 경험에 초점을 맞추고 가장 최근의 직장 이력과 업적부터 언급한다면 좋은 평가를 받을 수 있다(김용환, 2006).

③ 직무중심의 이력서

연대와는 관계없이 특정 직무능력을 중심으로 모아서 쓰는 이력서이다. 직무중심의 이력서는 고용인이 필요한 부분만 선택해서 읽을 수 있는 형식으로 학생이나 경험이 단순하여 내세울 것이 별로 없는 경우에 사용할 수 있는 이력서로 간결하고 정리된 느낌을 준다. 연도별 서술이나. 회사명에 중점을 두는 것이 아니라 직업이력이 아닌 직무능력에 초점을 두어 자세하게 써야 한다. 직업이력을 바꾼 경우 또는 현재의 직무가 본인이 지원하려는 회사와 조금 다른 경우에 사용하면 유용한 방법이다. 특히 학생일 경우 본인이 희망하는 직종 관련 직무경험에 대해 동아리 활동, 아르바이트 경험 등을 중심으로 구성할 수 있으므로 자신의 적합성에 대해 알릴 수 있으며 직업 이력자들과 경쟁해야 하는 구직사장에서 자신을 알릴 수 있기도 한다. 대기업이나 지명도 있는 회사에서의 직무이력을 강조하고 싶은 경우, 사업장별로 쓰면 적합하다. 특수 기능을 지니고 있는 전문직에 대해는 그 전문성을 돋보이게 하는 데 매우 적합한 이력서이다. 예를 들면, 재무, 경리, 관리 등 관리직에 대해서 각종 직무경험을 통해서 전체적으로 파악하는 데 적절하다.

단점으로는 이력을 전체적으로 한눈에 알 수 없고, 내용에 깊이가 없어 보일 수 있다. 회사를 그만둔 지 오래된 경우, 직장을 자주 옮긴 경우, 한 회사에만 오래 있었던 경우 등에 직무중심의 이력서를 작성하면 좋다(김용환, 2006).

④ 혼합형 이력서

구인자가 찾는 특정 기능을 강조하고 싶을 경우, 연대기형 이력서에 직무를 추가할 경우, 한 회사를 목표로 능력을 보여주고자 할 때 쓴다. 실무에서 사용하는 직업이력과 기술을 깊이 있게 보여줄 수 있다. 자칫 혼합형 이력서는 산만하고 길어질 수도 있다. 직업이 뒷장으로 넘어가 버리면, 구인자의 관심을 끌지 못하게 될 수도 있다. 꾸준히 회사와 더불어 잘 성장하고 있다면 연대기식과 직무중심 이력서를 혼합하여 쓰면 좋다. 혼합형은 개인의 이력을 요약하면서 목표에 맞는 본인의 역할과 책임을 기술하면 된다.

2. 이력서 작성법

이력서는 자신의 학력이나 경험·경력을 한눈에 보여지게 하는 문서로 무엇보다 중요한 것이 이력사항이 일목요연하게 비춰질 수 있다록 하는 것이다. 이제부터 가독력 높은 이력서 작성법에 대해서 알아보도록 하자.

1) 지원분야

우측상단 눈에 잘 띄는 곳에 기재하여 인사담당자가 서류 검토 시 지원분야와 연계하여 볼 수 있도록 한다.

2) 사진

사진은 이력서의 첫인상이므로 3개월 이내에 촬영한, 정장차림으로 단정히 하고 밝은 인상을 주는 것이 좋다. 간혹 지원자들 중에 무리하게 포토샵을 하는 경우가 있는데 이런 사진들은 인사담당자들이 신뢰하지 않는다. 실물과 너무 다른 모습의 사진도 지양해야 하는데 면접보러 갔을 때 면접관이 지원자를 못 알아 볼 수도 있다. 특히 여름(민소매), 겨울(터틀넥)처럼 계절을 나타내는 옷을 입고 촬영하는 것은 자제하며 되도록 안경은 뿔테보다는 무테나 금속테를 착용 깨끗한 이미지를 연출한다.

머리는 이마를 자연스럽게 드러내는 경우 밝고 깨끗한 이미지를 전달할 수 있으며, 여자의 경우 긴 생머리는 뒤로 단정하게 묶어 깨끗하게 보여지게 하며 남자의 경우 과도하게 헤어제품을 사용하여 머리를 손질하게 되면 강한 인상으로 보여지기 때문에 조금은 자제하여 스타일을 연출한다. 환한 미소가 어색한 경우는 입을 다물어 자연스럽게 연출할 수 있도록 해야 한다.

3) 인적사항과 연락처

호주와의 관계는 호주 쪽에서 본 자신의 관계를 말하는 것으로, 父, 母가 아니라 長男, 三女 등으로 기재해야 한다.

이력서의 구성

____

____

____

____

연락처 기재 시는 빠짐 없이 다 기재해야 되며 만약을 대비하여 비상연락처(가족 연락처)를 반드시 남기는 것이 좋다.

4) 학력사항

학력사항은 초등학교 때부터 기재하면 너무 길어지므로 고등학교 이후부터 기재하며 최종학력을 입학과 졸업을 구분 지어 기재하는 것이 가독력을 높일 수 있다.

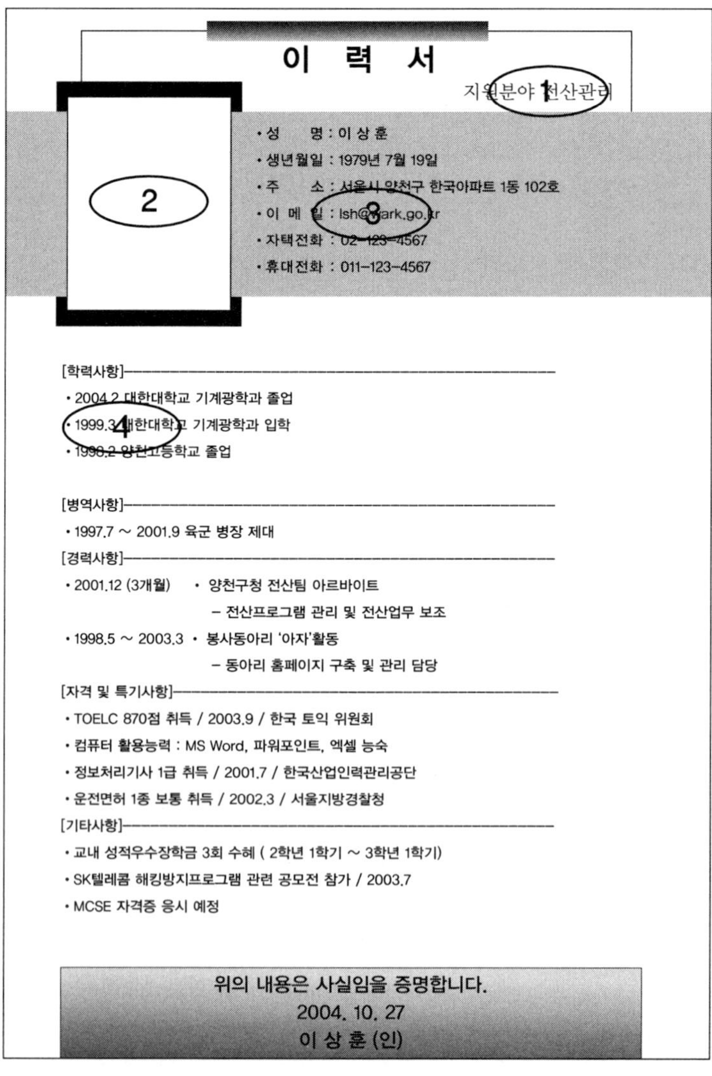

이력서 작성 Key Point

1 ▶ 지원분야는 이력서 우측상단에 명시하는 것이 좋다

2
▶ 3개월 이내에 정장 차림의 사진
▶ 단정하고 밝은 인상을 주는 것이 중요
▶ 이미지 사진이나 폰카, 셀카 사진은 금물!

3
▶ 연락처 기재 시, E-mail, 주소, 자택 전화번호
휴대전화번호 모두 기입

4 ▶ 고등학교 졸업일부터 기재

5) 경력사항

업무와 관련된 경력을 위주로 최근의 것부터 기재하며 관련기관
에서 수행한 일이나 경험 내용에 대해서도 함축적으로 기재하여야
한다.

6) 자격증 및 특기사항

자신의 장점을 드러낼 특기를 기재하는 것이 중요하며, 해당하는
자격증이 있으면 자격증명, 발령청, 취득연월도 꼼꼼히 기록한다.
자격증의 경우 사본을 첨부해야 하며, 수상경력(장학금도 포함)도
기록, 첨부한다. 어학과 관련된 인증, 사회봉사 활동, 동아리 활동
도 가능하면 포함시킨다.

7) 기타사항

장학금 수혜, 수상경력 등 분류하기 어려운 이력을 기재한다.

8) 서명

마지막에 작성날짜와 서명을 반듯하게 기재하여 문서의 공신력
을 더해 주어야 한다.

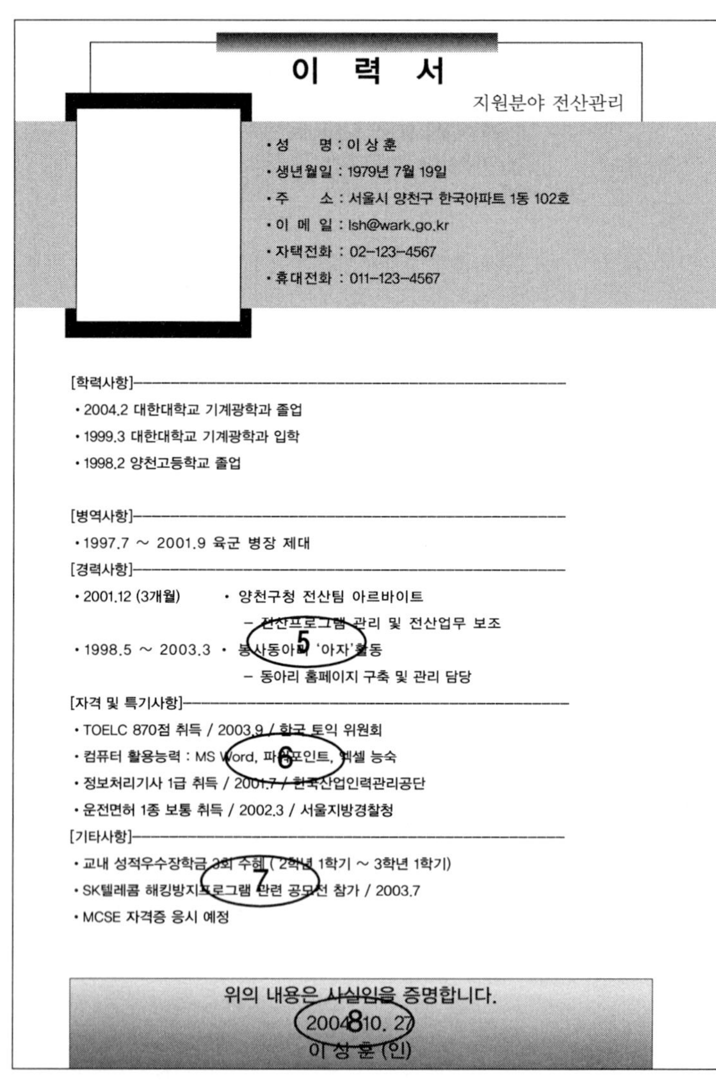

이력서 작성 Key Point

5
▶ 신입의 경우, 인턴 및 지원분야와 관련된
아르바이트 경력 등을 구체적으로 기재

6
▶ 자격증은 능력의 객관적인 증명자료
▶ 최상위 것부터 중요도에 따라 기재
▶ 특기사항에는 수상경력, 동아리활동,
   어학연수경험, 컴퓨터 활용능력 등 기재
▶ 인증점수가 없어도 활용수준을 기재
전화영어 구사가능, 비즈니스레터 작성가능

7
▶ 장학금 수혜내용 등 분류하기 어려운 이력
   지원분야와 연관 있는 내용 기재

8
▶ 사실임을 증명함 기재
▶ 작성날짜와 서명을 기재

이력서 작성의 5가지 원칙

1. 표준어를 사용

이력서는 한글 표준어로 작성하는 것이 원칙이며 과도하게 영어를 사용하는 것은 금물이다. 정확하지 않은 것은 쓰지 않도록 한다. 특히 오탈자나 맞춤법을 꼼꼼히 살펴야 한다.

2. 모든 내용은 솔직하게 작성

이력서를 통과하게 위해 경력을 조작하거나 필요 이상 과장하는 지원자가 있는데 이는 서류전형은 통과할 수 있으나 면접에서 창피를 당할 수 있으므로 조심해야 된다.

3. 간단하게, 그러나 강렬하게 작성

이력서는 간단하면서도 인사담당자의 눈길을 한눈에 끌 수 있을 만큼 강력해야 한다. 중요한 부분은 굵은 글씨로 작성하는 것도 좋은 방법이다.

4. 빈칸을 남김없이 쓰려는 노력

이력서에 빈칸이 있으면 성의 없는 지원자라고 생각하기 쉽다. 채울 수 있는 내용은 가능한 한 모두 채워 그동안 자신이 성실하게 보냈다는 증거를 제시하는 것이 좋다.

2. 자기소개서 의미와 중요성

1) 자기소개서의 중요성

이력서가 지원자의 외면적 스펙을 보여줬다면 자기소개서는 지원자의 내면적 직업성향을 알려주는 역할을 하게 된다. 경력과 신상 위주의 이력서 속에서는 지원자가 어떠한 성격과 소신·비전의 소유자인지 판가름하기 어렵다. 또한 이력서상으로는 지원자가 비슷하기 때문에 자기소개서야말로 지원자를 다른 이들로부터 차별하는 주요인이 될 것이다. 면접관에게 '이 지원자만큼은 꼭 만나서 면접을 보고 싶다.'라는 생각을 하게 만드는 결정 포인트가 바로 자기소개서이다.

서류전형—면접이 채용관행으로 자리잡은 요즘 자기소개서는 서류전형에서 취업의 성공과 실패를 가르는 기준으로 작용할 만큼 그 중요성이 더해지고 있다. 회사에서 요구하는 것이므로 '대충 형식만 갖춰 쓰면 되지 않을까?'라고 생각할 수도 있으나 인사담당자들은 자기소개서를 통해서 구직자의 지적 능력, 성격과 가치관, 책임감, 관심분야에 대한 전문성, 성실성, 그리고 비전까지 꼼꼼히 파악하고자 한다. 그러므로 구직자들은 본인의 모든 것을 자기소개서에 담아 신뢰감과 깊은 인상을 남길 수 있도록 해야 한다.

이력서와 더불어 자기소개서를 통해 구직자의 기본적인 자질은 물론, 심리상태, 문장력까지 꼼꼼하게 체크할 수 있다.

어떤 환경이나 여건 속에서 어떻게 성장해 왔는가 하는 것은 그 사람의 성격형성에 상당한 영향을 미치게 된다. 그러므로 인사담당자는 자기소개서에 나타난 가정환경과 성장과정을 통해 각 개인의 성격 또는 가치관을 파악하고, 학교생활이나 동아리 활동 등을 통해 그 사람의 대인관계나 조직에 대한 적응력과 성실성, 책임감, 창의성 등을 살펴보고자 한다.

특히 인사담당자는 자기소개서를 통해 지원자의 잠재력과 장래성을 보고 싶어 한다. 이는 어떠한 동기로 입사하게 되었고, 입사 후의 포부에 따라 지원자의 장래성을 파악하고자 한다(김병숙, 2009).

자기소개서 평가항목

- 어떤 성격의 소유자인가?
- 역량을 얼마나 갖추었는가?
- 조직에 잘 융화될 수 있는 적응력을 갖추었는가?
- 신념과 소신이 있는가?
- 지원한 분야에 어떤 비전과 포부를 가지고 있는가?

---

2) 자기소개서 유형

자기소개서의 유형은 지원하는 분야에 따라 대략 4가지로 나눠 볼 수 있다.

첫째, 경험능력 중심형(인터넷, 홍보, 기획, 마케팅, 영업, 무역관련분야)

둘째, 가치관 중심형(교육관련 분야)

셋째, 직무중심형(금융, 건설, 기술, 중공업, 화학, 디자인, 전문직관련 분야)

넷째, 성격중심형(사무, 공무, 공사관련 분야)

자신의 지원분야를 설정하여 그 분야에 맞는 자신의 적합도를 가장 잘 나타낼 수 있는 자기소개서 유형을 골라야 할 필요가 있다. 각 분야별로 인사담당자 입장에서 이력서나 자기소개서를 통해 얻으려고 하는 정보가 무엇인가에 대해 먼저 생각해 보고 이력서나 자기소개서 작성을 시작해야 한다.

3. 자기소개서 작성법

1) 성장과정

본인에 대해 가장 솔직하고 도식적이지 않은 표현으로 자신의 이미지를 무리없이 심어주는 대목이 되어야 한다.

많은 자기소개서에서 '저는' 혹은 '나는' 이라는 어구로 평범하게 시작하여 처음부터 지리멸렬한 인상을 심어주는 경우가 있다. 그것보다는 자신을 핵심적이고 뚜렷하게 부각시킬 수 있는 유년기의 에피소드나 가족관계에 얽힌 이야기, 부모님의 교육 철학 등 글의 전개에 무리가 되지 않는 선에서 신선하게 끌여들여 말문을 여는 것이 더 참신한 방법이 될 수 있다.

좀 더 깊이 있게 자신을 드러내고자 한다면 유년기에 가졌던 호기심이나 문제의식 등을 전공이나 현재의 관심분야에 연결시켜 언급하는 것도 읽는 사람에게 깊은 인상을 심어줄 수 있다. 또한 천편일률적으로 '화목하고 단란한 가정'을 운운하는 것보다, 성장과정이나 가족관계에 어려움이 있었다면 솔직하게 밝히면서 그것이 본인에게 미친 긍정적인 영향이나 어려움을 극복한 과정 등을 정리해 준다면 신뢰를 얻을 수 있을 것이다.

2) 성격의 장단점

대부분의 자기소개서에서 설명하고 있는 자신의 성격은 '적극적이다, 긍정적이다, 명랑하다' 등 긍정적으로 평가 받고 있는 성격에 대한 직접적인 제시어로 끝나는 경우가 많다. 그러나 많은 자기 소개서를 읽은 인사담당자는 이러한 천편일률적인 말을 글자 그대로 받아들이지 않으며, 수긍한다고 하더라도 별다른 주목을 하지 않는다.

자기소개서 구성
- 성장과정
- 성격의 장단점
- 대내외 활동
- 지원동기 및 입사 후 포부

본인의 성격에 대해 언급할 때 단정적으로 어떻다는 표현보다는 교우관계나 가족관계 등에서 간접적이고 집약적으로 자신을 표현할 수 있는 가벼운 에피소드 등을 소개하는 것도 상투성을 피하는 한 방법이 될 수 있다. 그리고 성격에서 자신 있는 점이 있다면 상대에게 거부감을 일으키지 않은 정도의 어법으로 구체적인 표현을 해주는 것이 좋고, 만일 단점이 있다면 무조건 표현을 피하는 것보다는 개선의 의지와 노력을 보이면서 드러내 주는 것도 솔직하고 발전적인 인상을 줄 것이다.

3) 대내외 활동

대내외 활동에서 중요하게 다뤄야 할 부분은 대학생활이다. 그 이전의 학교생활들은 특징적이고 개괄적인 것을 간단히 소개하는 선에서 마무리하고 본격적인 애기들은 대학생활이나 최종학교의 생활에 맞추어서 한다.

전공이나 활동했던 분야를 지원업종과의 연관성에 초점을 두어 구체적으로 기술해준다면 기업의 입장에서 가장 빠르게 업무 적합 여부를 판단할 수 있는 직접적인 자료가 될 수 있다. 대학생활의 경우 그 이전의 학창시절과는 달리 본인에게 많은 자유시간이 주어진 때이므로 수업 외의 시간관리 방식이나 관심있는 분야에 쏟았던 열정 등을 패기 있게 표현하는 것도 좋다. 관심분야는 졸업 후 직업과 직결되는 경우가 많으므로 구체적이고 심도 있게 다뤄주는 배려가 필요하다.

또한 대학은 평생의 직업을 준비하는 곳이라는 의미 외에도 그 사람의 인생관이나 세계관을 확립하고 건강한 사회 진출을 결정짓는 장으로서의 의미도 있다. 그러므로 대학생활까지의 학창시절 동안 형성된 인생관이나 학문에 대한 관심 등을 주제의 흐름에 벗어나지 않을 정도로 언급하는 것도 그 사람을 깊이 이해할 수 있는 계기로 작용할 수 있을 것이다.

4) 지원동기 및 입사 후 포부

자기소개서를 통해 기업의 입장에서 실제적인 관심사가 되는 부분이 이 대목이다. 아무리 전반부에서 기업에서 필요한 유능한 인재로 판단이 됐다 해도 이 부분에서 확고한 모습을 볼 수 없을 때 결정적으로 신뢰감을 주지 못하게 된다. 실제 기업 측에서는 능력을 인정받는 사원들이 자기가 맡은 분야에서 성취감이나 의욕을 느끼지 못해 퇴사하는 경우를 많이 경험하기 때문이다.

지원자의 입장에서도, 지원동기가 확실하지 않고 사명감이 없는 경우, 입사 후에도 업무의 진행에 괄목할 만한 성과와 보람이 없을 것이므로 지원동기나 장래포부는 자기소개서를 쓰기 이전에 선결될 마음자세에 해당하는 부분이라 하겠다. 지원동기·포부를 표현함에 있어서 거창하고 추상적인 구호 속에서 지원자의 알찬 목소리가 가려지는 경우가 있다. 기본적으로 강한 의지를 보이며 지원하려는 기업의 구체적인 환경에 대한 사전지식 속에서 솔직하게 쓰는 것이 좋다. 자기소개서는 차후 면접의 기본 자료로 활용되기 때문이다(김병숙, 2009).

〈 자기소개서 구성 항목과 기재 내용 〉

구성항목	내 용
성장과정	유년기의 에피소드나 가족관계에 얽힌 이야기, 부모님의 교육철학 등을 기재하여 자신의 인격과 세계관에 대해 기재
성격의 장단점	단정적인 표현보다는 간접적이고 집약적으로 자신을 표현할 수 있는 가벼운 에피소드 등을 소개. 단점은 개선의 의지와 노력을 보여줌.
대내외 활동	최종학력에 초점을 맞추어 자신이 이루어낸 것과 경험을 통한 교훈 등 자신의 기업의 적응력과 전문성을 나타냄
지원동기 및 입사 후 포부	기업이나 직무정보를 통해 자신의 역량과 비전을 제시하고 미래 목표달성을 위한 자기개발 계획을 기술.

자기소개서에 작성하면 좋은 용어

관리하였다	분석하였다	승인하였다
배치하였다	소집하였다	통제하였다
조정하였다	창안하였다	설계하였다
결정하였다	개발하였다	진단하였다
지시하였다	분배하였다	평가하였다
확장하였다	촉진하였다	지배하였다
실시하였다	개선하였다	주도하였다
구성하였다	조사하였다	지도하였다
경영하였다	협상하였다	조직하였다
설득하였다	계획하였다	제시하였다
주관하였다	해결하였다	감독하였다

효과적인 자기소개서 작성을 위한 5계명

1. 기본적인 내용을 필수적으로 포함시킬 것

회사가 제시한 양식으로 쓰는 경우에는 그 틀을 맞추어 쓰면 된다.

일정한 양식이 정해져 있지 않을 때, 개성있고 독특한 방식의 글을 쓰려는 욕심으로 자칫 자기소개서가 갖추어야 할 기본적인 사항을 빠뜨리는 경우가 있다. 자신이 드러내고 싶은 부분을 중심으로, 사람을 이해하는 데 기본적인 요소가 되는 성장배경·교육·지원동기·각오 등은 꼭 포함시키도록 해야 한다.

2. 객관적인 서술을 할 것

자기소개서는 자기의 이야기를 하는 것이지만 남을 염두에 두고 쓰는 글이다. 따라서 자신이 좋아하는 소재나 단어에 얽매이지 말고 타인과의 의사소통이 가능한 어휘나 소재를 선택해야 한다. 또한 부분부분 자신의 주장을 피력함에 있어서 주관적이고 배타적인 시각이나 표현은 삼가고 상식적인 선에서 거부감 없는 내용이 되어야 한다.

3. 모든 서술이 자신을 나타내는 데 충실할 것

앞의 객관적인 서술태도와 연결되는 문제이다. 많은 자기소개서에서 자신의 얘기를 뒤로한 채 특정사안에 대한 일반적인 주장을 펴고 있는 경우가 있다. 지원동기나 인생관 등을 나타내는 부분에서 자신을 누군가에게 소개한다는 전제를 망각했기 때문이다. 일단은 타인에게 자신을 소개한다는 본래의 취지를 염두에 두고, 그러한 전제에서 사실과 주장이 균형을 이룰 수 있도록 모든 얘기들을 그 목적을 뒷받침하는 구성으로 이끌도록 해야 한다.

4. 추상적인 문구는 지양할 것

성격이나 장래의 포부를 말할 때 특히 주의해야 할 사항이다. '성격이 원만하고 적극적이다. 최선을 다하겠다'와 같은 막연하고 일반적인 문구는 다른 표현으로 구체화시키는 것이 좋다. 이런 식의 말들은 이제까지의 자기소개서에서 너무 많이 사용한, 상투적이고 의미를 주지 못하는 말일 뿐 아니라, 그 부분에 대한 지원자의 구체적인 관심이나 지식의 결여로 읽힐 수 있기 때문이다.

모든 사실의 서술에서 정확하고 구체적인 표현으로 치밀하고 솔직한 인상을 심어주도록 한다.

5. 한자나 외래어 사용에 주의할 것

문장에서 불가피하게 한자나 외래어를 써야 하는 상황이 있을 때, 자신이 확신하는 선에서 주의를 기울여 사용하도록 한다. 한자나 외래어는 뜻이 빠르게 전달되고 문자가 고급스러워질 수 있는 반면, 잘못 사용됐을 경우 사용하지 않은 것만도 못한 효과를 낼 수도 있기 때문이다.

임준규 편저(2012). 상대를 사로잡는 자기소개서. 서울:양서원(2004)

이력서 평가 활동

요즘 우리나라를 찾는 외국관광객들이 늘고 있습니다. 여러분의 회사에서는 '○○○ 영화 촬영지 다시보기'라는 여행상품을 개발, 여행상품을 운영할 관광가이드를 채용하고자 모집공고를 냈습니다. 공고 결과 4장의 이력서가 접수되었는데 그중 면접자 1명을 선발하여 선발한 이유, 탈락시킨 이유를 정리해 봅시다.

이력서 평가지

☐ **선발된 사람 :**

  선발 이유들 :

☐ **탈락자 이름 :**

  탈락 이유들 :

☐ **탈락자 이름 :**

  탈락 이유들 :

☐ **탈락자 이름 :**

  탈락 이유들 :

이력서 예(1)

<table>
<tr><td rowspan="5"></td><td colspan="4" align="center">이 력 서</td></tr>
<tr><td>성 명</td><td>김소리 □</td><td colspan="2">주 민 등 록 번 호
870101 -
2000000</td></tr>
<tr><td>생년월일</td><td colspan="3">1987년 1월 1일생 (만 24 세)</td></tr>
<tr><td rowspan="1">현 주 소</td><td colspan="2">서울시 양천구 신정동 DM 아파트 1-115</td><td>전 화 번 호
(02) 653-2622</td></tr>
<tr><td>호적관계</td><td>호주와의
관계 父</td><td>호 주 성 명</td><td>윤기식</td></tr>
</table>

년 월 일	학 력 및 경 력 사 항	발 령 청
2003. 3	동신 관광 대학교 (관광경영과 입학)	
2008. 2	동신 관광대학교 졸업	
2008. 3	아이트 호텔 입사	
2008. 10	아이트 호텔 퇴사	
2008. 12	(주) 뱅기 여행사 입사	
2010. 3	(주) 뱅기 여행사 퇴사	
	<취미> 볼링, 수영, 등산, 낚시, 쇼핑, 여행, 채팅	

긴급 연락처 : 010-XXXX-4943

이력서 예(2)

<table>
<tr><td colspan="4" style="text-align:center">이　력　서</td></tr>
<tr><td rowspan="2">성　명</td><td rowspan="2" colspan="2">김 윤 아　　□</td><td>주 민 등 록 번 호</td></tr>
<tr><td>890305 -
2000000</td></tr>
<tr><td>생년월일</td><td colspan="3">1989 년　　3월　　5일 생　(만 23 세)</td></tr>
<tr><td rowspan="2">현주소</td><td rowspan="2" colspan="2">서울시 강남구 양재동 32번지</td><td>전 화 번 호</td></tr>
<tr><td>(02) 523-3948</td></tr>
<tr><td>호적관계</td><td>호주와의
관계</td><td>長 女</td><td>호 주 성 명　　　김 구 장</td></tr>
</table>

년월일	학력 및 경력사항	발령청
	< 학력 사항 >	
2003. 3	경성 대학교 (관광경영과 입학)	
2008. 2	경성 대학교	
	< 경력 사항 >	
2008. 3	대한무역(주) 입사 - 한국 민속품 일본 수출 업무	
2008. 12	대한무역(주) 퇴사	
2009. 2	공항 면세점 입사 - 관광기념품 판매	
2010. 3	공항 면세점 퇴사	
	<특기> 관광통역 자격증 취득, 워드 프로세서 1급	
	<포상> 고객이 뽑은 친절상 (2009. 12)	

위와 같이 틀림없음.

2010. 9. 20.

김 윤 아

이력서 예(3)

<table>
<tr><td colspan="3" align="center">이　력　서</td></tr>
<tr><td rowspan="2">성　명</td><td rowspan="2" align="center">이 흥 수　□</td><td>주 민 등 록 번 호</td></tr>
<tr><td>891110 -
1000000</td></tr>
<tr><td>생년월일</td><td colspan="2">1989년　　11월　　10일생　(만　23 세)</td></tr>
<tr><td rowspan="2">현 주 소</td><td rowspan="2">서울시 강남구 역삼동 667-11</td><td>전 화 번 호</td></tr>
<tr><td>(　0　　2　)
556-5341</td></tr>
<tr><td>호 적 관 계</td><td>호주와의
관계　　次 男　　호 주 성 명</td><td>소민수</td></tr>
</table>

년　월　일	학력 및 경력사항	발 령 청
2003. 3	대한민국대학교 입학 (관광경영과 입학)	
2008. 2	대한민국대학교 졸업	
2008. 3	미리네 호텔 입사	
2008. 11	미리네 호텔 퇴사	
2009. 1	아주가 여행사 입사	
2010. 1	아주가 여행사 퇴사	
2010. 5	(주) 하루 무역회사 입사	
2010. 12	(주) 하루 무역회사 퇴사	
2011. 3	(주) 파른 항공 운송 대리점 입사 - 역삼동지점	
2011. 8	(주) 파른 항공 운송 대리점 퇴사	

이력서 예(4)

<table>
<tr><td colspan="5" align="center">이 력 서</td></tr>
<tr><td rowspan="2">성 명</td><td rowspan="2">박 재 석 □</td><td colspan="2">주 민 등 록 번 호</td></tr>
<tr><td colspan="2">840425 - 1000000</td></tr>
<tr><td>생년월일</td><td colspan="3">1984 년   4월   25 일생   (만 29 세)</td></tr>
<tr><td>현 주 소</td><td colspan="2">서울시 광진구 구의동 열린 아파트 107-1215</td><td>전 화 번 호
(02) 406-2351</td></tr>
<tr><td>호 적 관 계</td><td>호주와의
관계</td><td></td><td>호 주 성 명</td><td></td></tr>
</table>

년 월 일	학 력 및 경 력 사 항	발 령 청
2002. 3	독도대학교 입학	
2007. 2	독도대학교 졸업	
2007. 3	(주) 하니문 여행사 입사	
2007. 10	(주) 하니문 여행사 퇴사	
2009. 12	어카힐 호텔 면세점 입사	
2009. 5	어카힐 호텔 면세점 퇴사	

자기소개서 작성(1) : 성장 배경

이제 여러분은 사회진출의 길목에 서있습니다. 여러분의 유년시절을 떠올리며 우리 집과 가족의 특이했던 점과 자신의 인생관과 세계관에 영향을 주었던 사건에 대해 차근차근 살펴봅시다.

1. 우리 부모님의 성격 및 직업적 특성을 통해 부모님이 항상 나에게 강조하셨던 신념은?

	부모님의 성격 or 직업 특성	내용(에피소드)	배운 점이나 나에게 영향을 미친 것은?
내용			

2. 우리 집안의 형제관계 속에서 은연중에 익히게 된 자신의 생활 태도나 성격은?

	형제 서열	내용(에피소드)	배운 점이나 나에게 영향을 미친 것은?
내용			

3. 집안사정의 어려움이나 고난을 극복하면서 자신이 부모님으로부터 배웠던 것은?

	집안의 어려운사건/시기	내용(에피소드)	배운 점이나 교훈은 무엇?
내 용			

4. 유년기에 가졌던 호기심이나 문제의식 등을 전공이나 현재의 관심분야에 연관시켜 봅시다.

	관심 가졌던 분야/시기	내용(에피소드)	어떤 결과를 얻었나?
내 용			

자기소개서 작성(2) : 성격의 장단점

성격 장점 목록표

나의 성격의 장단점을 무엇일까? 성격장점 목록표를 활용하여 자신의 장단점을 찾아 봅시다.

다음은 다양한 직업들에 중요한 영향을 미치는 성격장점에 대한 목록입니다. 각 단어들을 읽고 현재의 자신을 잘 나타내는 것들에 모두 v 표시하십시오.

☐ 활동적인	☐ 호기심 강한	☐ 겸손한
☐ 정확한	☐ 민주적인	☐ 꾸밈 없는
☐ 융통성 있는	☐ 믿음직한	☐ 낙천적인
☐ 대단한, 모험적인	☐ 느긋한	☐ 사교적인
☐ 상냥한	☐ 감수성이 강한	☐ 인내심 있는
☐ 의욕적인	☐ 공정한, 편견이 없는	☐ 합리적인, 사리에 맞는
☐ 기민한	☐ 결단력 있는	☐ 분별력 있는
☐ 예술적인	☐ 솔직한	☐ 책임감 강한
☐ 관대한	☐ 예의 바른	☐ 진지한
☐ 조직적인	☐ 유머 감각 있는	☐ 붙임성 있는
☐ 침착한	☐ 독립심이 강한	☐ 자발적인
☐ 신중한, 주의 깊은	☐ 개성이 강한	☐ 안정된
☐ 자신 있는	☐ 부지런한	☐ 동정심 있는
☐ 양심적인	☐ 논리적인	☐ 재치 있는
☐ 성실한	☐ 꼼꼼한	☐ 강인한
☐ 독창적인	☐ 절제 있는	☐ 눈치 빠른

1. 자신을 남들과 비교해 보면서 성격의 장점·단점을 정리해 봅시다.

장점

단점

2. 1번의 성격의 장점 중 자신을 가장 잘 나타내는 장점을 선택하여 그를 뒷받침 해줄 만한 에피소드를 찾아봅시다.

	장점	내용(에피소드)	사회생활에 기여할 점은?
1			
2			
3			

3. 자신의 단점을 적고, 그것을 극복하기 위해 필요한 생활신조와 생활태도를 기술해 봅시다.

	단점		극복방법
1		→	
2			
3			

자기소개서 작성(3) : 대내외 활동

자신이 보유한 능력 목록

나는 어떤 능력을 가지고 있을까? 능력목록표를 활용하여 자신의 뛰어난 능력을 찾아 봅시다.

다음은 다양한 직업들에 중요한 영향을 미치는 능력에 대한 목록입니다. 각 단어들을 읽고 현재의 자신을 잘 나타내는 것들에 모두 v 표시하십시오.

구분	체크	구분	체크	구분	체크
타인과의 협력, 조화		비평, 논평		돈 계산(경리, 장부정리)	
정리, 정돈		여행정보 많음		수금	
탐험과 답사 관련 지식		논리적으로 글쓰기		컴퓨터프로그램 짜기	
모임에서 사회 보기		번역하기		요약, 발표	
게임 진행		외국어 회화		물건포장	
조언, 상담		남을 도와주기		문서 편집	
대인갈등의 조정		스포츠		문서 보관, 정리	
협상능력		패션감각		자재관리	
예산 편성		타인을 설득하기		차량 정비	
인사관리		기계조립		그림 그리기	
납기일 맞추기		운전		조경, 식물재배	
계약하기		전자제품 수리		수공예품 만들기	
주변 환경 꾸미기		가구 수선		인쇄, 출판 관련기술	
리더십		물건 구입		워드프로세서	
여론조사		건축·건설 관련기술		요리	
공부 가르치기		물건 판매		이용, 미용기술	
암기, 기억		통계기법		친절하게 전화 받기	
환자 간호		생활용품 발명		기타( )	
아기 돌보기		정보 검색			

노동부, 직업 상담프로그램 보충자료

자신이 보유한 역량 목록

다음은 기업에서 주어진 직무를 효과적으로 수행하여 탁월한 성과를 얻는 데 필요한 역량 목록입니다. 각 단어들을 읽고 현재의 자신이 가지고 있는 역량을 잘 나타내는 것들에 모두 v 표시하십시오.

구분	체크	구분	체크
문제해결력		서비스 마인드	
분석력		IT활용능력	
기획력		적극성	
의사소통력		도전성	
대인관계(팀원)		창의성	
리더십		책임감	
글로벌 마인드		기타	

1. 지금까지 목표보다 더 높은 목표를 달성하고자 이를 위해서 시간과 노력을 최대한 투입하고 관리한 경험을 기술하십시오.

주제어	경험 (차별화된 경험)	내용 (내가했던 노력과 역할은 무엇?)	교훈 (어떤 결과를 얻었나?)
도전			

2. 겪은 일 가운데 어려웠던 경험을 떠올리고 어떻게 극복했는지 생각해 봅시다.

주제어	어려웠던 일 (어떤 문제가 있었나?)	극복과정 (어떤 시도를 하였나?)	교훈 (극복 후 배운 점과 결과는?)
실패 극복			

3. 지금까지 살아오면서 가장 열정적으로 임했던 일과 그 일을 통해서 이룬 것을
   기술해 봅시다.

주제어	열정적으로 임했던 일 (어떤 일이 있었나?)	과정 (어떻게 시도를 하였나?)	교훈 (결과는?)
열정			

4. 생각의 차이로 다른 사람과 갈등을 겪었던 상황과 행동은 어떠했는지 기술해 봅시다.

주제어	갈등상황 (어떤 사건이 있었나?)	과정 (어떻게 해결하였나?)	교훈 (결과와 교훈은?)
대인 관계			

5. 기존의 제도나 시스템을 지속적으로 개선함으로써 조직의 새로운 변화를 적극적으로
   주도했던 경험에 대해 기술해 봅시다.

주제어	상황 (어떤 사건이 있었나?)	과정 (어떻게 해결하였나?)	교훈 (결과와 교훈은?)
대인 관계			

자기소개서 작성(4) : 지원동기

자신이 보유한 역량 목록

지원 분야	점수	관심 정도 (흥미)	성 격 적합도	업무 수행 정도 (능력)	전 공 관련성	경험 여부	수입 정도	장래 전망	현실적 취업 가능성	부모님의 지지	계
가중치 (1~3점)											
지원분야1 ( )	R (1~5점)										
	V (가중치*R)										
지원분야2 ( )	R										
	V										
지원분야3 ( )	R										
	V										
지원분야4 ( )	R										
	V										
지원분야5 ( )	R										
	V										

최종 평가 방법

1. 가중치는 중요도 순서에 따라 최대 3점~최소 1점까지 부여.
2. 원점수 R칸에는 기준에 맞추어 5점에서 1점을 부여.
   '매우 적합하다'– 5점, '약간 적합하다'– 4점, '보통'– 3점,
   '약간 적합하지 않다'– 2점, '전혀 관계없다'– 1점.
3. 환산점수 V칸에는 가중치×원점수를 기재.
4. 각 항목별 평가는 기준
   – 흥미나 성격, 능력 등은 주된 활동 내용을 토대로 평가
   – 부모의 지지는 경제적 지원보다는 해당 직업에 대한 심리적 지원을 의미
   – 취업가능성은 필요한 자격이나 학력, 조건 취득 후 취업가능성을 토대로 평가
   – 장래 직업전망은 해당 직업의 향후 발전 전망을 근거로 평가

지원하고자 하는 분야의 지원동기

1. 위의 『최종 지원분야 선택을 위한 평가표』의 결과를 참고하여 지원분야를 정해 봅시다.

순위	지원분야
1위	
2위	
3위	
4위	
5위	

2. 지원이유별로 지원분야를 구분해 봅시다.

지원이유	지원분야
부모님과 지인의 권유로	
주변에 모델링이 되는 사람이 있어서	
교과내용을 통해서 흥미를 갖게 되어서	
관련 분야를 경험한 것이 계기가 되어서	
자신의 성격과 가장 잘 맞는 직업이어서	
자신의 능력에 잘 부합하는 직업이어서	
돈을 많이 벌 수 있을 것 같아서	
미래전망이 밝아서	
사회적 명성 때문에	
해당직업(기업)의 복리후생 및 근로조건이 좋아서	
해당 기업에 대한 좋은 서비스를 경험한 적이 있어서	
기타	

3. 지원분야의 지원동기를 최종 정리해 봅시다.

	지원분야	지원동기
1위		
2위		
3위		

지원하고자 하는 기업과 산업분석

> 기업과 산업에 대한 기사내용과 지원하고자 하는 직무 분야에 대한 정보를 분석하여 자신의 특성과 연결하여 봅시다.

1. 지원하고자 하는 산업에 대한 최근 이슈(6개월간) 기사를 중요도 순서에 따라 기술해 봅시다.

	주제	일시, 출처	내용
1			
2			
3			

2. 지원하고자 하는 기업에 대한 최근 이슈(6개월간) 기사를 중요도 순서에 따라 기술해 봅시다.

	주제	일시, 출처	내용
1			
2			
3			

3. 지원하고자 하는 회사에 대해 정보를 수집해 봅시다.

항목	내용
회사비전	
사람들이 말하는 특징	
대내외 평가	
회사에 대한 개인적 이미지	
CEO의 성향 및 가치관	
앞으로의 전망	
임직원수, 매출액	
기타	

4. 현재 미음에 둔 회사에 지원하고자 하는 동기는 무잇인가요?

5. 내가 사장이 되어 신입사원을 선발할 권한을 가졌다고 상상해 봅시다. 어떤 능력과 인성을 갖춘 신입사원을 뽑고 싶은지 자신의 희망직무와 연관지어 3가지만 적어봅시다.

1.

2.

3.

6. 내가 지원하는 직무 특성이 자신의 어떤 점과 적합한지 3가지 요인을 추출해 봅시다.

1.

2.

3.

자기소개서 작성(5) : 입사 후 포부

1. 회사의 미래를 5년 단위로 예측해 봅시다.

	자신의 직급	목표
1년 후		
5년 후		
10년 후		
15년 후		
20년 후		

2. 지원하는 업계의 비전과 향후 발전방향은 어떠할지 설계해 봅시다.

3. 자신으로 인해 회사의 어떤 부분이 바뀔 수 있다고 생각하는지? 또는 어떤 부분을 바꾸고 싶은지 기술해 봅시다.

4. 자신의 비전과 회사의 비전을 비교하고, 회사와 내가 어떤 영향을 주고 받을 수 있는지 생각해 봅시다.

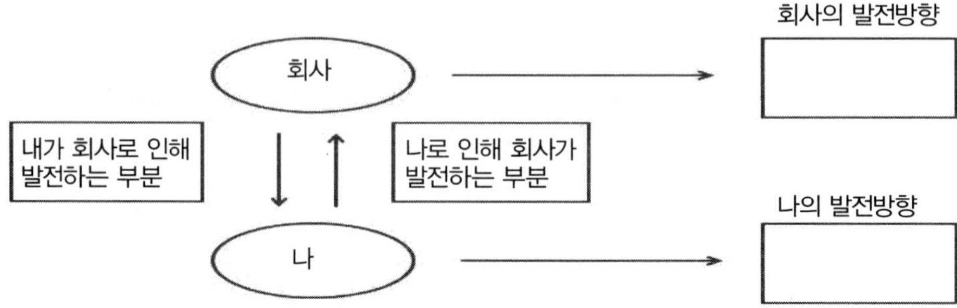

자료 : 이시한(2011), 이시한의 취업자기소개서 불패노트, 랜덤하우스

5. 자신이 하고 싶은 자기개발 종류를 골라 우선순위대로 나열해 봅시다.

> 1. 영어회화
> 2. 스포츠 활동
> 3. 십자수나 서예 같은 취미 생활
> 4. 동호회 활동
> 5. 컴퓨터 배우기
> 6. 화술이나 프레젠테이션 기술 배우기
> 7. 여행
> 8. 제2외국어
> 9. 경영이나 마케팅 지식 쌓기
> 10. 다이어트
> 11. 기타(   )

(   ) ▶ (   ) ▶ (   ) ▶ (   )

▶ (   ) ▶ (   )

6. 자신에게 부족하여 개발해야 하는 것을 우선순위대로 나열해 봅시다.

> 1. 영어회화
> 2. 스포츠 활동
> 3. 십자수나 서예 같은 취미 생활
> 4. 동호회 활동
> 5. 컴퓨터 배우기
> 6. 화술이나 프레젠테이션 기술 배우기
> 7. 여행
> 8. 제2외국어
> 9. 경영이나 마케팅 지식 쌓기
> 10. 다이어트
> 11. 기타(   )

(   ) ▶ (   ) ▶ (   ) ▶ (   )

▶ (   ) ▶ (   )

7. 자기개발 목표를 세 가지 정도 적고, 간단하게 장단기 계획을 세워봅시다.

자기개발 종류	1( )	2( )	3( )
1년 후			
5년 후			
10년 후			

자기소개서, 행복한 자기발견

여행을 가서 어떤 절을 방문했다고 생각해보자, 가이드가 절에 관한 객관적인 정보를 들려줄 때는 '절이 다 거기서 거기'라는 생각에 별 관심이 가지 않는다. 그런데 그 절에 얽힌 사연을 들려주면 저절로 귀가 솔깃해진다. 예를 들어 억울하게 죽은 왕비의 원혼을 달래기 위해 어떤 왕이 지은 절이라 해보자, 그럼 절의 구석구석을 다시 훑어보게 되지 않을까? 이것이 스토리의 힘이다. 스토리는 거창해야만 위력을 발휘하는 것이 아니다. "절의 대들보가 왜 유난히 검을까?"하는 질문만으로도 충분히 관심을 끌어모을 수 있다. 절터에 있는 벼락 맞은 나무로 대들보를 세워서 그렇다는 답을 들으면 누구든 대들보의 색을 직접 확인해보고 싶어지게 마련이다.

자기소개서의 경우엔 어떨까? 지루하게 나열된 객관적 정보는 재미가 없다. 각자의 인생을 토대로 여기에 스토리를 부여해야 한다. 배낭여행 경험은 비슷해도 여행을 떠난 이유와 거기서 느낀 점들을 저마다 다른 법이다. 아주 특별하거나 대단한 사건이 아니어도 좋다. 오히려 소소한 이야기가 더 흥미를 끌 수 있다. 몇십 년간의 인생은 자기소개서의 좋은 소재다.

자기소개서를 쓰는 것은 자신의 인생을 돌아보는 일이며 자신의 좋은 점과 뛰어난 점, 인생에서 깨달은 것들을 반추하는 과정이라고 생각한다. 그래서 자기소개서 쓰는 일을 '행복한 자기발견'이라고 칭한다.

이시한(2011). 이시한의 취업 자기소개서 불패노트 중에서

제2부
파워 있는 리더십 개발

8장 리더십의 이해

이순신 리더십

- 집안이 나쁘다고 탓하지 마라
  그는 몰락한 역적의 가문에서 태어나 가난 때문에 외가에서 자랐다.
- 머리가 나쁘다고 탓하지 마라
  그는 첫 시험에 낙방하고 서른두 살에 겨우 과거에 급제했다.
- 좋은 지위가 아니라고 불평하지 마라
  그는 14년 동안 변방오지의 말단 수비 장교로 돌았다.
- 윗사람의 지시라 어쩔 수 없다고 말하지 마라
  그는 옳지 않은 상사의 지시는 받아들이지 않았다.
- 기회가 주어지지 않는다고 불평하지 마라
  그는 여러 한직을 맴돌다가 능력을 발휘할 수 있는 기회를 얻었다.
- 죽음이 두렵다고 말하지 마라
  그는 적들이 물러가는 마지막 전투에서 스스로 죽음을 택했다.

이순신 리더십 동영상 中

1. 대학시절 리더십의 중요성

대학생은 이전까지 대학 입시라는 중압감에 빠져 다른 사람과의 관계나 협동, 그리고 조직의 목표 등에 대한 생각을 하지 못하였다. 그러나 대학생이 되면 자기 자신의 비전이나 존재 목적을 생각하게 되고 진로를 탐색하게 되며 대인관계가 확장된다. 그리고 이전까지 자신의 학업 성취에만 생각이 한정되었지만 이제는 사회나 인류에 대한 관심도 증가하게 된다. 이 과정에서 리더십은 수동적인 태도를 벗어나 적극적인 태도를 가지게 하며, 자신의 단점을 보기보다 장점을 발견함으로써 무한한 가능성을 탐색하게 한다. 또한 리더십은 의사소통 능력을 증진시킴으로써 대인관계를 원만하게 하며 조직의 목표 달성에도 적극적으로 기여할 수 있게 한다. 그렇기 때문에 대학시절부터 리더십을 향상시키기 위한 많은 노력들을 하고 있다.

그러나 대학생들은 리더십에 대한 잘못된 오해를 하고 있다.

첫째, 리더십은 선천적인 것이라는 생각은 버려라. 리더십은 후천적인 노력에 의해 개발되는 것이다. 리더십은 저절로 형성되는 것이 아니며 적극적인 개발 활동을 통해서 신장되는 것이다. 즉 이런 측면에서 대학생은 적극적으로 리더십을 개발하려는 의지를 가지는 것이 필요하다. 적극적인 의지가 있을 때 리더십 개발 활동을 하게 되고 개발 활동이 있을 때 비로소 좋은 리더십을 가질 수 있기 때문이다(Marshall Ledb, 2005).

둘째, 리더들만이 잠재된 능력을 가지고 있다는 편견을 버려라. 사람들은 누구에게나 리더가 될 잠재력이 있다. 다른 사람들의 협력을 얻어내고, 경청하며, 타인과 함께 이익을 발생시킬 수 있다는 점에서 누구나 리더의 자질을 가지고 있다는 것을 잊지 말아야 할 것이다. 즉 대학생이 되어서도 나는 리더가 될 자질이 없다고 생각하지 말고 내면속에 있는 리더의 잠재력을 깨우치기 위하여 노력하여야 한다. 예를 들면 2세 때 신성한 의식을 통해서 티베트 승려들의 리더로 정해진 달라이 라마조차도, 부처의 내세 환생을 위해서 티베트 곳곳의 마을과 농장에서 찾아낸 승려들에 의해 책임과 역할에 대해 철저하게 교육받고 그의 잠재되어 있는 능력을 끌어냈다고 한 것을 상기하는 것이 필요하다.

셋째, 모든 일에 대한 책임은 구성원이 아닌 리더가 책임을 져야 한다는 생각을 버려라. 책임은 다른 사람이 아닌 자신이 맡은 일에 책임을 져야 하는 것이다. 영화 '블랙'에서도 사하이 선생님이 자신만의 세계에 갇혀 있던 똑똑한 아이에게 새로운 빛을 찾아준다는 책임을 떠맡지 않았다면 미셸은 그저 장님과 귀머거리인 채로 남아 있었을 것이다. 그녀는 그저 호기심거리로 남아 있었을 것이다. 즉 사하이 선생님처럼 자신이 맡은 일에 대해 책임을 질 수 있는 사람이야말로 진정한 리더라 할 수 있다. 그러나 우리는 그런 사람들의 이야기를 들을 때 그들을 천부적인 작가로, 예술가로, 음악가로, 외교관으로 혹은 운동선수로만 인식하는 경향이 있다. 그러나 이런 사람들 뒤에는 천부적인 책임감을 가진 리더들이 항상 가까이 있다는 것을 잊지 말라. 대학생들도 마찬가지이다. 자신이 일에 책임을 지고 행동한다면 나 자신이 리더라는 것을 잊지 말아야 한다.

넷째, 리더들만이 항상 거대한 목표를 가지고 있다는 생각은 버려라. 리더들은 항상 목표를 향해 달려간다. 대학생들도 자신만의 목표가 있을 것이다. '나는 4학년 졸업과 동시에 대기업에서 일을 하겠다. 또는 4.5 만점을 받도록 하겠다.' 등의 목표가 하나하나가 모여 이 나라에 영향을 미칠 수 있는 목표를 세우는 것이다. 그러나 사람들은 무조건 거대한 목표만을 세워야 한다고 생각한다. 그러한 잘못된 생각은 버려라. 내가 달성할 수 있는 목표를 세우고 그것을 향해 낳아간다면 여러분들도 리더임을 명심해야한다.

　이러한 사소한 오해를 벗어난다면 대학생인 여러분들도 리더임을 인식하게 될 것이다.

2. 리더십의 정의

　어느 사회나 조직이 있게 마련이며, 각 조직에는 의사결정을 하는 데 있어 중심적 역할을 하는 리더가 생겨나게 마련이다. 이러한 지도자는 구성원에 의하여 선출되기도 하지만 자연발생적으로 생겨나기도 한다.

　리더는 동물의 세계에도 존재한다. 리더는 외부의 침입자를 물리치고 영역을 확보하고, 집단생활의 질서를 유지하며, 먹이를 찾아 길을 인도하기도 하는 모습을 본 적이 있을 것이다. 이처럼 리더는 조직의 무리에서 항상 발견될 것이다.

　나폴레옹은 '토끼가 이끄는 사자군단보다는 사자가 이끄는 토끼군단'을 가지고 싶다는 말로 지도자의 중요성을 강조하였다. 비롯 약한 집단이라도 훌륭한 지도자를 만나게 되면 강력한 힘을 발휘할 수 있다는 것이다. 반대로 강한 집단이라도 허약한 지도자를 만나게 되면 경쟁력을 상실하게 된다는 것이다(윤정일, 2006).

　이렇듯 리더는 항상 조직에서 관심을 받는다. 그럼 리더십의 개념은 무엇인가? 리더십의 개념은 여러 학자들에 의해 리더 개인의 특성, 리더와 부하의 상호작용 형태, 리더의 행위, 역할관계, 특정직위에 부여된 권한, 과업목표에 대한 영향력, 조직문화에 대한 영향력 등의 견지에서 다양하게 정의되고 있는데, 다음은 대표적 연구자들의 리더십 개념에 대한 정의를 정리한 것이다.

연구자	리더십의 개념 정의
Webster사전	어떤 과정에 있어 안내하고 방향을 제시함; 하나의 통로(channel)로서의 역할을 수행함.
Hemphill & Coons (1957)	집단의 활동을 하나의 공동목표로 이끌어 나가는 한 개인의 행동
Stogdill (1960)	조직화된 집단의 활동이 목표 설정과 목표 달성으로 노력하도록 영향력을 미치는 과정
House (1971)	조직의 목표를 달성하기 위한 구성원들의 효과적 행동을 위해 그들의 동기 능력과 만족에 긍정적으로 영향을 미치는 것
Koonz & Behling (1972)	조직의 목표 관리, 구성원의 동기부여, 목표설정 참여, 조직 구성원의 지속적 행동 유지 차원에서의 영향력을 행사하는 과정
Stogdill (1974)	리더십은 리더가 성과 달성을 목적으로 집단 구성원에게 영향력을 미치는 과정
Fleishman (1991)	어떤 성과나 목표 달성을 지향하도록 의사소통 과정을 통해서 개인 간의 영향력을 행사하려는 시도
Katz & Kahn (1978)	조직 구성원들로 하여금 적극적 강화를 사용하여 공동 목표를 달성하도록 영향력을 행사하는 것
Jago (1982)	리더십의 과정은 집단 목적을 달성하기 위해 조직화된 집단 구성원의 활동을 조정하고 지휘하기 위한 강제적인 영향력
Bryman (1986)	리더십은 어떤 사람이 공식적으로 리더의 직위에 임명되었을 때 발생한다.
Bass (1990)	리더십은 상황이나 집단 구성원들의 인식과 기대를 구조화 또는 재구조화하기 위해서 구성원들 간의 교류하는 과정
Kouzes & posner (1991)	리더가 달성하고자 하는 목표를 다른 사람들이 원해서 하도록 만드는 기술
Nanus (1992)	비전 제시를 통해 추종자들의 자발적 몰입을 유인하고 활력을 줌으로써 조직을 혁신하여 보다 큰 잠재력을 갖는 새로운 조직 형태로 변형시키는 과정
Hersey & Blanchard (1993)	리더십은 주어진 상황에서 목적을 달성하기 위해 개인이나 집단의 행동에 영향을 미치는 과정
Schermerthorn (1993)	리더십이란 중요한 과업을 달성하기 위해 타인들에게 열심히 일하도록 고무시키는 과정

Russier (1994)	리더십은 목적 달성을 위해 구성원들이 일하도록 영향력을 미치는 과정
Drath & Palus (1994)	사람들이 함께 일을 하는 것에 대한 감을 형성하는 과정으로서 이를 통해 사람들은 이해하게 되고 몰입하게 된다.
Robbins (1994)	리더가 일정한 상황에서 이슈를 통한 공동의 성과 창출 노력에 자발적·지속적으로 몰입하도록 이끌어 가는 과정
Yukl (1998)	집단이나 조직의 한 구성원의 사건의 해석, 목표나 전략의 선택, 작업 활동의 조직화, 목표 성취를 위한 구성원의 동기 부여, 협력적 관계의 유지, 구성원들의 기술과 자신감 계발, 외부인의 지지와 협력의 확보 등에 영향을 미치는 과정
추헌 (2001)	한 개인이 다른 구성원에게 목표 설정, 적극적 강화, 집단 간 관계 관리를 통하여 효율적으로 영향력을 행사하는 과정
박내회 (2003)	특정한 집단이나 조직의 목적 또는 목표를 달성하기 위해서 리더가 추종자에게 영향력을 행하는 과정

주요 학자들 위주의 리더십에 대한 일반적 정의를 몇 개의 리더십 유형으로 요약해보면 다음과 같다.

첫째, 특성과 능력으로서의 리더십이다. 이는 리더십 행위의 주요 대상인 조직 구성원들에게 과학적으로 영향력을 미치기 위한 개인의 특성·자질·능력 등을 말한다.

둘째, 영향력의 행사 과정으로서의 리더십이다. 리더에게 조직의 목표가 주어졌거나 또는 리더 자신이 설정한 목표를 달성하고자 조직 구성원들을 설득·복종하게 하고 긍정적인 방향 제시 등을 통하여 동기를 부여함으로서 효과적인 영향력을 발휘하는 행동 과정이다.

셋째, 리더와 조직 구성원간의 인간관계를 중시하는 바탕 위에서 호의적 상호 관계로서의 리더십이다. 조직 구성원들의 욕구를 자극하고 희망적인 동기를 부여하여 긍정적인 영향을 줌으로써 조직 목표 달성과 조직 구성원들의 직무만족을 증대시키는 역할이다.

이상 여러 학자들이 연구한 관점이나 방법에 따라 여러 가지 유형으로 표현되고 있으나 이를 종합적으로 정리해보면, 리더십이란 어떤 주어진 상황 속에서 조직의 목표를 효과적으로 달성하기 위하여 집단 성원으로 하여금 목표 수행에 자발적으로 공헌할 수 있도록 인도하고 조정하는 것이라고 할 수 있다.

그러나 우리는 리더에 대해 오해하고 있는 부분들이 있다. 대표적으로 리더와 관리의 차이이다. 조직에서 가장 높은 위치에 있으며 권력을 내세우는 사람이 무조건 리더는 아니기 때문이다. 그렇다면 리더와 관리의 차이는 무엇인가? 자신의 생각을 한번 작성해 보자.

내가 생각하는 리더와 관리의 차이

〈 리더와 관리의 차이 〉

스튜어트와 크레이너(2009)는 경영 그룹에서 관리와 리더는 다음과 같이 구분한다고 한다.

- 관리자는 관리를 하지만, 리더는 혁신을 한다.
- 관리자는 모방하지만, 리더는 창조한다.
- 관리자는 유지하지만, 리더는 개발한다.

- 관리자는 시스템과 구조에 초점을 두지만, 리더는 사람들에게 초점을 둔다.
- 관리자는 통제에 의존하지만, 리더는 신뢰를 고취시킨다.
- 관리자는 짧은 시각을 가지지만, 리더는 긴 전망을 갖는다.
- 관리자는 '언제, 어떻게'를 묻지만, 리더는 '무엇, 왜'를 묻는다.
- 관리자는 수직적이지만, 리더는 수평적이다.
- 관리자는 현상을 유지하려 하지만, 리더는 그것에 도전한다.
- 관리자는 전형적인 병사이지만, 리더는 몸소 일하는 사람이다.
- 관리자는 과업이 적절하도록 하지만, 리더는 적절한 과업을 한다.

또한 대학생들이 말하길, 관리는 TV프로그램 '무한도전'의 박명수와 같이 자신의 입장만을 내세우고, 조직의 목표가 아닌 내 목표를 달성하기 위하여 구성원들을 관리하지만, 리더는 유재석과 같이 함께 웃으며 구성원 전체가 함께 변화하기를 유도한다고 하였다. 이것이 관리와 리더의 차이라고 하였다. 나는 관리인가? 아니면 리더인가? 리더가 되기 위해서는 어떤 부분이 부족한가 체크해 보도록 하자.

3. 현대 조직에서의 리더십 이론

현대 조직에서는 특성, 행동, 상황적 리더십 이외에 새로운 리더십을 내세우고 있다. 그중 컬러 리더십 이론이 제시되고 있다. 김창민 외(2011)는 어느 리더십 유형에 더 가까운가 확인할 수 있도록 다음과 같은 내용을 제시하고 있다(신완선, 2011).

리더십 컬러	키워드	색깔	컬러 리더십이 돋보이는 환경	목표
서번트 리더십	사랑	빨강	복잡한 갈등이나 대립을 해소하고 싶다.	좋은 가치 추구
브랜드 리더십	창의	주황	차별화된 경쟁력을 만들고 싶다.	표준 장악
사이드 리더십	예방	노랑	의견 수렴을 통한 공감대를 확립하고 싶다.	처음부터 올바르게
파워 리더십	성실	초록	팀으로부터 즉각적인 결과를 만들고 싶다.	지속적 혁신 체질화
슈퍼 리더십	지식	파랑	권한 위임을 통한 책임을 명확히 하고 싶다.	셀프리더 만들기
비전 리더십	비전	남색	새로운 비전이나 방향 설정이 필요하다.	공통 언어 만들기
변혁적 리더십	용기	보라	업무 능력 개선, 장기적 경쟁력이 필요하다.	처음 정신 유지

1) 서번트 리더십 : 끝없는 사람형 리더

서번트 리더십의 개념은 AT&T에서 경영 관련 교육과 연구를 담당했던 로버트 그린리프가 1977년 레오의 이야기를 담은 '동방으로의 여행'(헤르만 헤세 작)이라는 책에서 영감을 얻어 처음으로 제시했다고 한다. 이 책에서는 단체여행에서 모든 허드렛일을 도맡아 하던 충직한 심부름꾼 레오라는 사람이 어느 날 사라지자 일행은 혼돈에 빠지게 되고 결국에는 여행을 중단하는 사태까지 가게 되면서 레오는 신분은 낮으나 그 여행 단체의 책임자이자 정신적 지도자이며 훌륭한 리더임을 깨닫게 되는 대목이 바로 서번트 리더십의 개념을 도출하게 만든 내용이다. 이렇듯 서번트 리더십이란 일명 섬기는 리더십으로 기존의 리더십과는 차별화된다.

그렇다면 서번트 리더십을 이루는 핵심요소는 무엇이 있을까?

전문가들은 경청, 공감, 치유, 스튜어드십(Stewardship), 부하의 성장을 위한 노력, 공동체 형성을 서번트 리더십의 핵심 요소라고 이야기한다.

경청을 통해 부하가 바라는 욕구를 알아내고, 높은 차원의 이해 심인 공감을 통해 리드해야 할 요소를 찾아낸다. 그 이후 보살펴 주어야 하는 부분을 중심으로 치유를 통해 부하의 자원을 관리하고 봉사함으로써 부하의 성장을 위해 노력하고 이를 바탕으로 서로 보살피고 존중하는 공동체를 만들어 가는 것을 서번트 리더십이라고 정의하고 있다.

최근 서번트 리더십은 21세기형 리더십으로 각광을 받고 있는데, 정계뿐만 아니라 경영분야에서도 심지어는 연예계에서도 서번트 리더십이 회자되고 있다. 이 같은 '서번트 리더십'은 21세기 국가경영에 꼭 필요한 자질이다. 첫 걸음은 잘 내디딘 셈이다. 세계 최대 청소업체인 서비스마스터의 윌리엄 폴라드 전 회장이 1999년 부사장으로 부임하자마자 한 일은 고객사인 한 병원의 계단과 화장실을 청소하는 것이었다. 경영진이 '머슴'처럼 낮은 자세로 일하는 '서번트 리더십(servant leadership·섬김의 리더십)'의 대표적인 케이스다.

또한 서번트 리더십(Servant Leadership)을 성공적으로 정착시킨 대표적 기업으로 미국 저가 항공사(low cost carrier)인 사우스웨스트항공을 들 수 있다. 직장 상사도 가족처럼 편하게 여길 수 있고 일하는 재미와 유머가 넘치는 직장이라면 고객에게도 최고의 서비스를 할 수 있다는 발상이 그것이다. 최근 포스코의 이구택 회장은 "지금까지 포스코의 리더십 유형이 '보스형'에 가까웠다면 앞으로는 우리 고유의 리더십 유형이 정착될 때까지 직원을 섬기는 '서번트(servant) 리더십'을 강화할 필요가 있다."라고 말하면서 서번트 리더십을 기업에 정착시켜야 한다는 것을 강조하기도 했다. 연말에 상이란 상은 모두 휩쓴 MC 유재석의 경우도 서번트 리더십의 대표적인 사례로 손꼽히고 있다. 유재석의 유머는 남을 상처 주거나 놀림감으로 만들지 않는다. 남을 자기보다 낮추기보다는 자신을 남보다 낮춰서 사람들을 웃긴다. 그래서 유재석 유머를 '서번트 리더십(servant leadership)'의 승리라고 이야기하고 있다.

이렇듯 모든 분야에서 서번트 리더십의 두각은 계속될 듯하다. 더 이상 보스형 리더십이 아닌 진정 섬기는 리더십을 통해 구성원을 성공으로 이끄는 많은 리더들이 탄생하리라 생각된다. 21세기형 리더십인 서번트 리더십에 대한 논의는 앞으로도 끊이지 않을 것이다.

2) 브랜드 리더십 : 이미지 관리형 리더

브랜드 리더십이란 다소 튀지만 독창적인 아이디어로 남보다 앞서 독보적 경쟁력을 확보하는 데 가치를 두는 리더십이다. 즉 남을 뒤따르는 자는 성공할 수 없다. 중간에서 경쟁력을 갖지 못한다. 또한 블록버스터에 도전, 경쟁 환경 변화에 민감하게 반응하는 리더십이 브랜드 리더십이다.

여기서 브랜드는 좋은 것, 나쁜 것, 추한 것, 그리고 전략에 넣지 않았던 모든 것들까지를 포함한 총체를 의미한다. 그리고 브랜드는 자신이 제공하는 최고의 제품뿐만 아니라 최악의 제품에 의해서도 결정된다. 그것은 훌륭한 광고에 의해 결정될 뿐만 아니라 빈틈으로 빠져나가서, 확인되고 잊혀지고 마는 끔찍한 광고에 의해서도 결정된다.

즉 오랜 세월 동안 소비자들의 선택을 받으며 전통을 이어가고 있는 유명브랜드 상품을 만들어 우리에게 가깝게 접근하는 것이 브랜드이다. 대표적으로 나이키 운동화, 스타벅스 커피, 디즈니랜드, 애플 컴퓨터, 후지 필름, 삼성 등 많은 제품들이 생산되어 그 고유한 브랜드의 이름으로 명성을 유지하고 있거나 때로 소멸하기도 한다는 것을 기억하라.

명성을 제대로 이어가지 못한 것은 그 제품의 수명이 다했다는 것을 기억하라. 여기에는 여러 가지 요인이 있겠지만, 브랜드 파워를 승계하지 못한 리더십의 부재가 있었기 때문이다. 훌륭한 브랜드는 고객과 정서적인 유대를 구축하고 고객의 욕구를 충족시켜주고 깊은 여운을 주어야 하는데 이를 위해서는 고객의 기호의 변화를 알아채고 이에 부합하는 재창조의 기술이 요구될 것이다.

나만의 브랜드 리더십을 만들고 싶다면 최고의 이미지를 보여줄 수 있는 사람이 되도록 노력하여야 할 것이다.

3) 사이드 리더십 : 안전제일주의형 리더

사이드 리더십은 'side by side leadership'의 줄임말로 구성원들과 동고동락하는 자세로 참여 선도하여 불확실한 미래에 대비해 전략적으로 준비하고 대응해나가는 리더를 말한다. 유비무환 또는 노심초사 리더십이라고 불린다. 유비무환의 정신으로 경영하려는 사람에게 가장 적합한 리더십 모델로, 불확실한 미래에 보다 적극적으로 대비할 수 있도록 리더의 역할을 정리한 리더십이다.

성과, 생산성 그리고 수익성을 높이기 위해 새롭게 제시된 사이드 리더십은 다음과 같은 원리에 근원을 두고 있다(신완선 2002). 첫째, 다른 사람의 애기만 잘 들어주어도 그들의 생산성을 10% 높일 수 있다. 둘째, 당신과 업무 협조자가 서로 체계적인 쌍방향의 성과 평가를 활용하면 상호간의 성과를 15% 향상시킬 수 있다. 셋째, 구성원이 아이디어를 먼저 제시할 수 있도록 분위기만 조성해주어도 참여의식과 신뢰를 높일 수 있다. 넷째, 구성원에게 무엇을 하라고 지시하는 것은 실패를 야기하고, 아이디어와 지식을 공유하도록 권장하면 성공을 가져오게 만든다. 다섯째, 리더와 업무 추진팀의 쌍방향 커뮤니케이션을 이용하고 문제해결에 함께 참여하면 생산성을 20% 이상 증가시킨다.

사이드 리더십은 수평적인 동행형 자세를 가질 것을 강조한다. 동등한 입장에서 자유로운 커뮤니케이션 문화를 조성하는 것이 경쟁력 강화의 원천이 될 것이다(워런 베니스, 2000).

4) 파워 리더십 : 탱크주의형 리더

파워 리더십은 성장과 발전을 위해 성실함과 끈기를 기반으로 하여 솔선수범의 자세로 조직을 이끄는 리더들의 역량을 의미한다. 단순한 지식보다는 추진력을 바탕으로 강력한 행동을 요구한다. 또한 방향을 제시하고, 조직을 통솔하며 이를 바탕으로 조직을 목표에 다가갈 수 있도록 추진력 있게 이끌기 때문에 리더의 언행일치는 기본적으로 요구된다. 이는 한마디로 과거에 강력한 카리스마와 추진력을 가진 리더들의 역량을 말하는 것이다. 즉 팀으로부터 즉각적인 결과를 만들어 내고 싶을 때 적절한 리더십이다.

또한 파워리더는 자신의 명령이 힘을 잃게 되는 순간을 두려워한다. 통솔력이 없어진다고 생각하기 때문이다. 서번트 리더, 브랜드 리더나 사이드 리더와는 다른 차원에서 통솔력에 집착한다. '뒤따르는 사람이 있으면 리더다.'라고 말한 피터 드러커의 표현대로라면 통솔력을 상실한 파워리더는 여간 곤혹스럽지 낳을 것이다. 부담이 되는지 알면서도 종종 파워리더들이 능력에 넘치는 권한에 집착하여 씨름하는 이유도 바로 여기에 있다.

파워 리더십의 성공패턴으로는 첫째, 행동으로 지시한다는 것이다. 즉 파워는 큰 목소리와 질책에서 생기는 것이 아니라, 리더가 몸소 행동으로 보여줌으로써 구성원들의 행동 변화를 지시한다는 것이다. 둘째, 채널을 집중시킨다는 것이다. 자신이 필요한 능력에 집중력을 보인다는 것이다. 격식이나 모양을 갖추는 데 익숙하지 않다. 목표로 삼은 일을 성취하는 데 모든 채널을 동원하며 저돌적으로 밀고 나간다는 것이다. 셋째, 가시적인 목표를 제시한다는 것이다. 눈에 보일 수 있는 직접적인 목표를 제시함으로써 구성원들이 그 목표를 향해 직접적으로 나아간다는 것이다.

5) 슈퍼 리더십 : 권한위임형 리더

슈퍼 리더십은 구성원들의 기본역량을 중시하고 그들의 멘토가 되기를 즐기며 풍부한 지식을 활용해 경영하는 박식한 리더를 말한다. 즉 조직의 구성원들로 하여금 스스로를 리드하도록 이끌어주는 사람으로서 구성원들 개개인이 셀프리더가 되도록 교육시키는 시스템을 개발하고 실행하며, 조직의 구성원들을 지원하며 자극하는 사람이라고 할 수 있다.

또한 구성원의 개인적인 능력을 중시하며 '알아서 스스로 한다'라는 정신을 중시한다. 본인 스스로 그러한 성장 배경을 가지고 있으며 리더십 전개에서도 그러한 성향을 추구한다. 똑똑한 사람을 영입하고 교육과 훈련을 통하여 인재육성을 강조하여 학습하는 조직문화를 만들며 각자가 스스로의 주인이고 리더가 되어야 진정한 조직 경쟁력이 형성된다고 믿기 때문이다.

또한 슈퍼리더는 구성원들을 셀프리더로 육성하기 위하여 끊임없이 학습하고 육성하려 한다. 그러기 위해 첫째 스스로 셀프리더가 되는 것이다. 자신이 먼저 리더로서 서지 않고서는 다른 사람을 리더로 키울 수는 없다. 여기서 리더는 꼭 커다란 조직의 대표를 의미하지 않는다. 조그만 행동에서부터 리더다운 면모를 갖추면 된다. 둘째, 스스로가 리더십을 보여준다면 구성원들은 자연적으로 자신의 역할 모델로 생각하고 받아들이게 된다. 역할 모델은 가장 기본적이고 효과적인 학습과정의 출발점이다. 셋째, 구성원들이 스스로 자신의 목표를 세우고 추진할 수 있을 때까지 끊임없이 동기부여하라. 그리고 넷째, 긍정적 사고유형을 창조하라. 마지막으로 구성원에게 자율성을 존중해주고 스스로 그룹 활동에 적극 참

여하도록 권유하여 자신의 역할에 대해 자신감을 갖도록 도와주라
는 메시지를 포함하고 있다.

6) 비전 리더십 : 카리스마형 리더

비전 리더십은 올바른 비전을 제시하고 구성원 모두가 동참하도
록 하는 미래에 대한 희망의 상징이 되는 리더십을 말한다. 즉 리
더와 구성원이 같은 방향으로 뛸 수 있도록 영향력을 미치는 것을
말한다. 여기서 비전 리더십은 한국형 리더십이라고도 말할 수 있
다(서성교, 2009). 그 이유는 흔히 리더십 구성요소는 환경, 비전,
목표, 전략, 추종자라고 할 수 있는데 이 다섯 가지의 요소가 모두
다 중요하지만 그 자체로 하나의 리더십을 만들어 내는 게 비전이
기 때문이다.

이때 비전의 사전적 의미는 앞서도 살펴본 것처럼, 시각으로 보
이지 않는 것을 마음 속에 그리는 상상력이다. 쉽게 말하면 비전은
조직이 가야할 바람직한 미래를 보여주는 꿈이다. 그렇다고 비전은
미래만 이야기하는 것이 아니다. 현재 시점에서 보았을 때 목표 달
성이 가능하고 믿을 만한 바람직한 것이어야 한다. 또한 비전은 목
표설정 및 달성뿐 아니라 인간관계 증진에도 도움이 될 것이다. 올
바른 비전은 걱정 및 스트레스를 극복할 수도 있고 보다 큰 자신
감을 개발하면서 동기부여를 하게 되며 리더십을 개발하게 될 것
이다. 그러므로 리더란 자신의 비전뿐만 아니라 조직의 비전까지도
영향을 미쳐야 할 것이다.

7) 변혁적 리더 : 뉴웨이브형 리더

변혁적 리더십이란 미국의 정치학자 제임스 맥그리거 빈스가
1978년 처음 사용했다. 이는 리더가 조직구성원의 사기를 고양시키

기 위해 미래의 비전과 공동체적 사명감을 강조하고 이를 통해 조직의 장기적 목표를 달성하는 것을 핵심으로 하는 것으로, 단기 성과를 강조하고 보상으로 부하의 동기를 유발하려는 거래적 리더십과의 가장 큰 차이점이다. 또한 거래적 리더십이 현재 부하의 상태에서 협상과 교환을 통해 부하의 동기를 부여시키는 것이 중점이었다면, 변혁적 리더십은 부하의 변화를 통해 동기를 부여하고자 한다. 또한 거래적 리더십이 합리적인 사고와 이성에 호소한다면, 변혁적 리더십은 감정과 정서에 호소하는 측면이 더 크다.

변혁적 리더십의 특징을 정리해 보면 다음과 같다. 첫째, 변혁적 리더십은 구성원을 리더로 개발한다. 둘째, 변혁적 리더십은 낮은 수준의 신체적인 필요에 대한 구성원들의 관심을 높은 수준의 정신적인 필요로 끌어올린다. 셋째, 변혁적 리더십은 구성원들이 본래 기대했던 것보다 더 넘어설 수 있도록 고무시킨다. 넷째, 변혁적 리더십은 요구되는 미래 수준의 비전을 가치 있게 만드는 변화의 의지를 만드는 방법을 의사소통한다.

이러한 변혁적 리더십은 조직합병을 주도하고, 신규부서를 만들어 내며, 조직문화를 새로 창출해 내는 등 조직에서 변화를 주도하고 관리하는 등 오늘날의 급변하는 환경과 조직의 실정에 적합한 리더십 유형으로 주장되고 있다(이병진, 2010).

변혁적 리더십은 높은 수준의 도덕적인 가치와 이상에 호소하여 추종자들의 의식을 더 높은 단계로 끌어올리며, 그들을 전인격체로 대우하고, 동기화시키고, 추종자들의 행동을 끊임없이 변화시켜 기대 이상의 직무성취를 가능케 하는 것을 의미한다(Burns, 1978). 이러한 변혁적 리더십의 발휘는 지도자와 추종자들이 높은 수준의 동기와 도덕성을 상호 공유하며 조직에 몰입할 때 가능한 것이다.

Bass(1985)는 변혁적 리더십을 조직이 설정된 성과의 중요성과 가치에 대해 보다 잘 인지하도록 구성원들의 의식수준을 높이는 과정이며, 구성원들로 하여금 개인적 이익을 초월하도록 유도하고 상위수준의 요구가 충족될 수 있도록 욕구를 활성화시키는 과정이라고 정의하고 있다.

따라서 변혁적 리더십은 외부 상황의 변화를 예측하고 감지하며, 그 흐름이 조직에 유리하게 전개될 수 있도록 비전을 제시하고 제도화하는 등, 조직의 상황을 주도하는 변화관리자로서의 리더의 중요성을 강조하며, 변혁적 리더는 구성원의 잠재능력을 각성시키고 구성원에 대해 높은 기대 수준을 갖고, 구성원 스스로 동기 부여되어 자아실현의 욕구를 충족시키고, 만족감을 갖게 함으로써, 조직목표에 대한 높은 헌신성을 갖게 하는 데 초점을 두어야 한다(Burns, 1978; Bennis, 1984; Bass, 1985; Tichy & Ulrich, 1984).

이러한 관점에서 킹 목사(Martin Luther King), 링컨 대통령(Abraham Lincoln), 케네디 대통령(John F. Kennedy), 처칠 수상(Winston Churchill), 혹은 간디(Mahatma Gandhi) 등과 같은 리더들이 보여준 리더십은 바로 '변혁적 리더십'이라고 할 수 있다.

4. 리더의 조건

효과적인 리더십의 필수 역량은 다음과 같은 몇 가지 조건이 있다고 한다. 나는 다음 리더의 조건 중 몇 가지나 가지고 있는지 체크해 보도록 하자(김미숙 2010).

1) 창의성

클라우스 슈바프 회장은 "글로벌 시장에서 성공하는 데 가장 중요한 열쇠는 창의성"이라고 하였다. 이제 창의성이 신제품 개발, 디자인, 마케팅을 포함한 모든 기업 활동에서 핵심요소로 떠오르고

내가 생각하는 리더의
조건은?

____

____

____

____

____

있다. 또한 최고의 리더는 기존의 인식 틀을 벗어나려는 적극적인 노력을 하고 있으며, 새로운 관점에서 볼 수 있는 능력을 갖고 있다. 또한 무언가를 새롭게 보는 능력을 말하며 창의적인 아이디어를 얻으면서 호기심과 열정, 지속적으로 탐색하는 시도, 다양한 정보의 체계적인 축적과 재활용 등을 실현한다고 하였다.

2) 자기확신

자기확신이 강한 관리자는 성공 원인을 내면적인 요소, 즉 자신의 능력이나 전문성, 경험, 지능 등에 돌리고 있다. 또한 관리자는 미래의 성공을 통제할 수 있다고 생각하고, 성공을 이루기 위해 부단히 노력한다. 또 항상 긍정적으로 생각하며 성취욕 또한 강하다. 미래가 불확실한 상황에서도 확신을 갖고 주위 사람을 독려한다는 점에서 리더는 자기확신이 강하다고 할 수 있다.

3) 변화관리

항상 사람들은 습관에 얽매여 살고 있다. 그러나 새로운 변화를 추구하기 위하여 용기를 가지고 새로운 것에 도전한다. 즉 도전지대로 나아가기 위하여 조직을 변화시키고 관리하는 과정에서 변화의 목표를 명확하게 제시하고, 그 방향으로 직원들을 이끄는 것이야말로 리더의 조건이라 할 수 있다.

4) 문제해결력

문제해결력이 뛰어난 리더들의 특징은 문제해결에서 나타나는 사고과정으로 주어진 사물이나 특성을 재빠르게 인지하는 능력, 사물이나 아이디어를 분류하는 능력, 관계를 인지하는 능력, 대안적인 결과를 생각해 내는 능력, 목적의 특성을 나열하는 능력, 논리적인 해결책을 만들어내는 능력을 갖춘 것이라 하겠다.

5) 인간관계

리더의 조건 중 가장 큰 것은 인간관계 능력이다. 특히 카네기의 (2004)는 리더의 조건 중 가장 큰 영향력을 미치는 것을 인간관계라 하며 9가지 원칙을 제시하였다. 첫째, 비난이나 비판·불평하지 말라, 둘째, 칭찬과 감사의 말을 하라. 셋째, 타인의 욕망을 불러일으켜라. 넷째, 상대방의 관심사에 대해 이야기하라. 다섯째. 미소를 지어라. 여섯째, 이름을 외워라. 일곱째, 경청하라. 여덟째, 상대방의 관심사를 인정하라. 마지막으로 상대방으로 하여금 중요하다고 느끼게 하라. 이러한 원칙을 실천하는 리더야말로 최고의 리더라 할 수 있다.

6) 코칭능력

리더는 혼자가 아닌 여러 사람들과 함께 있을 때 리더가 될 수 있다. 또한 목표를 향해 달려갈 때 혼자만의 성과를 달성하는 것이 아니라 구성원 전체에게 영향을 미칠 수 있는 능력을 가지고 있는 사람들이다. 또한 자신의 능력을 다른 사람들에게 전달하기도 한다.

그리고 다른 사람의 말을 잘 들어주는 경청의 능력도 코칭의 기능이라 할 수 있다. 그러므로 코칭능력을 가지고 다른 사람의 마음까지 변화시킬 수 있는 능력을 가지고 있다고 할 수 있다.

이렇듯 리더의 조건에는 간단하지만 몇 가지 조건들이 있다. 이러한 조건들이 하나가 되었을 때 최고의 리더가 된다는 것을 잊지 말아야 할 것이다.

〈 리더십 체크 설문지 〉

나의 리더십 수준은 어느 정도인가?
5점척도를 중심으로 체크해 보자(김창민, 2011).

아주 그렇다: 5점/ 그렇다: 4점 / 보통이다: 3점 /

그렇지 않다: 2점 / 매우 그렇지 않다: 1점

1. 나는 내가 속한 단체에서 필요한 것을 잘 결정할 수 있다.	
2. 나는 나 자신에 대해서 전반적으로 긍정적으로 생각한다.	
3. 나는 다른 사람에게 나의 감정을 잘 표현하는 편이다.	
4. 나는 어떤 일을 함에 있어서 목표 설정을 잘 하는 편이다.	
5. 나는 다른 사람을 대할 때 항상 진실한 마음을 가진다.	
6. 나는 문제해결을 위해 많은 정보를 효과적으로 사용할 줄 안다.	
7. 나는 어떤 일을 행할 때 각 구성원에게 책임을 맡기는 편이다.	
8. 나는 우선순위를 정하여 일을 처리한다.	
9. 나는 다른 사람에게 대단히 호의적인 편이다.	
10. 나는 어떤 지식이든지 배울 자세가 되어 있다.	
11. 나는 어떤 일을 행할 때 다른 사람의 요구를 잘 고려한다.	
12. 나는 어떠한 일에도 책임있는 태도를 가지고 있다.	
13. 나는 다른 사람을 대함에 있어 친근한 성품의 소유자이다.	
14. 나는 내가 속한 집단 성원들이 제기한 요구사항을 잘 수용한다.	
15. 나는 타인의 말을 주의 깊게 듣는 편이다.	
16. 나는 여러 가지 대안들 중 적절한 것을 잘 선택하는 편이다.	
17. 나는 나 이외의 다른 사람들도 중요하다고 생각한다.	
18. 나의 의견이 잘 받아들여지도록 집단의 분위기를 잘 조성한다.	
19. 나는 어떤 일을 행함에 있어 여러 가지 대안들을 고려한다.	
20. 나는 항상 다른 사람들을 존중하는 태도를 가지고 있다.	

21. 나는 여러 가지 문제를 해결할 수 있는 능력을 가지고 있다.	
22. 나는 내가 한 실수를 잘 수습하는 편이다.	
23. 나는 매사에 재치 있게 일을 처리하는 편이다.	
24. 나는 일 처리 과정에서 융통성을 발휘할 수 있다.	
25. 나는 다른 사람들과 잘 화합하는 편이다.	
26. 나는 나의 주장이나 생각을 타인에게 명확하게 설명할 수 있다.	
27. 나는 감정에 치우지지 않고 합리적으로 사고하는 편이다.	
28. 나는 어떠한 변화도 수용할 자세가 되어 있다.	
29. 나는 다른 사람에 대한 나의 매너가 좋다고 생각한다.	
30. 나는 다른 사람을 신뢰하는 편이다.	

◈ **평가방법**

130점 이상 : 리더십이 매우 좋다.

110 ~ 130점 : 리더십이 좋다.

90 ~ 110점 : 리더십 개발이 필요하다.

90점 이하 : 리더십 개발이 매우 필요하다.

나의 리더십 수준은 어느 정도인가? 만약 리더십 개발이 필요하다면 어떠한 skill을 연습하면 되겠는가? 리더십에 필요한 조건들은 무엇인가 한번 생각해 보도록 하자.

내가 어디에 속하는지 모르겠다면 다음 진단을 해보도록 하자.

9장 창의적 문제해결 능력 향상

『 무엇이 문제인지 알 수만 있다면,
문제의 절반은 해결한 것과 같다.』

　본질적인 문제를 발견하지 못한다면 아무리 문제해결을 시도해도 성공할 수 없다. 따라서 현재와 같이 앞이 보이지 않는 시대, 새로운 성장 모델을 찾아낼 수 없는 시대야말로 본질적인 문제를 발견하고 해결할 수 있는 인재가 필요하다.
　이러한 인재는 타고나는 것이 아니다. 문제해결에 필요한 skill을 습득하고 끊임없이 노력하는 인재야말로 문제해결이 뛰어난 사람이라고 할 수 있다. 또한 이 사람들은 혼자서 문제를 해결하려 하지 않고 타인과 함께 문제해결 기법을 찾고 서로에게 win-win효과를 내고 있다. 그러므로 문제해결 skill 등을 습득한다면, 조직에서 최고의 인재가 될 수 있을 것이다.

1. 문제해결의 중요성

문제해결이란 무엇인가? 문제해결이란 본질적인 문제의 근본원인을 찾아내고 그것을 고치는 방법을 생각해내는 것이다. 따라서 본질적인 문제를 발견할 수 있다면 문제해결의 60%는 달성되었다고 생각할 수 있다. 그러나 본질적 문제의 발견은 용이하지 않다.

특히 21세기 정보화 시대의 중요 특징 중의 하나는 사회가 전례 없이 빠르게 변화하고 있으며 그로 인해 지식이나 기술 등이 계속 변화되고 넘쳐나고 있다는 것이다. 따라서 현재의 지식과 기술은 얼마 지나지 않아 바뀔 수도 있으며, 결국 쓸모없게 되어 버릴 수도 있다. 그러므로 이 시대를 살기 위해서는 문제를 항상 발견하고, 어떻게 하면 가장 효율성 있게 문제를 해결할 것인가 궁금증을 가져야만 빠르게 변화에 적응할 수 있기 때문에 문제해결의 중요성이 더욱 강조된다.

이렇듯 문제해결의 중요성을 인식하고 있다면 문제해결에 대처하는 사람들의 특징들을 살펴볼 필요가 있다. 문제해결에 대처하는 사람들의 특징 중 사고·마인드 측면에서는 논리적으로 생각하며, 다각적으로 사물을 바라본다. 결과중심이 아닌 과정과 이유를 생각하며, 책상에서 문제를 해결하기보다는 현장에서 직접 문제를 해결한다. 또한 언행 및 스킬에서 수동적이기보다는 주체적이며 수치(데이터)에 강하며 감정과 경험에 의존하기보다는 사실에 근거하여 문제해결을 하는 모습을 볼 수 있다(Yoshiako Noguchi, 2002).

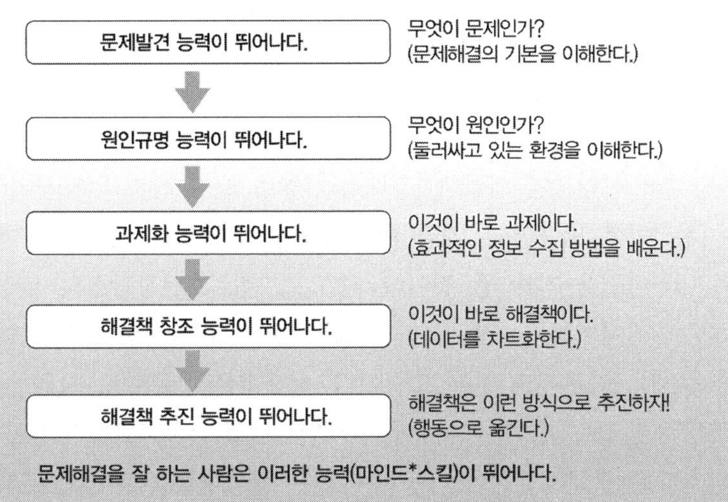

〈 문제해결 잘 하는 사람의 능력 〉

그밖에도 다음과 같은 6가지 유형의 사람들도 있다.

- 처음부터 거부하고 도망가는 회피형 : 회피형인 사람은 누군가 어떠한 문제를 이야기 할때까지 움직이지 않다가 문제가 발생해야 다른 사람에게 어드바이스를 구하는 타입이다.
- 노력은 하지만 중간에 포기하는 중도포기형 : 중도포기형은 문제를 향해 액티브하게 돌진하지만 처음의 기세는 금방 시들어 버리는 타입으로 용두사미의 성격이다.
- 자신의 문제를 다른 사람의 문제로 떠넘기는 얌체형 : 얌체형은 문제가 있다는 것을 잘 알고 있고, 해결 또한 중요하다는 것도 인식하고 있다. 그러나 늘 누군가의 탓으로 돌리고 도망가는 타입이다.
- 자신 있는 분야만 골라서 시도하는 선택형 : 선택형은 문제 해결을 먼저 시도하고 해결하려 한다. 하지만 실제로 해결할 수 있는 문제만으로 한정짓는다.
- 뭐든 처리하고 싶어 덤벼드는 호언장담형 : 호언장담형은 의뢰한 문제에 과감하게 도전하기 때문에 얼핏 도움이 될 것처럼 여겨진다, 하지만 조금 지나 다시 물어보면 잊어버리는 유형이다.
- 조용하게 시작해서 조용하게 끝내는 깔끔형 : 깔끔형은 문제해결을 부탁받

으면 잘 해준다. 특별히 부담스럽지도 않게 담담하게 처리하기 때문에 괜찮은 것인지 걱정되는 부분도 있지만 보통 일을 하듯 확실하게 처리해 주는 유형이다.

자세히 살펴보면 회피형, 얌체형 유형은 문제 해결에 자신이 없는 무기력한 모습이다. 지금 이대로라면 점점 일할 기회가 줄어들고 내리막길을 가게 될 것이다. 중도포기형, 호언장담형의 유형도 문제 해결에 임하는 적극적인 자세는 높이 평가할 수 있지만 해결한 문제는 아무것도 없는 모습이다. 선택형은 한쪽으로 치우친 적극적 유형으로 더 나은 향상을 기대할 수 없기는 마찬가지이다. 그렇기 때문에 문제해결이 가능한 유형은 깔끔형뿐일 것이다. 문제해결의 중요성은 이런 깔끔형의 사람이 되기 위한 단계를 배우는 것이라 할 수 있을 것이다(Ohmae Kenichi, 2003).

2. 문제해결의 정의

순이는 오늘도 헐레벌떡 강의실에 뛰어 들어오고 있습니다. 현재시간 9시 20분. 문제해결 수업은 9시부터입니다. 매일같이 지각하는 순이에게 교수님께서 "왜 늦었지?"라고 물으시니 배가 아파서 늦었다고 합니다. 순이가 지니고 있는 문제는 무엇입니까?

여기서 말하는 문제란 무엇일까? 학생들에게 "문제란 무엇인가?"라고 질문을 하였더니 대부분의 학생들은 다음과 같이 말했다. "문제란 곤란한 사항을 말하는 것이다." 또 다른 학생은 "문제란 하기 싫은 것이다." 어떤 대답도 '문제'의 증상만을 파악하고 있을 뿐이지 '문제'그 자체는 파악하고 있지 못하고 있다.

예를 들어 의사는 환자의 증상을 묻고 아프다고 하면 진통제를 주고, 열이 있으면 해열제를 자동적으로 주지 않는다. 왜냐하면 병의 정체가 무엇인지 규명하지 않고, 증상을 완화하고 약만 주어서는 병을 고칠 수 없기 때문이다. 그러므로 문제 해결을 시도할 때에는 문제가 무엇인지, 우선 그것을 명확히 해야 한다. 다시 한번 생각해보자.

문제란? 백과사전에는 문제란 해답을 요구하는 물음, 또는 논쟁, 논의, 연구 따위의 대상이 되는 것, 마지막으로 해결하기 어렵거나 난처한 대상 또는 그런 일이라 정의하고 있다(동아대백과사전).

그러나 여기에서의 문제란 이상과 현실의 차이라고 정의 내리려고 한다. 즉 여기서 현실이란 지금 실제의 모습, 예상되는 상태, 예기치 못한 결과이다. 그리고 이상이란 목표로서 미래에 있어야 할 모습, 바람직한 상태, 기대되는 결과이다. 이상 현실과 목표 사이에는 차이(GAP)가 발생한다. 그런 것이 문제라고 할 수 있다.

문제란 이상과 현실의 차이이다.

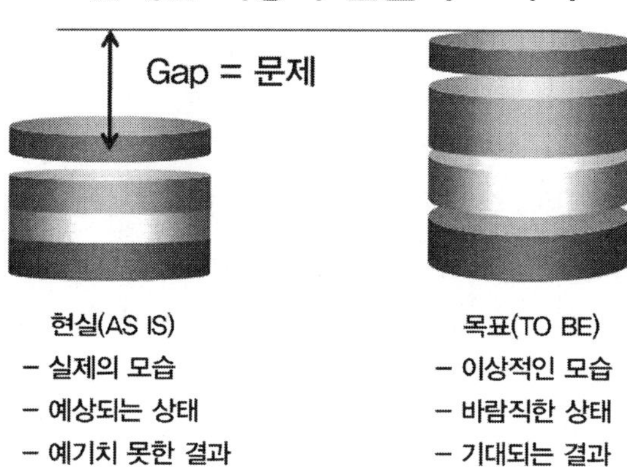

〈 문제의 정의 〉

그럼 순이의 문제는 무엇인가? 즉 정해진 강의시각 9시에 참석하지 못하고 9시 20분에 참석하여 20분의 차이가 발생한 것을 문제라 할 수 있다. 문제를 발견하는 것이 그리 어렵지는 않을 것이다. 그럼 나 자신에게 닥친 문제는 무엇인지 체크해 보도록 하자.

나의 문제는 무엇인가?

취업 ________________   연애 ________________

영어성적 ____________   진학 ____________

몸무게 ____________   창업 ____________

시간관리 ______________   대인관계 ____________

스팩관리 ________________

나의 문제는 무엇인가? 나는 취업을 하기 위해서 영어성적을 800점 이상 받아야 한다. 그러나 현재 600점밖에 되지 않는다. 그러면 200점의 점수가 부족하다. 이것이 나의 문제인 것이다. 이렇게 나의 문제를 찾으면 문제해결은 쉽게 될 것이다. 자, 그럼 문제를 발견했으니 문제를 해결하기 위한 방법을 찾아보자.

사람들은 문제해결이란 말에 익숙하지 않을 수 있다. 그러한 일례로 "난 아직 직장인이 아닌 대학생이니까 상관없지 않을까?" 등과 같은 이유로 자신에게는 문제해결 같은 것이 필요하지 않다는 사고방식을 가진 사람이 많을 것 같다. 또한 "문제를 만드는 것은 자신이 있는데 문제를 해결해 본 적이 없다."라는 등의 말로 문제해결이란 말의 뜻은 나와는 가깝지 않다고 생각하고 있을지 모른다.

또는 "문제해결이란 타고난 재능이 있어야 하지 않을까?"라는 오해를 가지고 있다. 항상 문제해결을 잘하는 사람의 무용담을 들을 때면 주눅이 들어서 '그놈 참 대단해.'라고 생각하는 경향이 많기 때문이다. 그러나 뛰어난 문제해결사는 태어날 때부터 문제해결사였던 것은 아니다. 이런 사람들 대부분은 문제해결에 대한 스킬을 학습한 사람이다. 그렇기 때문에 문제 해결을 잘하는 사람은 '뭔가 특별한 사람이다.'라는 편견은 버리는 것이 좋다.

그럼 이러한 문제해결을 잘하는 사람들의 특징을 무엇일까? 문제해결을 잘할 수 있는 스킬을 배운다면 다음과 같은 효과를 가져올 수도 있다. 문제가 발생해도 당황하는 일이 없어진다. 이는 문제가 발생한 것만으로 패닉 상태에 빠져버리게 된다면 문제 해결의 최초 단계에서 좌절하게 될 것이다. 동요는 주위 사람에게 전염되고 불안을 조장한다. 그러나 계속되는 스킬 연습은 다른 사람의 불안을 제거할 수 있다. 잘못된 대응으로 더욱 악화되는 상황을 막을 수 있다. 잘못된 대응은 노력을 헛되게 하는 것이 아니라 그 자체가 새로운 문제를 일으킴으로써 지금까지의 문제를 더욱 복잡하게 만들고 해결을 한층 곤란하게 만들 수 있다(조영지, 2011).

그러나 문제해결 스킬을 배운다면 잘못된 대응을 줄일 수 있을 뿐만 아니라 문제해결 과정의 난관을 벗어날 수도 있을 것이다. 즉 하나하나 발견하여 나만의 문제해결 스킬을 배운다면 자신감도 높아질 뿐만 아니라 누구에게나 영향력을 미칠 수 있는 리더의 첫 걸음이 될 수도 있을 것이다.

3. 문제를 탐색하는 방법

문제해결 스킬의 첫 단계는 문제를 탐색하는 방법이다. 이에는 다음과 같은 8가지 방법을 기억하라.

1) 능동적인 마인드와 문제의식을 가지는 것이다

능동적인 마인드와 문제의식이 없는 사람은 문제와 기회를 찾으려고 하지 않을 뿐만 아니라 설사 문제와 기회를 찾았다 하더라도 무시하거나 혹은 해결하려고 노력하지 않을 것이기 때문이다.

2) 정보를 수집하라

정보가 없으면 문제와 기회를 인식할 수도 없고, 문제의 특성을 정확하게 분석할 수도 없다. 따라서 문제해결과 의사결정을 잘 수행하기 위해서는 문제와 기회에 관한 정보를 체계적으로 수집해야 한다. 정보수집활동은 일상적 정보 수집방법, 기본적 정보수집방법, 심층적 정보수집방법으로 나누어진다. 일상적 정보수집방법은 기업에서 일상적인 업무를 수행하는 과정상에 정보를 수집하는 활동으로 비행기가 레이더를 이용해서 비행에 필요한 정보를 일상적으로 수집하는 활동이 있을 수 있다. 기본적 정보수집활동은 문제의 가능성이 있는 이슈가 발견되면 그에 대한 기본적인 정보를 일차적으로 수집하는 활동으로서 마치 카메라로 관심 있는 사물을 찍는 것과 같은 정보수집활동이다. 마지막으로 심층적 정보수집활동은 문제가 될 수 있는 이슈에 대해서 심층적으로 정보를 수집하는 활동이다.

3) 내부 환경을 분석하라

숨어 있는 문제와 새로운 기회를 체계적으로 찾아내기 위해서는 기업 내부환경을 분석해야 한다. 기업에 영향을 미치는 수 많은 문제와 기회들은 기업 내부의 활동에서 발생하기 때문에 내부환경을 분석하는 일은 매우 중요하다.

4) 기업 외부환경을 끊임없이 모니터링하라

기업은 외부환경(정치, 경제, 사회문화, 환경 등)의 변화에 적응하면서 생존하는 유기체이기 때문에 외부환경의 변화가 가져다주는 기회와 위험을 체계적으로 찾아내야만 한다.

5) 상대방의 니즈를 파악하라

상대방의 유형에 따라 고객의 니즈는 매우 다양하고 예상할 수 없을 정도로 빠르게 변화하기 때문에 고객분석을 통해서 숨어있는 문제와 새로운 기회를 찾는 일은 매우 중요하다. 상대방을 분석할 때는 먼저 문제해결에 필요한 상대가 누구인지를 명확하게 정의하고 다양한 기준으로 세분화해야 한다.

6) 경쟁사의 동향을 분석하라

경쟁사를 분석할 때는 자사와 관련된 경쟁사를 포괄적이고 입체적으로 찾아내야 한다. 예를 들어 나이키의 경쟁상대는 닌텐도다. 이는 나이키의 주 고객은 바로 청소년들인데 이들이 닌텐도 게임에 정신이 팔려 게임에만 몰두하게 되면 집 밖으로 운동을 즐기러 나가는 시간이 줄어들게 될 것이기 때문이다. 결국 운동화를 신을 시간이 줄어들면 그만큼 나이키는 매출에 지장을 받을 수밖에 없다. 단순한 신발업체 간의 경쟁이 아닌 스포츠 업체와 게임업체가 서로 경쟁하고 있는 것이다.

7) 이해관계자를 분석하라

기업은 경영활동 전반에 직간접적으로 영향을 주는 직원, 주주, 협력사, 경쟁사, 대체산업, 보완산업, 시민단체, 정부 등 다양한 이해관계들을 분석해야 한다.

8) 벤치마킹을 하라

벤치마킹이란 동종업종 및 이종업종의 성공사례나 실패사례를 분석해서 문제해결을 하는 방법이다. 벤치마킹을 하기 위해서는 자사에 필요한 성공사례들의 성공요인들을 도출해보고 이를 자사에 맞게 적용하거나 혹은 실패사례를 분석해서 실패사례가 주는 교훈을 찾아내어 동일한 실수를 범하지 않도록 해야 한다.

4. 문제해결 기법 분석

리더들은 문제를 발견하고 문제를 해결하기 위한 기본 사고들을 변화시켰다. 즉 안전지대에서 도전지대로 나아가기 위한 용기와 실천이라는 변화를 가져오게 되었다. 이제는 기법 등을 활용하여 문제를 해결하는 방법 등을 습득해 보도록 하자.

1) 시스템적 접근법

시스템적 접근법이란 총 6단계에 걸친 기법을 사용하여 문제를 해결하는 기법이라 할 수 있다. 하나하나 단계를 파악하고 문제를 해결해 보도록 하자(박봉수, 2009).

① output지향 사고를 가져라

문제에 대한 최종성과, 목표, 변화된 모습 등 output Image를 문제도출, 원인분석, 해결안 개발 등으로 구성하여 미리 그림을 그리도록 하는 것이다. 이를 통해 과제 수행에 대한 전체 모습을 그릴 수 있고, 어느 정도 투입할 것인지에 대한 지표를 명확히 할 수 있으며 작업의 효율성과 기대성과를 극대화할 수 있다. 즉 시뮬레이션 기법이라고도 말할 수 있을 것이다.

② Zero Base 사고를 가져라

사람들은 문제를 해결하기 위해서 과거에 있었던 사건에 집착 할 때가 있다. 그렇게 된다면 새롭게 변화하기보다는 과거에 얽매여 문제를 발견하지도 못할 때가 많다. '원점으로 돌아가 편견이나 상식으로부터 자유롭게 발상하라.'의 기법이 Zero Base사고이다. 즉 Zero Base사고는 독창적이고 창조적인 아이디어를 사용해 문제를 해결하는 것이다.

③ 사실지향적 사고를 가져라

모든 정보나 data는 반드시 사실여부를 확인하고 검증한 후에 다음 작업을 수행하라는 것이다. 왜냐하면 착시현상에 따라 '사실이 사실이 아닌 것 처럼' 또는 '사실이 아닌 것이 사실인 것처럼' 보이는 경우가 있기 때문이다. 만약 사실이 아닌 정보나 data에 의해 작업이 이루어지고 어느 시점이 지나 사실이 아님이 밝혀질 경우, 그 동안 투입되었던 시간과 자원 등의 낭비는 불을 보듯 뻔한 일이기 때문이다.

④ 문제해결에 필요한 적합한 도구를 활용하라

문제해결에 사용되는 도구는 분류기준에 따라 다르지만 280여가지나 된다고 한다. 예를 들어 가로 50m, 세로 20m, 깊이 5m의 땅을 판다고 할 때 인부 50명을 동원, 삽이나 곡괭이를 사용하여 땅을 파는 방법과 포크레인 2대를 임대하여 땅을 파는 방법 중 어

느것이 더 효과적이며 경제적일까? 인부 50명을 쓸 경우, 인건비+삽, 곡괭이 구입비+식사비·간식비 등의 비용이 들 것이다. 그러나 포크레인 2대는 임대비만 들 것이다. 그렇게 될 경우 포크레인 2대만 임대하여 땅 파는 작업을 하는 것이 더 효과적일 것이다. 이처럼 도구를 사용하여 문제를 해결하는 것이다.

⑤ Process를 지켜라

어떤 절차에 의하여 문제를 해결할 것인가? 즉 어떤 단계를 먼저 수행하고 어떤 단계를 나중에 수행할 것인지 문제 해결의 process를 정하는 일이다. 즉 우선순위를 정하는 것이라 할 수 있다. 가령 작은 항아리에 가는 모래와 돌덩이를 5:5로 채워 넣는 작업을 수행한다고 가정해 보자. 어떤 재료부터 넣어야 항아리를 빈틈없이 채워 넣을 수 있을까? 먼저 돌덩이를 채운 다음 모래를 채워 넣어야만 항아리 가득하게 모래와 돌덩이를 모두 채워 넣을 수 있다. 그러나 모래를 넣은 다음 돌덩이를 넣는다면 항아리 가득 채워 넣을 수 없을 것이다. 이와 같이 어떤 프로세스로 문제를 해결하느냐에 따라 나타나는 성과도 달라지므로 process설계가 요구된다(스티브 코비, 2004).

⑥ Network를 관리하라

문제해결은 독립적으로 수행하는 경우도 있지만 팀워크를 발휘해야만 하는 팀 프로젝트 형태로 운영되는 경우도 있으며 외부 자원을 활용하는 경우도 있다. 따라서 자원의 효과적인 배분과 활용 및 팀워크를 통한 시너지 제고를 위해서는 인적 물적 network를 관리하여 문제를 해결하는 것이 필요하다(Dale carnegie, 2009).

2) 심층면접법(depth interview)

심층면접법은 문제해결을 위해 필요한 정보수집 방법으로 조사자와 응답자 간의 일대일 대면 접촉에 의해 응답자의 잠재된 내면의 동기나 신념, 태도 등을 발견하는 도구이다(박봉수, 2009).

이러한 심층면접법은 성과와 관련된 실제적이고 구체적인 정보를 얻는 데 도움이 되며, 수집된 자료는 매뉴얼 및 사례로 활용하며, 우수한 성과에 대한 척도를 설정할 수 있는 정보를 줄 수 있으므로 문제해결에 도움이 된다.

하지만 다른 문제해결 기법에 비하여 인터뷰 시간을 집중적으로 투입해야 하며, 비용과 시간이 많이 든다는 단점이 있다. 또한 조사자의 철저한 인터뷰 스킬이 필요하며 인터뷰 결과에 대한 해석이 주관적일 수 있다는 것을 알아야 한다. 그런데 리더들이 문제해결 기법 중 심층면접법을 사용하는 이유는 정보를 얻을 때 상대방에게서 좀 더 구체적인 정보를 이끌어 내기 위해서이다.

3) WHY TREE 기법

WHY TREE란 '왜?'라는 질문을 통해 문제를 일으키는 원인이 무엇인지 파악하고 분석하는 기법이다. 문제에 대한 구체적인 해결방안을 모색할 때 쓰인다. 또한 그 문제가 왜 발생했는지 꼬리에 꼬리를 무는 원인을 'why'라는 질문을 통해 지속적으로 밝혀나가는 과정을 말한다. 그런데 이때 주의해야 할 사항 등이 있다. 문제에 대한 원인을 밝힐 때에는 상호간에 중복되지 않게 전체를 중심으로 누락 없이 계속하여 why라는 질문을 하여 문제를 밝혀내는 것이 좋다(Noguchi, 2002).

〈 WHY TREE 주의사항 〉

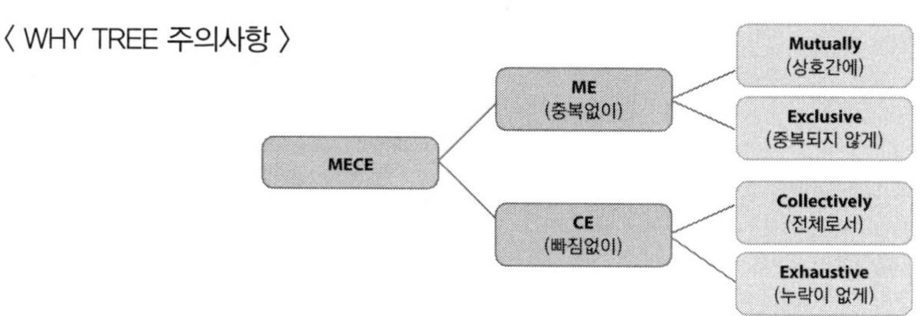

　그렇다면 다음의 문제를 생각해보자. 우리의 문제 중에 자기개발을 못하는 이유가 있을 것이다. 대표적으로 공부습관을 찾지 못했다거나 시간관리를 하지 못해서, 인간관계가 원활하지 못해서라는 원인을 찾는다. 그에 맞는 또 다른 원인들을 질문을 통해서 찾아가는 방식이 why tree라고 할 수 있다. 다시 한번 확인하고 직접 내가 자기개발을 못하는 이유를 작성해 보도록 하자.

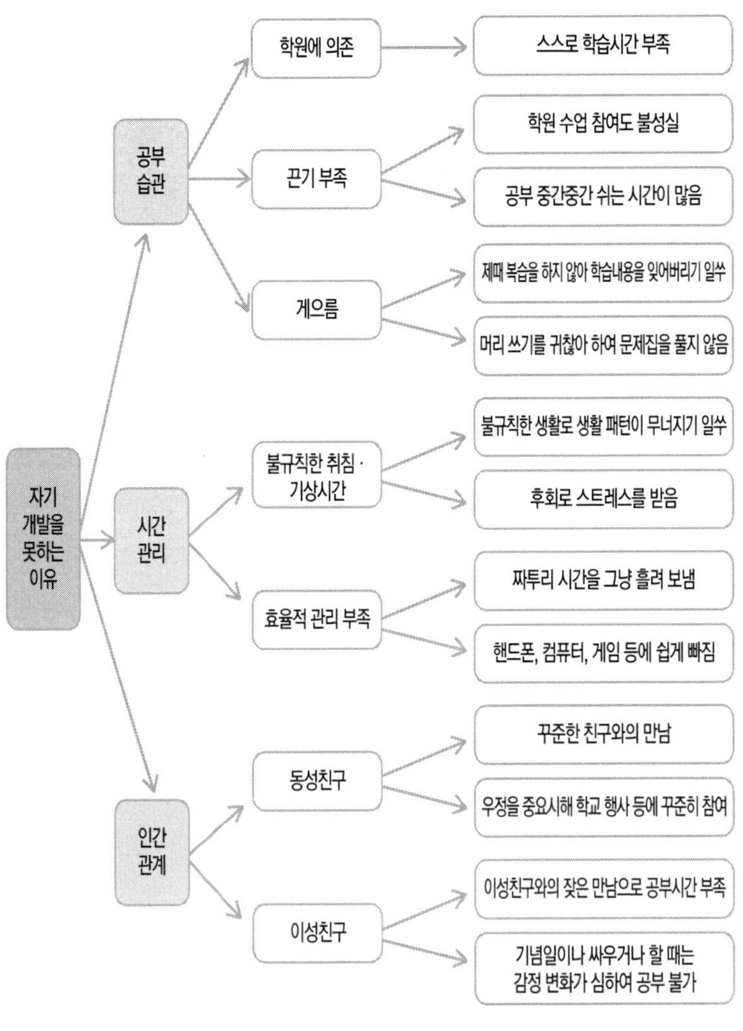

〈 자기개발을 못하는 이유 〉

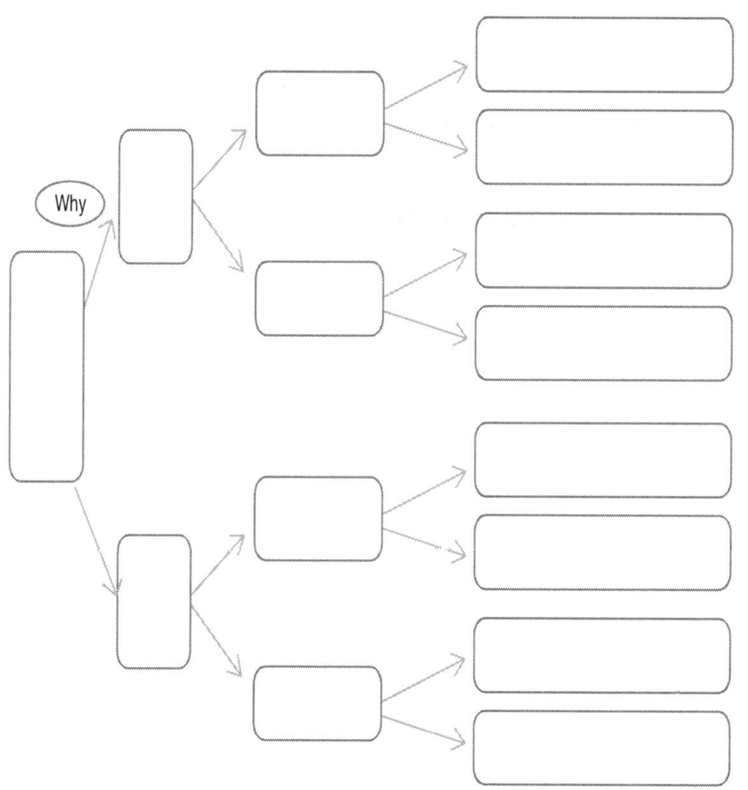

4) 창의적 사고 기법

문제해결을 하기 위해서는 zero base사고에서 창의적 사고를 하라고 하였다. 그런데 여기서 창의력이란 무엇일까? 사전상에는 새로운 것을 생각해 내는 능력이라고 하고 있다. 그럼 창의력은 선천적인 것일까? 아니면 후천적인 것일까? 창의력은 지능과 달리 선천적인 것이 아니라 창조를 위한 기술을 습득함으로써 익숙해지는 스킬로서 후천적인 것과 같다(전도근, 2011).

이러한 것을 보았을 때 '창의적 사고'란 과거에 습득한 지식과 지혜를 해체 또는 결합하여 새로운 것을 만들어 내는 것을 말한다. 핸드폰을 예로 들어 설명해 보면, 처음엔 핸드폰이 전화를 주고 받

는 기본 기능만 있었는데, 이 기본 기능에 MP3, 카메라, 캠코더, 내비게이션, 인터넷 검색 기능 등이 첨가되어 신제품을 만들어 냈다. 이를 창의적 사고라 말할 수 있다.

창의적 사고의 예를 작성해보자

〈 창의적 사고 〉

그런데 이때 창의적 사고를 추구하고자 할 때는 독창성, 융통성, 유창성, 정교성, 민감성, 개방성, 탐구성 등의 능력들이 필요하다. 이러한 능력이 있는데도 창의적 사고가 어려운 이유는 다음과 같은 이유도 있다.

① 자료 부족

관련된 정보를 입수하지 못했다는 생각이 들면 당연히 행동으로 옮기는 데 주저할 수밖에 없다. 그럴 땐 좀 더 조사해 관련 자료를 구하도록 해야 한다.

② 시작 시점의 부재

문제가 너무 커 보여 어디서부터 시작해야 할지 모를 경우이다. 만약 이런 상황이라면 지금 당장 시작하라. 그래야지 후회하지 않을 것이다.

③ 관점 결여

오랫동안 문제에 대해 고민하거나 끊임없이 생각하다 보면 문제에 너무 가까이 다가갈 수 있다. 그럴 경우엔 일주일 정도 그 문제를 잊도록 노력해 보자. 누군가에게 문제점을 간단히 설명하는 행동도 도움이 될 수 있다. 그들은 그 문제를 새로운 각도에서 볼 수 있기 때문이다.

④ 동기부여 결여

자신이 정말로 간절히 원하는 일인지 생각해보자. 극복해야 하는 어려움에 둘러싸인 상황에서 창의적인 사고를 하려면 불굴의 노력이 필요하다. 만약 모든 것을 포기한다면 분명 동기부여가 부족하다는 신호일 것이다.

이렇게 어려운 상황을 극복하고 나면 다음 상황을 유념하여 창의적 발상을 해보자(박봉수, 2009).

① 고정관념·편견 등을 타파하라

가장 최초의 바퀴 모양은 톱니형 바퀴로 만들어졌다고 한다. 왜냐하면 둥근 바퀴는 긴급 시에 브레이크를 밟아도 정지하지 않고 관성에 의하여 기차가 계속 질주할 것이라는 편견에 사로 잡혀 있었기 때문이다. 그리고 3년 정도의 세월이 흘러서야 원 모양의 바퀴로 바뀌었다고 한다.

② 다양한 관점에서 사물을 바라보라

통통한 암소 한 마리가 있다. 이 암소를 어떤 시각에서 바라볼까? 어느 사람들은 음식재료로, 농부는 일꾼으로 생각할 것이다.

그러나 수의사는 환자(고객)로 생각할 수 있겠다. 이렇듯 다양한 각도로 바라보는 것이 창의적 사고이다.

③ 분석과 통합의 사고를 활용하라

창의란 기존의 것을 해체 또는 결합하여 새로운 것을 만들어 내는 것이라고 정의하였듯이 효과적으로 나누고 결합하는 사고 작용이 요구된다고 할 수 있다. 특히 분석은 문제의 정리, 특히 목적을 명확히 해주고 목표를 더욱 세분화시켜 준다는 측면에서 필수적인 과정이며, 통합은 분석에 의하여 나눈 것들을 조합하여 새로운 것을 만들어 내는 과정으로 분석보다 어려운 작업이다. 왜냐하면 여러 가능성을 생각하고 상상력을 동원하여야 하기 때문이다. 분석과 통합의 사고를 증진하여야만 창의의 천재가 될 수 있다.

④ 연상법칙을 활용하라

은행하면 떠오르는 것은 무엇인가? 돈. 돈 하면 도둑이 연상되고 도둑 하면 경찰이 떠오른다. 이를 접근연상의 법칙이라고 한다. 남자에서 연상되는 것은 여자. 이처럼 반대의 개념을 연상하는 것을 반대 연상의 법칙이라고 한다.

⑤ 수평적 사고를 가져라

우리는 수직적 사고를 많이 가지고 있다. 문제가 발생했을 때 선택하고, 무엇이 옳은지 찾는 것이다. 그리고 과거에 얽매여 한 번에 한 단계씩 처리하려 하며 연관성에 초점을 맞춰 가장 바람직한 방향으로 움직이려고 한다. 이런 사고는 창의적 사고를 가로막는다. 그러므로 수평적 사고를 가지는 것은 무엇이 다른지 찾아보는 변화적 사고를 가지는 것이다. 신중하게 고려해 필요한 단계로 곧장 뛰어넘으며 뜻밖의 행운을 적극적으로 받아들이는 것을 창의적 사고에서 가져야 할 것이다(Sato inichi, 2003).

내가 가지고 있는 고정관념	고정관념 버리기
• 나는 배운 게 없다고 생각한다. • 자신이 없다고 생각한다, • 사람이 두렵다.	• 열심히 노력하면 된다. • 무조건 실천하고 보자. • 사람을 좋아해 보자.
기존의 것	**역발상 사고하기**
• 젓가락 • LED간판 • 책상	• 왜 젓가락은 가로로만 길까? 세로로 길게 하면 어떨까? • 왜 간판은 정지해 있을까? 동영상이 나오면 좋을텐데... • 다리를 4개에서 8개로 바꾸어 보면 어떨까?
기존의 것	**발상 전환하기**
• 등산 • 핸드폰 • 교과서	• 나는 걷지 않고 헬기를 타고 산을 오를 것이다. • 노트북에 핸드폰의 기능을 넣어서 일하면서 사용할 것이다. • 종이교과서가 아니라 전자교과서 를 만든다.

〈 창의적 사고 〉

5) 체크리스트법

문제해결 기법 중 어떤 현상에 대해 확대 축소하여 체크하는 기법도 있다. 오스본이 제시한 기법은 다음과 같다(전도근, 2011).

① 다른 용도가 없을까?

기존의 것을 그대로 또는 약간 바꿔서 다른 용도가 없는지 아이디어를 내어 체크하는 기법이다. 대표적으로 우리가 일상적으로 물을 마시는 컵을 보면 나도 모르게 책상 위에 연필을 꽂아두고 있지는 않은지, 국자로 사용하고 있지는 않은지 체크해본다. 또한 소주가 찌든 때를 없애는 데 도움을 준다고 하여 주방에서 청소용 도구로 재활용이 되고는 있지는 않은지 체크한다.

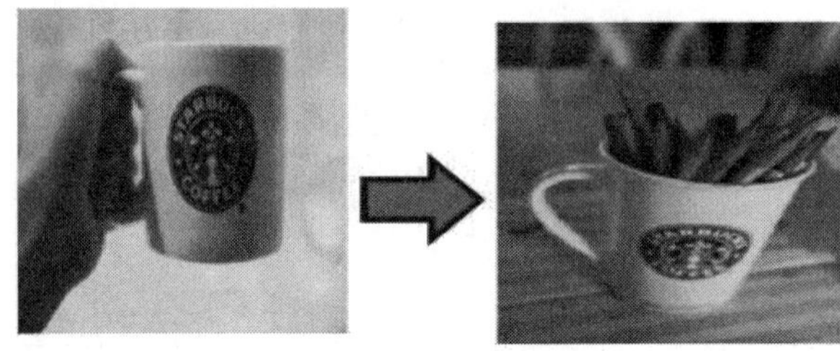

② 다른 데서 아이디어를 빌릴 수 없을까?

다른 데서 아이디어를 모방하거나 과거의 비슷한 것으로부터 아이디어를 편승하는 기법이라 할 수 있다. 그림처럼 우산대를 가지고 여러 개의 빨래를 널 수 있는 양말 집게걸이를 만들 수 있었다고 한다. 또한 주름 빨대는 아픈 아들을 위해 어머니가 수도호수를 보고 만들어진 것이라 하였다. 이처럼 내 주변에서 다른 아이디어에 편승하는 기법이 무엇인지 체크하라.

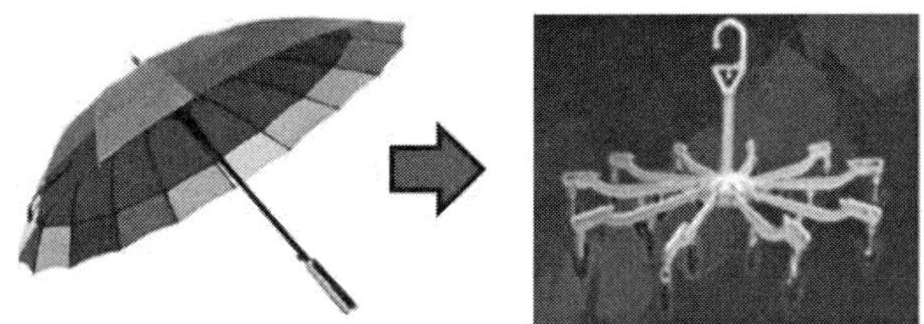

③ 바꾸면 어떨까?

예전에 있던 것을 의미나 색상, 냄새, 형태, 순서 등을 바꾸어 보면서 체크하는 기법이다. 무색음료에서 유색음료로 바꾸는 것을 예로 들 수 있다. 또한 어느 전자회사의 경우는 전자오븐렌지를 개발할 때 원천 기술 등은 그대로 유지한 채 외관만 일부 변경한 상품을 개발·판매하였다. 이때 고객들의 주요관심사인 외관만 다소 변경한 것인데 소비자들은 획기적인 디자인의 제품이라고 판단하여 구매를 결정하는 사례도 있다.

④ 확대 또는 축소하면 어떨까?

　기존의 것에 무엇인가를 첨가하거나 늘리거나 줄어들게 하는 방법을 통해 체크하는 기법으로 새로운 상품을 개발하는 방법이다. 예를 들어 맥주병의 경우 PET로 변경하여 용량을 크게 하여 소비자들의 맥주 소비량을 증대시키는 방법을 들 수 있겠다. 이는 판매율이 저조한 제품일 경우 같은 가격에 제품 크기만 크게 만든다면 판매율을 높일 수 있는 최상의 방법일 것이다.

⑤ 대용하면 어떨까?

　다른 프로세스를 활용하여 다른 것으로 대용하는 방법을 도출하여 체크하는 기법이다. 즉 과거에는 석탄으로 전력을 공급했다면 오늘날에는 전력 또는 태양열, 풍력, 수력 등으로 대체전력을 만들어내는 것이 문제해결 기법이라 할 수 있다. 그리고 오늘날에는 오프라인 수업을 언제 어디서나 들을 수 있도록 온라인 수업으로 바꾸어 들을 수 있는 것도 있다.

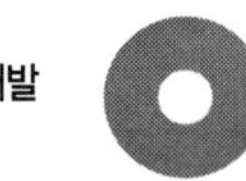

지금까지의 체크리스트법을 활용하여 각각의 문제를 해결할 수 있는 방법 등을 한번 생각해보자.

체크리스트법을 통해 문제를 해결할 수 있는 방법

1.

2.

3.

4.

5.

상황	해결방법	이유
도시락에서 젓가락이 없을 때	빌린다	없으니까
	숟가락으로 먹는다	충분히 먹을 수 있다
	손으로 먹는다	김밥이니까
	간식을 사 먹는다	밥 대용으로 먹는다
4개의 원으로 할 수 있는 것은	훌라후프	운동을 한다
공부로 변화시킬 수 있는 것	성적	열심히 하면 올라간다
	배경지식	아는 것이 많아진다
자동차를 타고 가는데 다리가 끊기면	되돌아 온다	갈 수 없으니까
	돌아서 간다	옆길이 있을 것이다

사물	사물을 보면 생각나는것	이유
의자	책상	책을 놓고 읽을 수 있다
	사다리	사다리처럼 밟고 올라갈 수 있다
	전철	전철을 타면 자리에 앉고 싶다
자연	녹색	푸른색이 생각난다
	사계절	봄, 여름, 가을, 겨울이 생각난다
음악	광고	음악이 꼭 들어간다
	평가	등수 또는 점수를 낸다
자동차	경찰	경찰을 조심해야 한다 딱지를 끊을 수 있다
	에쿠스	꼭 한번 운전해보고 싶다

6) 3C/FAW기법

문제해결 기법 중 3C/FAW기법도 있다. 여기서 3C란 경영 환경을 둘러싸고 있는 1차적 환경, 즉 고객, 자사, 경쟁사를 말한다. FAW는 정부정책, 법규 등 2차적 환경요인을 말한다. 즉 3C는 일반 환경을 포함하여 전략수집, 문제 인식 관점에서 매우 중요한 분석 대상으로, 주요 고객이 누구이며 고객이 원하는 것이 무엇인지를 파악하고 자사와 경쟁사가 고객에 대하여 어떻게 대응하며 반응하고 있는지를 파악하여 전략의 구조를 통찰하고 구체적인 방향성을 설정하기 위한 것이다(Sato inichi, 2003).

3C분석에서 고객분석은 '시장의 규모와 추이, 주요고객, 주요고객의 특성과 속성, 충성도, 주요고객의 요구, 고객이 추구하는 가치' 등이 있다. 기업은 고객에게 최고의 만족과 감동을 주기 위해서 경쟁사보다 차별화된 제품과 서비스 등을 제공하여 지속적인 경쟁우위를 확보하여야 한다. 그러기 위해서는 시장에서의 경쟁상대가 누구이며 그들이 가지고 있는 전략적 우위는 무엇이고 약점은 어떤 것이 있으며 최근 동향들은 무엇인지를 명확히 파악하고 분석해 보아야 한다.

또한 고객에 대한 주요경쟁사의 전략, 강약점, 기술력 등 경쟁 상대에 대하여 속속들이 알아보는 것도 3C에 해당하는 것이다. 그밖에도 자사는 종업원들의 역량, 자사가 가지고 있는 강점, 약점 등이 무엇인지 파악한다면 기업에 대한 문제점들을 파악할 것이다.

그럼 FAW는 무엇인지 알아보자. 시장을 좀 더 넓게 보면 고객, 자사, 경쟁사 등 삼각구도뿐만 아니라 정치, 경제, 사회, 문화 등 기업환경에 변화를 일으키는 요인들도 생각해 볼 수 있다.

즉 사회/기술 측면에서는 사회변동 추이와 기술혁신 등의 영향을 받을 수 있으며, 정부정책에서는 개발정책, 환경보호, 노동정책의 영향을 받을 수 있을 것이다. 경제적인 측면은 원유가와 원재료비, 노동임금 등의 영향을 받을 수 있으며, 국제관계에서는 환율, FTA, 보호정책 같은 거시적인 환경요인의 영향을 받을 수 있다는 것이 FAW기법이다. 이렇게 정보를 수집하여 문제를 해결하는 기법도 있다. 다음 그림을 보고 다시 한번 정리해보자.

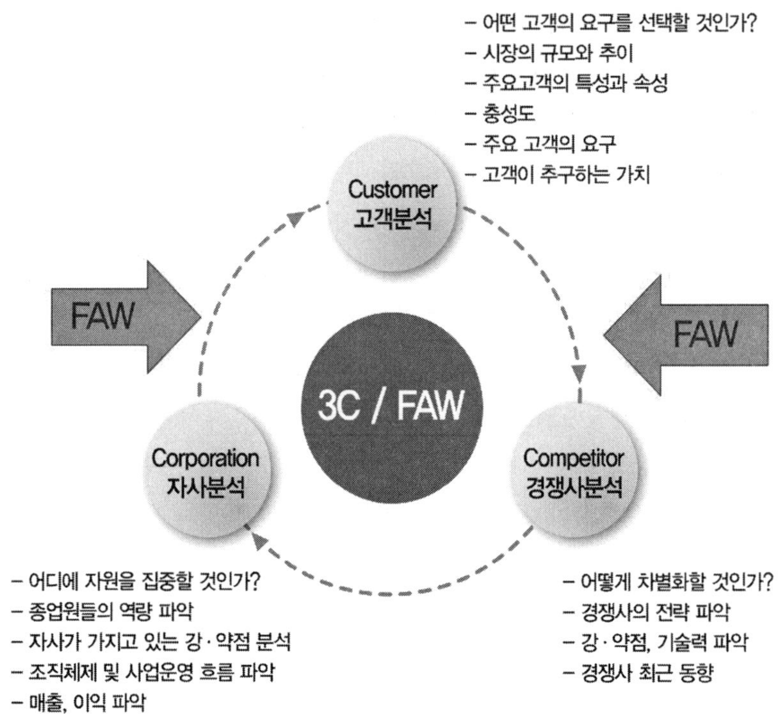

어렵다고 느낀다면 자신의 입장에서 문제를 해결해보자. 대표적으로 이성을 사로잡는 방법을 중심으로 3C/FAW기법을 활용하여 한번 작성해 보기를 바란다. 내게 가장 소중한 사람이 누구인지, 그 사람과 좋은 인연을 맺기 위해서는 어떠한 기법을 활용하여 그 사람과 발생되는 문제점들을 해결할 수 있는지 체크해 보도록 하자. 그렇게 된다면 문제해결 능력이 하나씩 자신의 것으로 습득되면서 조직에서 새로운 영향력을 미치는 리더가 될 것이다.

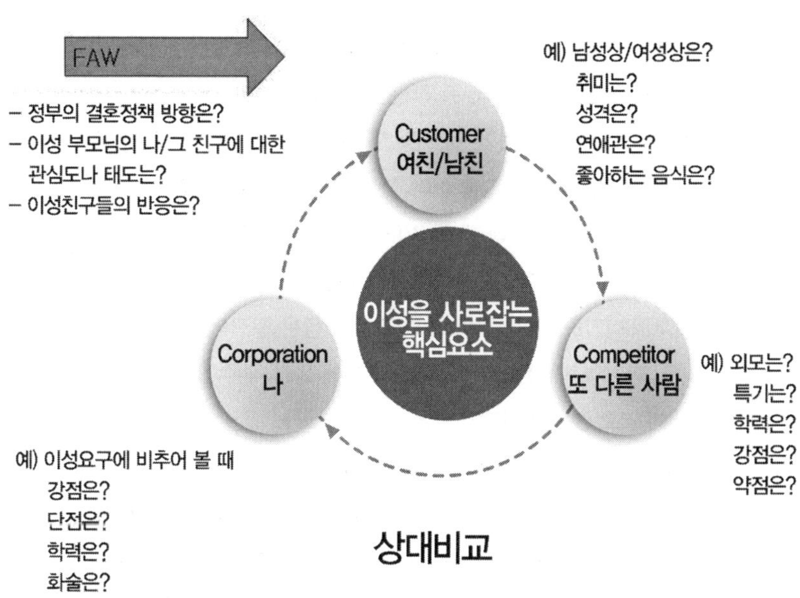
FAW
– 정부의 결혼정책 방향은?
– 이성 부모님의 나/그 친구에 대한
  관심도나 태도는?
– 이성친구들의 반응은?
예) 남성상/여성상은?
  취미는?
  성격은?
  연애관은?
  좋아하는 음식은?
Customer
여친/남친
이성을 사로잡는
핵심요소
Corporation
나
Competitor
또 다른 사람
예) 외모는?
  특기는?
  학력은?
  강점은?
  약점은?
예) 이성요구에 비추어 볼 때
  강점은?
  단점은?
  학력은?
  화술은?
상대비교

동국이는 어느덧 대학생이 되었다. 새내기답게 설레는 마음으로 캠퍼스 생활에 적응하던 동국이는 뜻하지 않은 문제에 부딪히게 되었다. 동국이는 이제 나도 성인이니까 이 문제를 나 자신의 힘만으로 해결해보리라 마음먹었다. 하지만 그 문제는 생각했던 것처럼 간단히 해결되지 않았고 며칠을 고민하던 동국이는 결국 어머니에게 도움을 청하게 되었다. "어머니 드릴 말씀이 있어요, 제가 고민이 하나 있는데…" 동국이가 말을 마치기도 전에 어머니는 동국이의 손을 잡고 주방으로 데리고 가셨다. "동국아 아빠가 퇴근하실 시간이 되었으니까 우리 저녁 준비를 같이하면서 이야기하자꾸나." 어머니의 말씀을 들은 동국이는 적잖이 서운한 마음이 들었다. 어머니는 어느새 똑같은 크기의 냄비 세 개에 물을 채우시더니 당근과 달걀, 커피를 각각 다른 냄비에 넣고 끓이기 시작하셨다.

냄비 안의 음식물이 다 익었을 즈음, 어머니는 말씀을 시작하셨다. "동국아, 네가 이야기하려는 문제가 무엇인지는 모르겠지만 나는 네가 이 당근과 같은 선택은 하지 않았으면 좋겠구나, 이것을 보렴. 그렇게 단단했던 당근이 끓는 물 속에 들어간 지 얼마 되지 않아 이렇게 물렁해져서 음식에 사용할 수 없게 되었구나. 끓는 물이라는 역경 속에서 자신을 포기하고 망가뜨리는 당근 같은 선택을 하게 된다면 너는 너 자신과 너를 사랑하는 많은 사람들에게 큰 아픔을 주게 될거야."

그리고 달걀과 같은 선택도 하지 않았으면 좋겠구나. 조그마한 충격에도 깨질 것같이 연약했던 달걀이 끓는 물이라는 역경 속에서 자신을 단단하게 단련했지만 냄비 속을 보렴, 달걀을 삶아내었던 물은 아무런 변화도 시키지 못했잖니? 역경 속에서 나 혼자만 살겠다, 나 혼자만 잘 되겠다는 선택을 한다면 네가 원하는 것은 이루어낼지 모르겠지만 너는 결코 리더가 되지는 못할 것이다." 말씀을 마친 어머니는 세 번째 냄비 속에서 잘 끓여진 커피물을 두 잔의 컵에 나누어 담으시고는 식탁에 앉으셨다. "동국아, 나는 네가 이 커피와 같은 선택을 했으면 좋겠구나. 자기 자신을 녹여서 냄비 속의 모든 물을 변화시키고 너와 내가 이렇게 따뜻한 온기와 커피 향을 느끼면서 마음을 나눌 수 있게 해주는 커피와 같은 선택을 한다면 분명 너는 훌륭한 결정을 한 것이란다." 어머니가 말하려고 하는 것은 무엇인가?

『대학생과 리더십 中』

10장 합리적인 의사결정 능력 향상

『 솔개의 선택 』

조류 중에 가장 장수하는 솔개는 최고 약 70년의 수명을 누릴 수 있다고 한다. 이렇게 장수하려면 약 40년이 되었을 때 매우 고통스럽고 중요한 결심을 해야만 한다. 솔개는 약 40년이 되면 발톱이 노화하여 사냥감을 효과적으로 낚아채기 힘들어진다.

부리도 길게 자라고 구부러져 가슴에 닿을 정도가 되고, 깃털이 두껍게 자라 날개가 매우 무겁게 되어 멋진 비상이 힘들게 된다. 다시 사는 길을 선택한 솔개는 먼저 산 정상 부근으로 높이 날아올라 그곳에 둥지를 짓고 머물며 고통스런 수행을 시작한다. 먼저 부리로 바위를 쪼아 부리가 깨지고 빠지게 만든다. 그러면 서서히 새로운 부리가 돋아난다. 그러면 새로 돋은 부리로 발톱을 하나하나 뽑아낸다. 그리고 새로 발톱이 돋아나면 이번에는 날개의 깃털을 하나하나 뽑아낸다.

갱생과정을 통하여 새 깃털이 돋아난 솔개는 완전히 새로운 모습으로 변신하여 다시 힘차게 하늘로 날아올라 30년의 수명을 더 누리게 되는 것이다.

이런 것이 솔개의 합리적인 의사결정 능력이다.

세상 속 좋은 글 中

1. 의사결정의 중요성

실생활에서 응용할 수 있는 사고의 종류는 크게 3가지로 나뉜다. 의사결정, 문제해결 그리고 창의적인 생각으로 이 3가지 형태의 사고는 서로 겹치기도 하지만 어떤 부분에서는 확연히 구분되기도 한다.

이때 의사결정은 어떤 행동을 취할지를 결정하는 것이다. 다시 말해 몇 가지 사항 중 하나는 선택하는 것이다. 그러므로 최고를 열망하는 리더에게 꼭 필요한 요소일 것이다. 즉 리더가 되려면, 그중에서도 최고의 리더가 되려면 창의적인 아이디어와 혁신성도 갖춰야 하지만 최선의 결정을 내리고 최상의 방식으로 문제를 해결하는 사람이야말로 리더라 할 수 있다.

또한 리더십의 핵심 사항은 '선출되거나 임명된 리더가 의사결정을 내릴 때 팀원 혹은 동료들과 어느 범위까지 그 의사를 공유할 수 있는가'에도 초점이 맞춰져 있기 때문에 의사결정은 리더만의 문제가 아니라 조직 전체의 문제라고도 할 수 있다.

그럼 이러한 의사결정은 서로 공유하면 할수록 결정의 질은 더욱 높아질 것이다. 또한 직원들이 자신의 근무 생활에 직접적으로 영향을 미치는 의사결정에 참여하면 할수록 임무를 완수할 때, 더 많은 동기부여를 받게 될 것이다. 하지만 상황이 긴박할 때 예를 들면 시간이 부족하다든가 위기 요소가 발생했을 때는 공유할 수 있는 영역에 제한이 생길 것이다. 또한 의사결정을 많이 공유할수록 그 결정이 가져다주는 결과의 질과 방향을 제어할 수 없게 될 것이므로 리더의 의사결정이 모든 조직의 영향력을 변화시킬 것이다.

의사결정이란?
어떤 행동을 취할지를 결정하는 것

2. 합리적인 의사결정 능력 향상 방법

1) 브레인스토밍 및 브레인라이팅 기법

브레인스토밍이란 1939년 미국 광고회사 BBDO의 부사장 알레스 오스본이 창안한 것으로 광고 아이디어의 질과 양을 향상시키기 위해 사용된 의사결정 기법이다. 집단의 효과를 살리고 아이디어 연쇄반응을 일으켜 자유분방한 대안을 내도록 하는 방법으로 다양한 분야의 문제를 효과적으로 다루는 데 활용된다. 대표적으로 마케팅, 전략, 기획, 조직, 리더십, 동기부여, 커뮤니케이션 등 일정한 테마에 관하여 회의형식을 채택하고, 구성원의 자유발언을 통한 아이디어를 요구하여 발상을 찾아내려는 방법, 즉 아이디어의 연쇄반응을 표현하는 기법이라 할 수 있다(노우치 요시아키, 2007).

BRAINSTORMING
– 휴대폰에서 개선되었으면 하는 점 –

1. 온도계 추가	22. 녹음기 기능	42. 프린트 기능
2. 배터리의 태양열 충전	23. 내구성 강화	43. 스캐너 기능
3. 배터리 급속 충전	24. USB 내장	44. 밥솥기능
4. 헤어 드라이기 내장	25. 레이저 기능	45. 마이크로 웨이브
5. 핸드폰 탑승가능	26. 닌텐도 기능	46. CT 촬영기 내장
6. 핸드폰 착용가능	27. 리모컨 기능	47. 집으로 변신
7. 신체에 이식	28. 자기 집 찾기 기능	48. 대기오염 측정기
8. 지문 인식 기능	29. 폭탄 기능 내장	49. 공기정화기
9. 유연하게 만든다	30. 비데기능	50. 살균 소독 기능
10. 불연성으로 만든다	31. 수납기능	51. 우주선으로 변신
11. 초경량	32. 확성기 추가	52. 음주측정기 기능
12. 초슬림	33. 무전기 기능	53. 냄새 측정기 기능
13. 초소형	34. 다른 전화기와 합체 기능	54. 향수 삽입
14. 안경, 돋보기 삽입	35. 정수기 기능	55. 왁스 삽입
15. 현미경 추가	36. 숙면 기능	56. 모기 퇴치기
16. 빔 프로젝터 기능	37. 버너 추가	57. 틀니로 사용
17. 수납 가능하게 만든다	38. 최면 기능	58. 보청기로 사용
18. 라이터 삽입	39. 호버크래프트	59. 내시경 기능
19. 맥가이버 칼 추가	40. 심부름 기능	60. 구급약통으로 사용
20. 전기 충격기 기능 추가	41. 핸드폰을 강아지처럼	61. 면도기 기능 추가
21. 스마트 키의 내장		62. 귀이개 추가

〈 브레인스토밍을 통한 휴대폰 개선점 〉

앞에 보았듯이 휴대폰을 보고 추가했으면 좋을 점을 62개나 제시하였다. 이렇듯이 브레인스토밍은 정확한 답을 요구하기 보다는 자신의 생각을 나열하고 그중 최고의 선택을 하는 의사결정 기법이라 하겠다.

그러나 브레인스토밍 기법은 4가지 중요한 원칙이 있다(John Adair, 2008). 이것이 있기 때문에 일반회의 진행방법과는 전혀 다른 분위기와 결과를 낳는다.

첫째, 비판엄금이다. 옆사람이 아이디어를 냈는데 "그건 현실적으로 이렇고, 그건 말이 안 되고, 그건 어떻고" 등 말을 하면 엄청 짜증난다. 아마 "관둬, 관둬!"하고 싶을 것이다. 그리고 아이디어도 적극적으로 내고 싶은 생각이 없어질 것이다. 아이디어를 내는 단계에서 다른 사람의 아이디어에 대하여 비판을 하게 되면 아이디어를 제시하지 않고 침묵하게 될 것이다. 따라서 아이디어를 내는 단계에서는 효과나 실행 가능성을 생각하지 말고 아이디어 그 자체에 의미를 두고 수렴하여야 한다. 즉 최대한의 상상력을 발휘하여 표현하도록 유도한다.

둘째, 자유분방이다. 마음 가는 대로 움직이는 것이다. 즉 독특한 아이디어일수록 더욱 좋다. 일반적인 회의 분위기는 경직된 분위기, 불편한 의자, 침침한 조명 아래서는 창의적인 아이디어가 도출되지 않으므로 부드럽고 편안하며 자연스러운 분위기를 조성하며 칭찬하고 격려해 주는 분위기를 만들어야 한다. 그리고 아이디어는 자유분방한 것일수록 좋다. 고정관념에서 벗어나야 하기 때문이다.

셋째, 양의 추구이다. 아이디어의 좋고 나쁨을 판단하기보다는 많은 양의 아이디어를 내는 것이 좋다. 즉 조개를 많이 확보해 놓을수록 그 안에서 더 많은 진주를 발견할 수 있기 때문이다. 이는 아이디어가 많으면 많을수록 문제해결의 가능성도 높기 때문이다. 즉 타석 500번에 200개 홈런을 때린 이승엽 선수와 타석 300번에 150개의 홈런을 때린 양준혁 선수가 있다고 가정할 때 누가 홈런왕을 받을 수 있을까. 홈런율로 보면 이승엽 선수가 양준혁 선수보다는 떨어지지만 타석수가 많기 때문에 이승엽 선수가 홈런왕이 될 수 있을 것이다. 이것이 브레인스토밍의 양의 추구라고 할 수 있다.

넷째, 모방추구이다. 즉 '다른 사람의 아이디어에 편승하라'이다. 혹시 음료수를 마실 때 주름 빨대를 사용해 본 적 있는가? 주름빨대는 어느 부인이 아들의 병간호를 하다가 누워서 불편하게 우유를 마시는 아들을 보고 수도꼭지에 달려 있는 주름진 고무호스에서 힌트를 얻은 것이라고 한다. 이것이 새로운 상품을 발명한 모방사례이다. 이렇듯 4가지 원칙은 의사결정에 많은 영향력을 미칠 것이다.

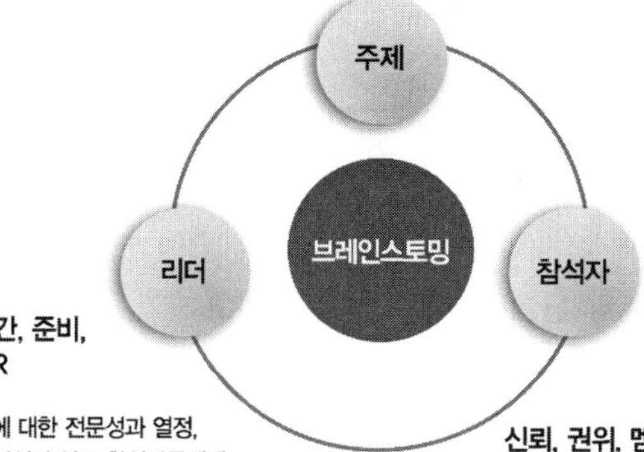

〈 브레인스토밍 주의사항 〉

브레인스토밍의 진행절차는 다음과 같다.

① 문제를 정의한다. 분석과 브리핑 기술을 적용한다.

② 참석자들이 문제를 이해할 수 있도록 배경 지식이나 정보 등

을 알려준다.

③ 간결한 표현으로 목표를 명시한다.

④ 공동의 문제나 목표를 이용해 위밍업 시간을 갖는다.

⑤ 20분 동안 브레인스토밍을 거쳐 아이디어를 70개 정도 이끌어낸다. 한 사람은 이 아이디어들을 플립차트에 기록해야 한다. 각자 조용히 생각해볼 수 있는 시간도 따로 마련한다. 서로 비평적인 발언을 하지 않도록 주의를 준다. 서로 격려하며 아이디어를 교류한다.

⑥ 실현 가능한 아이디어를 선택하기 위한 기준을 세운다. 최선의 항목을 선택한다.

⑦ 지금까지의 브레인스토밍을 뒤집어 본다.

그러나 브레인스토밍을 하다 여러 가지 이유로 구두로 표현하는 것에 제약을 느낄 때 또는 분명한 아웃풋을 확보하고 싶을 때, 멤버간의 아이디어 경쟁심을 살리고 싶을 때, 강제성을 부여하고 싶을 때는 브레인라이팅 기법을 사용하기도 한다.

브레인라이팅의 진행절차는 다음과 같다.

① 참석자들에게 A4용지나 포스트잇을 한 장씩 배포

② 5분간에 걸쳐 의무적으로 3개 이상의 아이디어를 냄

③ 5분이 지나면 옆사람에게 아이디어 기록지를 전달

④ 앞사람의 아이디어에 편승하여 새로운 아이디어 발생, 기록하는 절차로 3분 진행

이때 주의사항으로는 회의 분위기가 매우 중요하므로 유머스러운 분위기 조성이 필요할 수 있다. 또한 진행시간은 30분을 넘지 않도록 하는 것이 좋으며 특정한 사람에게 부하가 많이 걸리는 경우 진행방법을 변경해야 할 것이다.

2) SWOT 기법

의사결정 기법 중 새로운 사업에 진출하거나 현 시점에서 자사 사업이나 제품에 관한 환경을 정리할 때 이용할 수 있는 의사결정 기법으로 SWOT기법을 말한다. 이는 기업의 강점과 약점, 외부환경의 기회와 위협요인을 분석·평가하고 이들을 서로 연관지어 전략과제를 도출하는 도구이다.

Strength 강점	Opportunity 기회
Weakness 약점	Threat 위협

〈 SWOT기법 〉

SWOT 분석 순서는 다음과 같다.

① 자신이 처해있는 상황에서 SWOT 각 요소에 해당되는 것으로 어떤 것들이 있는지 생각하고 해당 칸에 기입한다.
② 기입한 사항들이 정말로 SWOT의 각 요소에 부합되는지를 확인해본다.
③ SWOT에 기입된 내용을 각각 대비시켜 생각하면서 지금의 문제와 장래의 문제를 발견한다.

직접 SWOT 기법을 적용해 보고, 아래 글을 읽고 자신의 생각을 SWOT 분석도구에 작성해 보도록 하자.

예) 어떤 기업의 판매 담당자에게 최근 막 도입한 신제품에 대한 클레임이 접수되었다. 그 내용은 신제품이 당초 기대했던 성능대로 작동하지 않는다는 것이다. 그는 즉시 고객이 있는 곳으로 출발했다. 조사 결과 신제품에 일부 하자가 있다는 것이 판명되었다. 그러나 성능대로 동작하지 않았던 문제의 원인이 사실 하나 더 있었다. 그것은 사용자의 사용 방법도 부적절했던 것이다. 그러나 고객은 화를 내고 있고 부적절한 사용에 대해서는 도저히 이야기할 수 없다.

SWOT분석을 사용하여 직접 작성해 보자. 그럼 아래와 같이 분석이 되었는가?

Strength 강점	Opportunity 기회
Weakness 약점	**Threat 위협**

Strength 강점	Opportunity 기회
1.) 고객과의 강한 신뢰감	3.) 판매 지역에 대형 아파트가 건설되어 잠재 고객이 늘어날 예정
Weakness 약점	**Threat 위협**
2.) 상품의 결함이 종종 발견됨	4.) 경쟁 회사에서 신제품을 출시할 예정

〈 SWOT분석을 통한 기업분석 〉

뛰어난 의사결정자인 판매 담당자는 다음과 같은 swot분석을 하였다. 먼저 이 클레임 문제를 신속하게 해결하면 고객과 보다 강한 신뢰관계를 쌓을 수 있게 되어 다른 상품을 판매할 수 있는 기회가 된다는 강점으로 강조하였다.

그리고 제조부서에 이야기를 해서 신속하게 제품의 불량 문제를 해결함으로써 우선 클레임에 대한 고객의 화를 가라앉혔다. 이는 경쟁 회사에서 신제품을 출시할 예정이라는 위협이 있을 뿐만 아니라, 고객이 살고 있는 판매 지역에 대형 아파트가 건설되어 잠재 고객이 늘어날 예정임을 감안하여 대안을 선택한 것이다.

그 뒤에 정중한 태도로 고객의 사용 방법에도 잘못이 있었다는 것을 알리고 올바른 사용 방법에 대하여 친절하게 설명했다. 고객은 그 신속한 대응에 감동해서 판매 담당자의 단골 고객이 되었다고 한다. 이 판매담당자는 클레임 처리라는 문제를 통해서 고객과 더욱 강화된 신뢰 관계를 훌륭하게 구축한 것이다. 이것이 swot 분석이다. swot분석을 크로스 시키면 다음과 같은 문제도 발견할 수 있다(HR Institute, 2007).

> 1 + 2 = 상품의 결함이라는 약점이 발견되면 구축된 고객과의 신뢰감을
>   잃게 될 수 있다.
> 2 + 3 = 상품의 결함이 종종 발견되면 새로운 잠재 고객을 잃을 수 있다.
> 3 + 4 = 위협을 느낄 경우는 경쟁 회사의 점유율이 올라갈 수 있다.

이해하였다면 자신의 문제가 무엇인지 발견하고 그에 맞는 대응책을 선택하기 위해 나, 자신을 SWOT기법을 통해 문제를 해결해 보도록 하자. 대표적으로 자신에 대해 SWOT분석을 하였다면 다음과 같은 것이다.

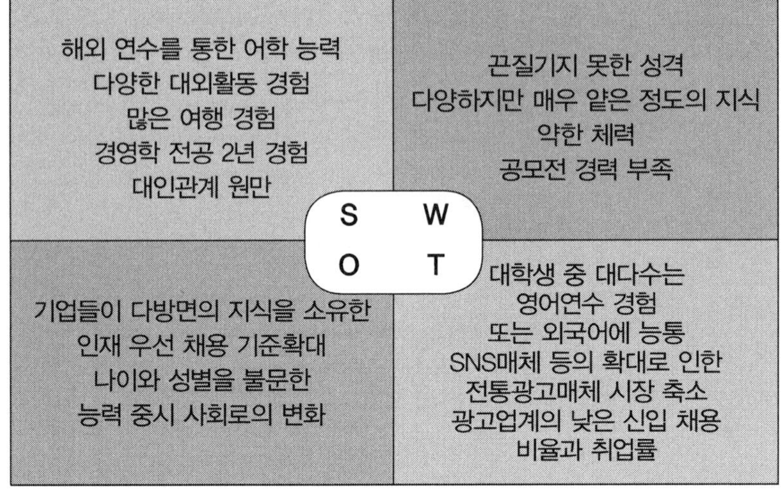

〈 SWOT분석을 통한 자기분석 〉

즉 자신을 분석하였다면 약점은 강점으로 바뀔 수 있도록 의사결정을 하며, 기회를 포착하여 자신에게 유리하게 바꿔나갈 수 있도록 노력해야 할 것이다.

3) 전략적 사고기법

전략적 사고란 현실에 기반하여 장래의 목표를 달성하기 위해 취해야 할 최선의 전략을 선택하고 그 전략에 집중할 수 있기 위한 선택적 사고를 말한다. 전략적 사고의 원칙에는 열린 사고(open thinking), 논리적 사고(logical thinking), 비판적 사고(critical thinking) 등이 있다. 이밖에도 전략적 사고의 3가지 스킬 등이 있는데 이는 구체적인 결론을 내리는 능력과, 과거로부터 미래까지 구조를 통찰하는 능력, 위험을 감수하며 전략적으로 판단하는 능력 등이 있다(김창민, 2011).

즉 전략적 판단을 해 나가는 과정에서는 제한된 시간, 제한된 정보밖에 없는 경우가 많다. 이 경우에는 가설 사고를 기본으로 구체적인 판단을 내리는 능력이 필요하다. 즉 그 시점에서의 결론을 가지고 실행에 옮기는 것이다. 상황분석이 중요하지만, 결론을 내리지 못한 채 조사·분석한 검토내용만을 내놓아서는 곤란하다. 이렇게 전략적 사고는 구체적인 결론을 내려 우선 실행에 옮기면서 그 결과를 검증해서 다음 단계로 이어간다는 사고로 임하는 것이 중요하다.

여기서 구조라는 것은 문제가 되는 혹은 미래에 문제가 될 것이라 생각되는 현상을 만들어내는 메커니즘을 말한다. 구조를 파악한다는 것은 문제의 진짜 원인과 해결책의 방향을 명확히 하는 것이다. 여기에는 논리적인 구조통찰이 필요하다.

리스크를 거치지 않은 전략의 판단은 없다. 그러므로 전략적 사고는 또한 리스크를 감수하면서 판단하는 기술을 필요로 한다. 리스크가 있는 환경에서 전략적 판단을 하는 것은 쉽지 않다. 그러므로 판단기준이 되는 몇 가지 가치기준을 가지는 것이 중요하다. 물론 이는 상황마다 다를 것이기는 하지만 이 스킬만을 생각한다면 문제해결은 더욱 쉬워질 것이다.

전략적 사고 기법 순서는 다음과 같다.

① 사실을 일으킬 수 있는 변화의 내용을 장점과 단점으로 구분하여 기록하라.
② 장점과 단점을 구체화하라.
③ 구체화된 내용들이 향후에 어떤 변화를 가져올 수 있는지 예측하라.
④ 예측한 변화의 결과를 결정하라.

예를 들어 '맞벌이 부부가 증가하고 있다.'라는 소비자 조사 결과가 회사에 미치는 영향에 대해 전략적 사고 기법을 적용해 보자.

① 맞벌이 부부 증가에 따른 사회적 장점과 단점을 분석해 보자.

장점 (이로운 점)	1. 가구당 소득이 증가하게 될 것이다. 2. 여성의 사회적 지위가 더 높아질 것이다. 3. 직장인들의 경쟁이 더욱더 치열해질 것이다.
단점 (해로운 점)	1. 주부로서의 시간적 제약이 증가할 것이다. 2. 육아가 새로운 사회적 문제로 인식될 것이다. 3. 직장인들의 경쟁이 더욱더 치열해질 것이다.

② 구체화하라(주부의 시간적 제약을 중심으로 구체화하자).

변화의 내용	주부로서의 시간적 제약이 증가한다.
구체화	1. 식사를 준비하는 시간이 부족해질 것이다. 2. 시장에 가는 시간이 부정확해질 것이다. 3. 세탁할 시간이 부족할 것이다.

③ 예측하라(예측을 통해 향후 나의 변화내용을 체크해보라).

변화의 내용 구체화	주부로서의 시간적 제약이 증가한다. 향후 변화에 대한 예측
1. 식사준비 시간의 부족	1. 외식이 증가할 것이다. 2. 식사대용 식품의 매출이 증가할 것이다.
2. 시장에 가는 시간 부정확	1. 24시간 편의점의 매출이 증가할 것이다. 2. 한 번에 장 보는 문화가 활성화될 것이다.
3. 세탁시간의 부족	1. 세탁기 사용량이 증가할 것이다. 2. 세탁기에서 세탁할 수 없는 의류의 매출이 감소할 것이다. 3. 때가 좀 덜 빠져도 안 보이도록 컬러화가 더 증가할 것이다.

④ 예측한 변화의 결과를 결정하라.

변화의 내용 구체화	주부로서의 시간적 제약이 증가한다.	
	향후 변화에 대한 예측	예측에 대한 결과
1. 식사준비 시간의 부족	1. 외식의 증가 2. 식사대용 식품 매출증대	1. 요식업 산업 진출 여부 검토 2. 식품 회사에 대한 주식투자
2. 시장에 가는 시간 부정확	1. 24시간 편의점 매출 증대 2. 한 번에 장 보는 문화의 활성화	1. 편의점 사업 진출 여부 검토 2. 냉장고의 대형화
3. 세탁시간의 부족	1. 세탁기의 사용량이 증가 2. 세탁기에서 세탁할 수 없는 의류의 매출 감소 3. 의류의 컬러화 증가	1. 니트 의류에 대한 수요 감소 2. 디자이너의 디자인 패턴변화

여러분들도 전략적 사고 분석 방법에 맞추어 문제를 쉽게 해결하
고 결정하기를 바란다.

4) VAK기법

VAK기법이란 자신이 선호하는 감각을 사용하여 의사결정을 하
는 기법으로 시각(visual), 청각(auditory), 운동감각(kinesthetic)
에 초점이 맞추어져 있다. 이 감각을 통해 대인관계 및 학습스타
일, 업무스타일 등을 판단할 수 있으며 이를 통해 의사결정에도 많
은 영향력을 미치게 한다(Bobbi Deforter, 2000).

그렇다면 자신이 어느 감각에 속할까 한번 체크해 보도록 한다.

시각적 의사결정자는 그림, 그래프, 괘도, 삽화 같은 것을 보고
학습내용을 기억을 한다. 또한 어디에 어떤 내용이 있는지, 어떤 사
건의 그림이 있는지 기억한다. 즉 학습 활동에서 본 것을 기억하고
수행 과정에서 위치, 자리, 눈으로 관찰한 것을 기억하는 능력을
가지고 있다. 한마디로 그림을 통한 정보습득 능력이 뛰어나 증명,

예신, 다이어그램과 같은 사진 등에 반응한다는 것이다. 이때 비디오, 파워포인트 등을 사용한 회의를 한다면 효율적인 의사결정을 할 수 있을 것이다.

그밖에도 칠판 대신 색깔로 표시된 플립차트를 사용하거나 거기에 중요한 정보를 적어 전달하고, 나중에 다시 참조할 수 있도록 교실 안에 걸어두자. 그리고 구성원들이 차트를 만들고 지도를 그리며, 다이어그램을 그리고, 색깔을 사용할 수 있도록 하라. 이렇게 하기 위한 시간을 제공해 보도록 하자. 마지막으로 중요한 구절 혹은 수업의 개요를 복사해 나눠주고 필기할 수 있도록 여백을 주자. 색을 사용하여 구분한 자료나 장비를 구성원들에게 주어 다른 색깔을 사용해 학습을 정리할 수 있도록 한다면 의사결정 시 많은 영향력을 미칠 것이다.

청각적 의사결정자는 설명한 사람의 목소리를 기억한다. 그래서 교사나 다른 학생의 목소리 높이를 기억하며 활동에 참여한 소리와 그것에 동반된 토론을 기억, 그 활동 동안 들은 것을 기억한다. 즉 일반적인 강의형태의 회의가 효율적이며, 오디오북이나 음악을 활용한 회의가 효과적이다. 토론 및 발표수업을 할 때 의사결정에 도움이 되지만 쉽게 산만해진다는 단점도 있다. 또한 의사결정 시 반복되는 소리에 민감하기 때문에 일상적인 활동의 신호로 음악을 사용한다면 도움이 될 것이다.

운동감각적인 의사결정자는 손에 사물을 들어올렸을 때의 무게나 감촉을 기억하는 사람들로 바위의 거칠음, 다음어진 나무의 부드러움, 모래나 물, 쌀의 느낌을 기억한다. 해석을 위한 자료를 쭉 써내려 간 활동과 발견의 짜릿함을 기억하는 사람들로서 사람을 만지고 가까이 서있고 많이 움직이는 신체적 활동을 강조한다. 즉 의사결정을 할 때에도 롤플레이 형식의 회의를 선호하며, 직접 체험해보고 결정하는 의사결정 방식을 선호한다. 그밖에도 핵심 개념에 대한 궁금증을 촉발시키고 강조하기 위해 소품을 사용한 구성원에게 관심을 가지며 한 단계, 한 단계 실행하게 하면서 개념에 대해 시범을 보이게 하는 것이 도움이 된다. 즉 경험에 비치어 구성원들과 경험을 공유하는 것을 선호하는 자가 운동감각적인 의사결정자이다.

나는 어떤 유형의 의사결정 기법을 활용하는가? 조직에서는 이 세 가지 유형의 사람들이 함께 공존한다고 할 수 있다. 하지만 리더가 의사결정을 할 때에는 자신만의 기법을 활동하여 의사결정을 한다고 한다. 하지만 다른 유형의 사람들은 그것을 이해하지 않는다. 서로의 유형들을 파악하고 그 사람들이 이해도가 높아질 수 있을 때 의사결정을 한다면 의사결정의 질은 높아질 것이다.

3. 합리적 의사결정자의 성공의 조건

합리적 의사결정자가 되기 위해서는 다음 8가지 조건을 가진 사람들을 발견할 수 있다. 즉 성공한 사람들의 조건이라고도 말할 수 있을 것이다(Bobbi Deforter, 2000).

1) 신뢰성을 가진 사람

즉 말과 행동이 일치하는 사람들로서 내가 추구하는 가치를 명확히 알고 이해하려고 한다. 또한 내가 추구하는 가치를 항상 실천하여 행동하는 의사결정자야말로 구성원들이 그를 따르며 의사결정의 질도 향상될 것이다. 그럼 나 자신이 말만 앞서고 행동이 일치하지 않았던 일이 없는지 한번 생각해 보도록 하자.

2) 실패를 두려워하지 않고 성공으로 바꾸는 사람

에디슨은 1000번의 실패로 전기를 개발하였다. 의사결정도 마찬가지이다. 한 번만으로 합리적인 의사결정을 할 수 있다면 천재에 가까운 리더일 것이다. 실패를 거듭해서 의사결정의 잘못된 점들을 파악한다면 다시는 실수를 하지 않는 리더가 될 것이다. 그런데 이때 의사결정자들은 다음을 기억해야 할 것이다. 과거의 실패나 불행했던 일에 대해서 미련을 갖지 말아야 한다. 과거의 모든 경험을 통해 도움이 되는 것은 지속적으로 배우겠다는 생각을 가져야 한다. 어떻게 실패를 했든 또는 어느 정도의 비참한 실패를 했든 낙심하지 않는다. 실패에서 성공을 이끄는 아이디어를 찾아내겠다는 생각을 가져야 할 것이다.

3) 긍정적으로 말하는 사람

의사결정을 할 때 부정적인 언어를 사용한다면 사람들은 힘들어 할 것이다. 즉 커뮤니케이션 기법으로 사람들을 긍정적인 방향으로 움직이게 할 수 있는 방법이 긍정적으로 말하는 것이다. 이러한 의사결정자는 진실함을 유지하며 분명한 의사전달을 가능케 하는 능력을 가졌다. 즉 내가 말한 대로 행동함으로써 존중의 표현을 하는 것이며 구성원들과의 칭찬을 주고 받으면서 나 자신에게 긍정적으로 표현한다면 의사결정자들의 성공 요인이 될 것이다.

4) 바로 실천하는 사람

의사결정 시 가장 힘든 것이 바로 실천하는 것이라 할 수 있다. 무엇이든 현재 하고 있는 것을 가장 중요하게 여기며 최선을 다하는 태도를 보여야 하는데 집중하지 못하고 있다면 의사결정의 실천에 많은 어려움이 따를 것이다. 그러나 의사결정을 잘하는 사람들의 공통점은 모든 순간에 최선을 다하며 바로 이 순간을 즐긴다는 것이다.

5) 몰입하는 사람

가고자 하는 방향에 전념하며 비전과 가치를 끊임없이 추구하는 사람이다. 즉 의사결정 전 명확한 비전을 가지고 그를 실천하기 위하여 최선을 다하는 사람이야말로 합리적인 의사결정을 하는 사람이라 하겠다.

6) 책임감이 있는 사람

최선의 선택을 하는 것으로 자신의 선택에 대해 완벽하고 책임있게 수행하는 능력을 가진 사람들이다. 즉 행동에 책임지며, 책임지는 것에 익숙하다는 것을 표현할 수 있다. 또한 목표를 달성하기 위해 무엇이 필요한지 알며 이를 실천하는 사람이기에 의사결정자로서의 역할을 충실히 시행한다.

7) 유연성을 가진 사람

시대는 너무나도 빠르게 변화하고 있다. 예상밖의 결과에 대해 신속히 다른 대안을 제시하고 선택할 수 있는 능력을 가지고 있어야 한다. 또한 만약 도움이 필요하다면 기꺼이 도움을 요청하고 더 많은 자료를 중심으로 문제를 해결해야 한다.

8) 균형을 잡을 줄 아는 사람

한 가지에 집중하는 것도 좋지만 마음, 신체, 정신 그리고 감정 모두가 조화롭게 공존하는 상태가 되어야 한다. 즉 개인의 삶과 업무를 균형있게 수행하는 능력을 가지고 있는 사람들이 합리적인 의사결정을 하는 사람들이다. 또한 지금까지 위의 7가지를 조화롭게 관리하는 사람이야말로 의사결정을 잘 하는 사람이라 하겠다.

합리적인 의사결정자는 선천적인 것이 아니다. 후천적인 것에 의해 만들어지는 사람이라고 할 수 있다. 지금부터 자신에게 부족한 조건이 무엇인지 찾아보고 하나하나 성공요인으로 바꾸어 나간다면 조직에서 최고의 선택을 하는 의사결정자가 될 것이다.

〈성공 요인 체크 리스트 설문지〉

나는 어떤 성공 조건을 가지고 있는가?
(Bobbiy deporter, 2000)

	●	▲	X
신뢰성을 가진 사람			
내가 추구하는 가치를 명확히 알고 이해한다.			
내가 추구하는 가치를 항상 실천한다.			
나는 말과 행동이 일치한다.			
실패를 두려워하지 않고 성공하는 사람			
실패를 두려워하지 않는다.			
실패를 통해 배운 지식을 체계화한다.			
실패는 성장을 위한 기회라고 생각한다.			
긍정적으로 말하는 사람			
좋은 의도와 함께 긍정적으로 말한다.			
정직하게 말하는 것이 편하다.			
내가 말한 대로 행동한다.			
바로 실천하는 사람			
나의 목표에 집중하고 있다.			
모든 순간에 최선을 다하고 있다.			
좋은 시간이든 힘든 시간이든 자신을 인정하고 수용한다.			
몰입하는 사람			
명확한 비전을 가지고 있으며 이것을 실천한다.			
목표를 달성하기 위해 최선을 다하고 있다.			
동료와의 약속을 지키기 위해 서로 믿고 의지한다.			

책임감을 가진 사람			
나의 행동에 책임진다.			
나의 행동에 책임지는 것에 익숙한다.			
목표를 달성하기 위해 무엇이 필요한지 알며 이를 실천한다.			
유연성을 가진 사람			
목표를 항상 인지하며 목표의 달성을 위해 유연한 전략을 구사한다.			
예상밖의 결과에 대해 신속히 다른 대안을 제시할 수 있다.			
만약 도움이 필요하다면 기꺼이 도움을 요청할 수 있다.			
균형을 잡을 줄 아는 사람			
개인적인 목표 및 가치가 조직의 목표와 가치에 일치한다.			
개인의 삶과 업무를 조화롭게 잘 처리하고 있다.			
건강한 마음, 신체, 정신 그리고 감정의 조화에 가치를 두고 있다.			

설문에서 X로 체크된 부분을 한번 더 체크해보도록 하자. 그 이유는 내가 의사결정 시 이 성공요인이 부족하다는 것이다. 이 부족한 성공요인을 체크하여 내가 변할 수 있도록 패러다임을 변화시켜 보도록 하자. 그렇게 된다면 문제해결뿐 아니라 의사결정 시에도 최고의 리더로 자리 잡을 것이다.

'함께' 최상의 아이디어를 찾는 11가지 방법
– Ron Karrtz, "Advertising & Marketing Checkilsts"

딱딱한 의자와 엄숙한 분위기를 치워라. 최상의 아이디어는 서로의 마음과 마음이 만날 때 태어난다. 생산적인 회의는 생각하는 것을 북돋아준다. 그를 위한 11가지 지름길이 여기에!

1. 회의장소를 편안하게 만들고 형식적인 자리가 되지 않도록 주의하라.
2. 마음을 넉넉하게 가지려면 몸도 무시하지 말라. 주위에 음료수와 스낵류를 넉넉하게 준비해 둘 것.
3. 〈여행 안내자〉가 될 만한 훌륭한 리더를 뽑아라.
4. 회의가 시작할 때 문제를 정확하게 규정하라.
5. 회의순서와 시간계획을 세우고 거기에 따르라.
6. 발표되는 모든 아이디어를 상세하게 기록하라.
7. 어떠한 아이디어나 제안에 대해서도 비평이나 부정적인 반응을 삼가라.
8. 아이디어를 발전시켜 다른 아이디어로 만들어 보라.
9. 참가자 전원이 능동적으로 기여할 수 있도록 하라.
10. 즉흥적이고 기분 내키는 대로 토론하도록 내버려 두라. 필요한 것은 아이디어의 질이 아니라 양이라는 것을 명심할 것.
11. 회의가 끝난 후, 공식적인 비즈니스의 기준으로 모든 아이디어를 검토해 보고, 가능성이 있는 것을 골라내 그것을 발전시켜라.

11장 우호적인 인간관계

　이 세상에서 다른 사람으로부터 싫어하는 사람이 되고 싶은 사람은 한 사람도 없다. 누구나 남에게 호감을 주고 싶어 하며 혼자 고독하게 지내는 것을 원하지 않는다. 상대방을 좋아하지도 않으면서 상대방이 나를 좋아해 주기를 바라기만 하는 것은 지나친 욕심이다.

　사람은 누구나 좋은 면과 나쁜 면을 다 갖고 있다. 그중에서 나쁜 면만 본다면 그 사람을 좋아할 수가 없다. 아무리 머리가 좋고 용모가 아름답고 말을 잘 한다 해도 주위 사람들과 인간관계가 원만하지 못하다면 그 누구도 그 사람과 친하게 지내려 하지 않는다. 진실하지 못한 태도는 상대방에게 그대로 전달되기 마련이다.

　즉 인간관계는 자기 자신이 만드는 것이라고 할 수 있다.

특별한 사람에게 주는 행복한 선물 中

1. 인간관계의 중요성

인간관계란 두 명 이상의 사람들과의 사이에서 일어나는 모든 관계를 통틀어 말한다. 人(사람 인)자를 잘 살펴보면 사람과 사람이 서로 기대며 둘이 서로 의지하고 받쳐 주는 모습으로, 사람이란 서로 기대고, 서로 받쳐 주며 서로 협력하여 균형을 이루고 사는 것이라 할 수 있다. 즉 인간관계란 사람을 대하는 관계를 의미하기도 하고 , 다른 사람과 상호작용을 하는 과정이라고 할 수 있다(이경순, 2008).

이렇듯 우리는 학교나 직장이나 가정에서도 모두 나와 나 이외의 어떤 타인과 서로 의지하고 조화를 이루면서 살아가게 된다. 한 사람인 나를 중심으로 부모, 친척, 직장 동료, 사회, 국가, 세계인 등으로 그 영역을 넓혀 가면서 인간관계를 형성해 간다. 그리고 우리가 살아가면서 경험하는 많은 문제를 보면 그 원인이 바로 인간관계에 있는 것을 발견할 수 있다.

그럼 이러한 인간관계가 우리의 삶 속에서 중요한 이유는 무엇인가? 삶의 만족도와 행복지수를 높일 수 있다. 인간의 가치와 정체성을 발달시킬 수 있다. 인간관계를 통해 최고의 생산성과 이익을 창출할 수 있다. 성공적인 조직생활의 중요한 원천이 되기 때문에 인간관계가 우리에게 중요하다.

또한 인간관계가 만족스럽고 효과적일 때 인간관계의 경험을 통하여 우리는 한 인간으로서 바람직한 성장과 발달을 하게 될 것이다. 반면 우리의 대인관계가 불만스럽고 비효과적일 경우 우리는 성장 발달에 방해를 받을 것이다. 그러므로 리더들은 우호적인 인간관계를 맺기 위하여 타인의 성격을 분석할 필요도 있을 것이다.

===== **마음에서 마음으로 : 이야기 나누기** =====

1. 당신이 다른 삶과 특히 다른 점은?

2. 당신의 취미는?

3. 자신이 생각하는 장점과 특기는?

4. 스스로 불만족스럽게 생각하는 점이나 단점은?

5. 친구들은 몇 명이나 되며 가장 소중한 친구 한 명을 소개한다면?

6. 당신이 가장 좋아하는 일은?

7. 당신이 가장 하기 싫어하는 것은?

8. 어릴 때 추억에 남는 일이 있다면?

9. 당신이 스스로 참 잘한 일이었다고 생각하는 일이 있다면?

10. 당신에게 가장 후회되는 일이 있다면?

11. 근래에 가장 즐거웠던 일은?

12. 당신을 가장 좋아하는 사람은?

13. 당신이 가장 좋아하는 사람은?

김종운, 2011

2. 인간관계 원칙

우호적인 인간관계를 갖기 위해서 카네기(2004)는 다음과 같이 이야기하고 있다.

1) 비난이나 비판, 불평하지 말라

비판이란 쓸데없는 짓이다. 왜냐하면 비판은 인간을 방어적 입장에 서게 하고 대부분의 경우, 그 사람으로 하여금 자신을 정당화하도록 안간힘을 쓰게 만들기 때문이다. 비판이란 위험한 것이다. 왜냐하면 그것은 한 인간의 소중한 자존심에 상처를 입히고 원한을 불러일으키기 때문이다. 또한 친구들과 가족·친구들의 사기를 저하시키고 그 상황을 개선시킬 수 없게 만들기 때문이다.

2) 솔직하고 진지하게 칭찬과 감사를 하라

칭찬은 고래도 춤추게 한다고 하였다. 그러나 오늘날 사람들은 칭찬에 인색하다. 인간관계를 잘하기 위해서는 나 먼저 칭찬을 하라. 칭찬은 사람의 마음을 움직이기 때문이다. 그렇기 때문에 칭찬을 할 때는 막연히 칭찬하지 말고 구체적으로 이유와 증거를 대며 칭찬하라. 그러면서 훌륭하게 업무를 수행하게끔 지속적으로 격려하면서 칭찬하는 것, 인간관계를 개선시키는 좋은 방법이라고 할 수 있다.

3) 다른 사람들의 열렬한 욕구를 불러일으켜라

우리에게 멋진 생각이 떠오르게 될 때 다른 사람들에게 그 생각이 우리 것이라는 생각이 들게 하지 말고 오히려 그들이 멋진 생각을 한 것으로 하고 그 생각을 마치 자신의 것으로 여기게 하라. 그러면 그들은 그것을 좋아하게 되고 아마 그것을 실행하게 될 것이다.

4) 다른 사람들에게 순수한 관심을 기울여라

관심만큼 사람을 변화시키고, 관심만큼 사람을 감동시키는 것이 없다. 사람은 상대가 자신에게 관심을 보인다는 사실 하나만으로도 상대에게 관심을 기울이는 경향이 있다.

5) 미소를 지어라

웃는 얼굴에 침 못 뱉는다고 했다. 미소는 첫인상을 좋게 만들어

준다. 또한 미소에서 행복이 태어나므로 힘들수록 웃어라. 미소는 가정의 행복을 만들어 내며 사업에서의 호의를 베풀게 하고 우정의 표시로 나타나기도 한다. 미소는 지친 사람에게는 안식이며 절망에 빠진 사람에게는 햇빛이고, 슬픈 사람에게는 태양이라 할 수 있을 것이다.

6) 이름을 잘 기억하라

이름은 상대방에 대한 관심을 나타내며 존경을 의미한다. 우리는 이름을 가진 그 마술적인 힘을 깨달아 다른 사람이 아닌 그 사람만이 전적으로 그리고 완전무결하게 이름을 소유하고 있음도 인식해야 한다. 이름은 개개인을 차별화시켜 주며, 많은 사람들 중에서 독특한 존재로 만들어준다. 개개인의 이름을 사용하게 되면 우리가 전달하고자 하는 정보나 우리의 요구사항들이 특별한 의미를 지니게 된다.

7) 경청하라

다른 사람의 입장에서 듣는 연습을 하라. 인간관계에서 가장 친밀감을 높일 수 있는 방법은 다른 사람의 입장에서 생각하고 듣는 연습을 많이 하는 것이다.

8) 관심사에 대해 이야기하라

관심사에 대해 이야기한다면 친근감을 가질 수 있다. 남이 나를 알아주지 않는다고 불평하지 말고 내가 남을 알지 못함을 걱정하라. 서로 대화를 나누면서도 상대에게 호감을 느끼지 못하는 사람이 많다. 그것은 자기가 말하고 싶은 것이 머리에 가득 차서 남의 말에 전혀 귀를 기울이지 않기 때문이다.

3. 자신의 성격에 대한 이해

우리는 성격(personality)이라는 단어를 매우 자주 사용하고 있으며 성격에 대해서는 아주 잘 알고 있는 것처럼 생각한다. 물론 자신의 성격뿐만 아니라 타인에 대해서도 잘 아는 것처럼 생각하기도 한다. 성격은 어떤 사람의 행동, 감정, 태도, 욕구, 동기 및 의지 등과 같은 개인적 특성이라고 하는 모든 요소와 연결될 뿐만 아니라 한 사람을 평가할 때도 사용된다. 그럼에도 불구하고 성격에 대해서 매우 중요하고 심각하게 생각하지 않았던 것도 사실이다. 왜 그런 것일까? 그것은 일상의 삶 속에서 성격이 너무나 익숙한 용어이며 개념이기 때문이라고 생각된다.

하지만 성격은 개인에게 있어서는 정신세계의 핵심 요소일 뿐만 아니라 한 인간을 구성하는 중요 요소이다. 즉 사람은 외양적인 신체구조만이 아니라 눈으로 볼 수도 없고 만질 수도 없지만 정신세계가 존재하고 있다는 것이다. 다소 형이상학적이긴 하지만 성격은 정신의 요소들과 밀접히 관련될 뿐만 아니라 인간의 사회적 행동과도 밀접히 관련된다. 그렇기 때문에 자신을 가장 잘 이해하려면 자신의 성격과 그에 따른 행동을 정확히 파악해야 한다.

자신의 성격에 대하여 어떻게 이야기할 수 있을까? 달리 말하면 자신에게 타인과 다른 특별한 행동과 사고가 있다면 어떤 것이 있을까? 앞에서 살펴보았듯이 인간관계, 일상생활, 습관 등 나에게 다른 사람과 구별되는 일관성 있는 것은 무엇이 있는가? 이에 대하여 진지하게 생각해 보고 자신의 성격에 대하여 스스로 어떻게 설명하고 있는지 알아보도록 하자.

1) 자신의 성격에 대하여 미완성 문장을 기술해 보고 작성이 끝난
후에 조별로 또는 옆에 있는 친구와 서로 이야기 해보도록 하자.

내가 소개하는 나의 성격은 ?

나의 성격은 ______________________________ 이다.

나의 성격은 ______________________________ 이다.

나의 성격은 ______________________________ 이다.

나의 성격은 ______________________________ 이다.

---

2) 자신을 잘 알고 있는 사람들에게 본인의 성격에 대하여 인터뷰
를 하고 그 내용을 적어보도록 하자.

타인이 보는 나의 성격은 ?

나의 성격은 ______________________________ 이다.

나의 성격은 ______________________________ 이다.

나의 성격은 ______________________________ 이다.

나의 성격은 ______________________________ 이다.

위와 같이 자신이 적은 미완성 문장에서 밝힌 나의 성격과 다른
사람이 이야기하는 나의 성격의 같은 점과 다른 점은 무엇인지 이
야기하고 그 이유에 대하여 생각해 보자. 아마도 나만의 독특한 사

고와 행동을 발견할 수 있을 것이다. 예를 들면 오늘도 어떻게 일어나서, 어떤 생각을 하며, 어떻게 수업을 받고, 어떻게 친구들과 지냈으며, 어떤 말을 친구들에게 했는지, 또한 어떤 일에 즐거워했으며, 어떤 것을 불편해하고 싫어했는지, 어떤 강좌는 정말 재미있었고, 어떤 강좌는 왜 지루했는지, 수업시간에 왜 자꾸 집중이 안 되는 것인지, 왜 자꾸 졸음이 오게 되는지 그리고 어떤 것은 내가 스스로 생각해보아도 너무 잘했다고 생각이 되고, 어떤 것은 왜 그렇게 많이 후회하게 되는지, 좀 더 내가 노력하면 잘할 수 있었는데 왜, 늘 알면서도 나는 못하는 것인지….

나에 대한 탐색과 이해는 사실 그렇게 어려운 일은 아니다. 위와 같은 방법으로 일주일이면 일주일, 이주일이면 이주일 연속적으로 생각해보는 시간을 갖는다면 나에 대한 독특한 사고방식 및 행동유형, 즉 성격을 알게 될 것이다. 단지 나는 '나'에 대하여 알면서도 '나'를 위한 시간과 노력을 게을리 했을 뿐이다. 모든 것은 자신에게 달려있다. 그렇다면 가장 소중하게 생각하는 '나'를 위해서 오늘부터는 무엇을 해야 할까? 무엇이 달라져야 할까? 등의 고민은 매우 당연한 일일 것이다(한미희 외, 2011).

4. 성격유형 검사

MBTI(Myers-Briggs Type Indicator)는 Jung의 심리유형론을 근거로 하여 Briggs와 Myers가 보다 쉽고 일상생활에 유용하게 활용할 수 있도록 고안한 자기보고식 성격유형 검사이다. MBTI는 인식과 판단에 대한 융의 심리적 기능이론, 그리고 인식과 판단의 향방을 결정짓는 융의 태도 이론을 바탕으로 하여 제작된 것이다. 따라서 개인이 쉽게 응답할 수 있는 자기보고(self report) 문항을 통해 인식하고 판단할 때의 각자 선호하는 경향을 찾을 수 있고, 이러한 선호경향들이 하나하나 또는 여러 개가 합쳐져서 인간의 행동에 어떠한 영향을 미치는가를 파악하여 실생활에 응용할 수 있도록 제작이 되어있다. 그렇다면 MBTI 성격유형 검사에 대한 이해를 통해 자신을 파악하는 시간을 갖도록 하자.

1) MBTI 검사의 4가지 선호경향

MBTI 검사는 네 가지의 분리된 선호경향으로 구성되어 있다. 선호경향이란 Jung의 심리유형론에 따르면, 교육이나 환경의 영향을 받기 이전에 이미 인간에게 잠재되어있는 선천적 심리경향을 말하며, 각 개인은 자신의 기질과 성향에 따라 아래의 4가지 이분척도에 따라 둘 중 하나의 범주에 속하게 된다. MBTI 검사는 개인의 선호성, 즉 개인이 더 지속적이고 일관성 있게 사용하며 상대적으로 더 쉽고 편안하게 사용하는 타고난 경향성을 측정한다. 따라서 MBTI 검사는 자신의 성격특성을 이해하고, 성격유형에 따른 개인차를 인식하게 되는 비진단 검사이다.

MBTI 검사에서의 선호경향 지식은 개인의 삶의 양식 전반에 활용된다. 즉 자신의 삶의 목표를 결정하고 또한 가장 흥미롭고 만족감을 줄 수 있는 교육과 직업을 선택할 수 있는 길을 찾는 데 사용되고, 배우자, 가족, 고용인, 동료 등 자신의 삶에서 만나게 되는 중요한 사람과 어떻게 관계하는지를 배우는 것에도 사용된다. 다음의 내용은 'MBTI 개발과 활용'(김정택·심혜숙·제석봉, 1995), '나의 얼굴 나의 모습'(김정택·심혜숙·임승환, 1999)의 내용을 간추린 것이다.

* MBTI 4가지 지표

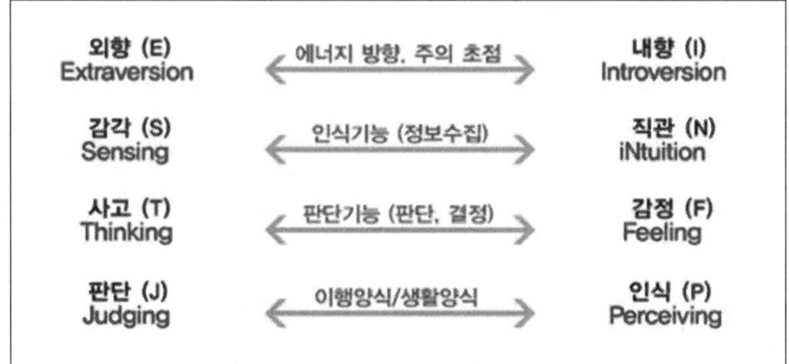

① MBTI 표현들

나의 성격 유형은?
사람들을 처음 만났을 때 나의 행동 및 성격은?

새로운 사람을 만나는 것이 즐거운 사람은 외향형, 오래된 만남이 편한 사람은 내향형인 사람들이 많다.

선호 지표	외향형(Extraversion)	내향형(Introversion)
설 명	폭넓은 대인관계를 유지. 사교적이며 정열적이고 활동적이다.	깊이있는 대인관계를 유지. 조용하고 신중하며 이해한 다음에 경험한다.
대표적 표현	매력적인, 열성적인 사교적인, 정열적인 자기외부에 주의집중 외부활동과 적극성 정열적, 활동적 말로 표현 경험한 다음에 이해 쉽게 알려짐 제 자랑뿐인, 소란스러운	깊이 있는, 신중한 차분한, 기내부에 주의집중 내부활동과 집중력 조용하고 신중 글로 표현 이해한 다음에 경험 서서히 알려짐 쌀쌀맞은, 속으로 삭히는
학습 스타일	다른 학생들과 그룹작업. 자기의견을 표현할 기회가 많은 학습. 실제로 나와서 직접 설명하는 것이 효과적. 실험과 실패가 허용되는 분위기에서 더 배움.	혼자 충분히 생각하고 이해할 시간이 충분히 허용되는 분위기에서 학습. 그룹작업이나 발표하기 전에 설명을 듣고, 관찰하고, 질문을 주고받는 과정이 있을 때 효과적. 알고 있어도 금방 대답하지 않음.

 ↔ 

선호 지표	감각형(Sensing)	직관형(iNtuition)
설 명	오감에 의존하여 실제의 경험을 중시 지금, 현재에 초점을 맞추고 정확·철저히 일처리 한다	육감 내지 영감에 의존 하며 미래지향적이고 가능성과 의미를 추구 신속·비약적으로 일처리 한다
대표적 표현	실용적인, 구체적인 지금, 현재에 초점, 실제의 경험 정확·철저한 일처리 사실적 사건묘사 나무를 보려는 경향 가꾸고 추수함 우둔하게 보이는 까다로운, 강박관념을 가진	상상력이 풍부한 통찰력이 있는 미래 가능성에 초점 아이디어 신속비약적인 일처리 비유적·암시적 묘사 숲을 보려는 경향 씨뿌림 편파적인, 비현실적인 이랬다 저랬다 하는
학습 스타일	TV, 비디오, 오디오 등을 이용한 학습 단계적인 설명과 실제로 적용되는지 구체적인 설명 복습을 이용한 학습	보이는 것에서 시작해서 상상을 불러일으키고 자극 시키는 학습 한 문제에 대한 여러 가지 대 답을 요구하는 학습 복습보다는 예습에 의한 학습

나의 성격유형은?

어느 조직에서 총무를 맡게 되었습니다. 그런데 돈이 1000원이 비게 되었습니다. 나는 어떻게 하나?

끝까지 찾아서 채워넣는다면 감각형 '내가 쓴 거겠지'하면서 주머니에서 채워넣는 사람은 직관형이 많다고 한다.

나의 성격 유형은?
팀 플레이를 하다 갑자기 한 친구가 일이 있다고 간다고 한다. 나의 반응은?

:왜"라는 질문과 함께 이유를 따지듯이 묻는 친구들은 사고형, "왜"라는 질문과 함께 배려해 주는 친구들은 감정형인 친구가 많다.

선호 지표	사고형(Thinking)	감정형(Feeling)
설 명	진실과 사실에 주관심을 갖고 논리적이고 분석적이며 객관적으로 판단한다.	사람과 관계에 주관심을 갖고 상황적이며 정상을 참작한 설명을 한다.
대표적 표현	명료한, 객관적인 간결한, 원리와 원칙 논거, 분석적 맞다, 틀리다 규범, 기준 중시 지적 논평 지나치게 따지는 인정사정이 없는, 거친	인정해 주는 배려해 주는, 재치 있는 의미와 영향 상황적·포괄적 좋다, 나쁘다 나에게 주는 의미 중시 우호적 협조 과민하게 반응하는 모호한/막연한
학습 스타일	자료수집, 조직, 평가하는 기회가 허용될 때 학습 수행되는 과제들이 공정하게 평가되고 인정될 때 학습효과 높음 학습진도 신속하게 나갈 때 학습효과 높음 원인과 결과를 밝히는 설명 양식 더 잘 이해	칭찬과 인정이 따를 때 효과 높음 교사의 한마디의 말과 메모가 학습동기에 큰 비중 차지 화목한 분위기에서 학습효과 높음 지속적인 경쟁분위기에 쉽게 좌절 학습 주제가 사람들에게 어떻게 도움을 줄 수 있는가 설명

선호 지표	판단형(Judging)	인식형(Perceiving)
설 명	분명한 목적과 방향이 있으며 기한을 엄수하고 철저히 사전계획하고 체계적이다.	목적과 방향은 변화 가능하고 상황에 따라 일정이 달라지며 자율적이고 융통성이 있다.
대표적 표현	효율적인, 계획성 있는 책임감 있는 정리 정돈과 계획 의지적 추진 신속한 결론 통제와 조정 분명한 목적의식과 방향감각 뚜렷한 기준과 자기의사 강요하는, 성급한 융통성 없는	융통성 있는, 여유 있는 유연하게 대처하는 상황에 맞추는 개방성 이해로 수용 유유자적한 과정 융통과 적응 개방성 재량에 따라 처리할 수 있는 포용성 꾸물거리는, 산만한 믿음이 안 가는
학습 스타일	계획에 따라 움직이는 학습지도 숙제나 과제를 내줄 때 교사가 정확하게 설명해 줄 것을 기대 학습에서 조를 짜고, 지시하고, 지적하는 활동할 때 견학이라든가 공작물 준비 등은 미리미리 말해주길 기대 마무리 짓지 않고 다른 과제로 넘어가면 스트레스를 받고 혼란	자유스럽고 유연성을 지닌 학습 체험학습 다양한 활동 겸한 학습 자유롭게 진도 나갈 수 있도록 허용할 때 학습효과 높음 지속적으로 규칙준수를 강조하고 이론적으로 설명하는 학습에서 쉽게 흥미 잃음 학습계획 세울 때 타인의 도움 필요

나의 성격유형은?
시험일자가 얼마남지 않았다. 나의 반응은?

지금부터 열심히 계획짜고 그 계획표대로 공부하는 사람은 판단형, 임기응변으로 하루 전날 벼락치기를 많이 하는 사람은 인식형이 많다고 한다.

Jung은 인간의 행동이 겉으로 보기에는 제 멋대로 예측하기 힘들 정도로 변화무쌍해 보이지만, 사실은 매우 질서정연하고 일관성이 있으며 몇 가지의 특징적인 경향으로 나뉘어져 있음을 강조하였다(Jung, 1976). Jung은 이러한 각 기능에서의 방향의 결정은 선천적이라고 생각하였다. 그는 각 기능의 양극선상에서 각 개인에 따라서 어느 한쪽으로 더 기울어지며, 이에 따라 개인의 차이점이 드러나는 고유의 성격유형이 나타난다고 보았다.

그는 또한 인간이 자신의 선천적 경향을 알고 활용할 때 심리적인 쾌적감이 따른다고 보았고, 반면 자신의 선천적 경향을 거슬러 가야 하는 상황 속에서 오랫동안 살아갈 때는 심리적인 탈진감이 오게 된다고 하였다. 이것은 마치 선천적으로 오른손잡이인 사람이 왼손을 써야 하는 상황이 되면 서툴고 어색하고 왼손을 쓰고 있다는 의식을 많이 하게 되는 것과 마찬가지로, 의식을 많이 한다는 것은 그만큼 심리적인 에너지의 소모가 많다는 표시이기도 한 것이다.

Jung은 인간이 자기의 타고난 선호 방향을 따라 익숙하게 살아갈 때 그 반대 방향 역시 개발시킬 수 있다고 보았고, '자기실현'은 자기에게 묻혀있는 것을 개발하여 통합하는 것이라고 말하고 있다. 즉 의식과 무의식의 통합과정이 개인의 성숙과정이라고 보았다. MBTI검사는 위와 같은 Jung의 입장에 바탕을 두고, 개인이 쉽게 응답할 수 있는 자기보고를 통해 인식하고 판단할 때의 각자 선호하는 경향을 찾고 있고 이러한 선호경향들이 개별적으로 또는 여러 경향들이 상호작용하면서 인간의 행동에 어떠한 영향을 미치는가를 파악하여 실생활에 응용할 수 있도록 돕고 있다.

2) MBTI 기질별 학습태도 및 학습지도

유형	학습태도	학습지도
SJ	• 별명은 모범생, 착한 아이 • 안정과 소속감 추구 • 보호자 역할 선호 • 책임감 발휘 욕구 • 높은 준비성 • 학급의 보배 　(교사의 보조 역할) • 학교 규칙 준수 • 계획에 따라 학습 • 교과서 참고서 문제집 선호 • 단답형, 선택형 시험 선호 • 정리정돈 선호(옷장, 장난감) • 타인의 반응 중요시	• 체계적·단계적 학습지도 • 복습·예습 중심의 　학습지도 • 학습량을 설정지도 • 창의성, 융통성을 키우는 　점진적 활동 • 계산, 낭독 반복학습
SP	• 장난꾸러기, 학급의 양념 • 행동파(활동지향적) • 다양한 자료 교구 활용 　요구(호기심) • 자유스럽게 허용적인 분위 　기와 공간학습 선호(자발성) • 즉흥적·충동적 • 감각적, 미식가 • 튼튼한 옷, 장난감 선호 • 예술활동, 게임학습 선호 • 정리정돈이 어려움	• 짧은 집중력을 요하는 학습 　전략 • 간헐절인 물질적 보상 • 즉흥적인 활동 • 자유스러운 허용적인 분위 　기와 공간제공 • 시청각 자료 활용 학습 • 간헐적인 시간한계 상기 • 변화·흥분·자극시키는 　수업
NF	• 꿈꾸는 공상가 • 꿈나무(상상력) • 사람 혹은 자신과 관련 　짓는 의미 연결 학습(동화, 꿈) • 통찰력, 예리함, 창의성과 　기발함을 언어표현에서 　발휘 • 개인적 격려, 친숙한 급우 　와의 소그룹 작업 선호 • 정서적 민감함 • 동정심이 강함	• 풍부한 정서교류가 　병행하는 학습지도 • 틀에 매이지 않는 표현지향 　학습 • 문학, 역사, 소설 등 약한 　것을 도우기 위해 기록, 　녹음, 녹화방법 활용 • 소그룹 작업 학습지도 • 다량의 독서(소설, 시)

| NT | • 꼬마과학자
• 학급의 지성
• 한 가지 테마를 가지고 깊이 있게 관찰, 연구하는 것을 선호
• 과학영역의 탐구학습 선호
• 교사의 일방적 설명 싫어함
• 진지한 표정
• "왜"라는 질문 많이함
• 강한 지적 호기심
• 체벌에 대한 강한 반응
• 시험, 발견, 탐색 선호
• 서툰 정서 표현, 비판적 | • 주제에 주어 개별적 탐구 학습지도
• "우리나라 도자기" 혹은 "별의 세계" 등 지적 호기심을 자극하는 학습 선호
• 추론 학습으로 유도
• 강한 개성, 강한 자존심을 학습장면에서 효율적으로 활용 필요
• 참견 조언을 삼가는 학습지도
• 다량의 독서(공상과학, 탐정) |

4. 우호적인 인간관계를 위한 성격개선 전략

우리는 모두가 성격적으로 원만하고 인격적으로 고매한 사람이 되기를 희망한다. 또한 우리의 일상이 행복하기를 바란다. 사람들과 잘 어울리고 존경받을 수 있는 성품을 갖기 위해서, 그리고 멋진 대학생활을 위한 성격을 개발하기 위해서는 어떻게 해야 할까? 구체적으로는 다음과 같은 노력이 필요하다.

1) 자신을 객관적으로 파악하기 위하여 다양한 계층의 사람들과 많은 대화를 나누며 교류해야 한다. 연령, 직업, 문화, 지역 등이 각기 다른 사람들과 대화함으로써 그들의 눈에 비친 자신의 모습을 객관적으로 재발견 할 수 있다.

2) 여러 가지 심리검사를 받아보고 그에 관한 해석을 통하여 자신의 성격, 적성, 흥미, 지능, 진로성숙도, 자기 표현의 정도, 스트레스 정도, 불안 등에 대해 이해하도록 한다.

3) 취미생활, 여행, 수습과정, 견학, 부업, 직업 등의 기회를 활용하여 자신의 잠재능력과 매력을 발견하도록 한다.

4) 타인에 대한 관심과 배려와 봉사의 태도를 배양하여 교양있고 성숙한 시민으로서 품성을 체득하도록 한다.

5) 체계적인 집단상담 프로그램 또는 심리교육의 장(場)에 참가한다. 자기성장, 심성수련, 가치관 명료화, 주장훈련, 리더십훈련, 스트레스 관리, 이성교제와 성교육, 갈등관리, 대인관계의 기술훈련 등에 참여하면 유익할 것이다. 집단상담 속에서 구성원들로부터 피드백을 받게 될 때 자기이해의 폭이 넓어진다.

6) 심리적인 불편감과 장애가 심각하게 느껴질 경우에는 전문적인 심리상담과 심리치료를 받아보는 기회를 갖는다.

7) 대인관계 및 적응의 기술과 관련된 서적을 읽는다. 그리고 또래를 상담해 주는 또래 상담자가 되어 보도록 한다.

8) 기도, 종교적 수행의 기회를 접하여 인성을 순화하는 습관을 체득한다. 종교적 수행은 우주적이고 초월적인 안목에서 자기 자신에 대한 통찰을 가져다 줄 수 있다. 자기가 속한 사회와 문화를 넘어서서 전체로서 조감하도록 인도하기 때문이다.

9) 인성교육의 학과목을 수강하여 체계적인 지식과 기술을 익힌다(홍경자, 2010).

MBTI 간이검사

다음의 36문항에 제시된 단어 중 자신에게 더 가깝게 느껴지는 것을 선택하시오.

1	a. 사람	b. 장소		2	a. 구조	b. 자유
3	a. 숲	b. 나무들		4	a. 자비	b. 정의
5	a. 반추	b. 행동		6	a. 정리된	b. 융통성 있는
7	a. 넓은	b. 깊은		8	a. 호기심 많은	b. 결단력 있는
9	a. 사실들	b. 가능성		10	a. 머리	b. 가슴
11	a. 준수하는	b. 상상력 있는		12	a. 정열적인	b. 일관성 있는
13	a. 파티	b. 도서실		14	a. 계획	b. 즉흥적인
15	a. 이론적인	b. 실제적인		16	a. 질문	b. 대답
17	a. 개인적인	b. 공공의		18	a. 일	b. 놀이
19	a. 기록하다	b. 말하다		20	a. 신선한	b. 따뜻한
21	a. 도시	b. 숲		22	a. 매니저	b. 사업가
23	a. 만족한	b. 잠 못 이루는		24	a. 진실	b. 재치
25	a. 제품생산	b. 디자인		26	a. 질서	b. 조화
27	a. 바라보다	b. 뛰어오르다		28	a. 가치	b. 논리
29	a. 통찰력 있는	b. 감각적인		30	a. 공정한	b. 친절한
31	a. 변화하다	b. 보존하다		32	a. 시작하다	b. 도착하다
33	a. 거북이	b. 토끼		34	a. 관계적인	b. 분석적인
35	a. 토의하다	b. 고려하다		36	a. 과정	b. 결과

답안지

	E	I	S	N		T	F	J	P
1	a	b			2			a	b
3			b	a	4	b	a		
5	b	a			6			a	b
7	a	b			8			b	a
9			a	b	10	a	b		
11			a	b	12	b	a		
13	a	b			14			a	b
15			b	a	16			b	a
17	b	a			18			a	b
19	b	a			20	a	b		
21	a	b			22			a	b
23			a	b	24	a	b		
25			a	b	26	a	b		
27	b	a			28	b	a		
29			b	a	30	a	b		
31			b	a	32			b	a
33			a	b	34	b	a		
35	a	b			36			b	a

강재태 · 배종훈(2005). 『진로교육과 진로지도』

직장인 59% '업무보다 대인관계 스트레스가 더 심하다.'

20~30대 직장인 10명 중 6명가량은 업무보다 대인관계 때문에 스트레스를 더 많이 받는 것으로 나타났다. 다음 취업정보 카페 취업뽀개기가 지난 1일부터 18일까지 20~30대 직장인 498명을 대상으로 '대인관계 스트레스와 업무 스트레스를 비교 조사'한 결과, 59.6%가 '대인관계 스트레스가 더 심하다'라고 응답했다.

대인관계 스트레스가 큰 이유(복수응답)는 '상사와의 잦은 마찰 때문에'가 65.7%로 가장 많았다. 이어 '회사의 인격모독 언행' 24.9%, '동료·후배의 무시하는 발언 및 행동' 21.2%, '자신의 소심한 성격' 19.5%, '동료·후배 간의 잦은 마찰' 17.8%, '직장 내 소외·따돌림' 15.8% 순이었다. 이외에도 '동료·후배 간의 경쟁의식' 8.8%, '직장 내 성추행 또는 성 관련 비하 발언' 5.1% 등이 있었다. 대인관계 스트레스를 주는 대상 역시 '직장상사'가 73.1%로 압도적으로 많았고, '동료'는 12.3%, '직장후배'는 6.1%, '거래처 직원'은 3.4%였다.

대인관계 스트레스가 자신에게 미치는 영향으로는 36.0%가 '이직 및 퇴사를 생각한다'를 가장 많이 꼽았다. '자신감 및 열정 저하'는 19.3%, '업무효율 저하'와 '동료 간의 관계 저하'는 각각 8.8%를 차지했다. 이외에도 신체적 질환을 겪는다는 응답이 있었는데 그 증상으로는 '피부트러블' 7.1%, '대인기피증'과 '탈모증'이 각각 5.1%, '장염·위염과 같은 소화기장애' 4.7%, '두통' 3.4% 등이 있었다.

'대인관계 스트레스를 극복하기 위해 노력한 적이 있는가'에 대해서는 91.2%가 '있다'라고 답했으며 이들의 극복방법(복수응답)으로는 '동료와 수다를 떤다'가 44.6%로 1위를 차지했다. 다음으로 '취미생활' 32.1%, '이직 및 퇴사' 27.3%, '흡연·음주' 22.5%, '잠' 21.8% 순이었다. '운동'은 15.5%, '폭식'은 11.4%, '여행'은 9.6%였다. 반면, 업무 스트레스가 더 크다고 응답한 20~30대 직장인 201명을 대상으로 그 이유(복수응답)를 물어본 결과, '과도한 업무량 때문'이라는 답변이 52.7%로 가장 많았다.

'매일 반복되는 업무 때문에'는 31.3%, '잦은 야근·철야근무 때문에' 28.9%, '실적에 대한 부담 때문에'는 23.4%였다. 이 외에도 '불공평한 인사평가 때문에'가 18.4%, '잡일·심부름 등 단순 업무 때문에'가 15.4%, '업무 부적응 때문에'가 10.4%, '너무 적은 업무량으로 남아도는 시간 때문에' 9.5% 등이 있었다.

[엑스포츠뉴스 =이나래 기자]

12장 효과적인 의사소통

　뛰어난 의사전달 방법의 개발은 유능한 리더십에 있어서 필수적인 것이다. 리더는 자신의 생각과 아이디어가 다른 사람에게 긴박감과 함께 열정을 줄 수 있도록 해야 한다. 리더는 모든 사람들에게 무엇이 정말 중요한지 이해할 수 있도록 간단명료하게 설명해주어야 한다. 그리고 누구나 알아들을 수 있는 말로 반복해서 말하는 것이 필요하다. 또한 어려울수록 커뮤니케이션에 더 많이 투자해야 한다. 알아볼 수 없는 지도가 아무 소용이 없는 것처럼 실패의 원인은 종종 리더가 듣는 사람들에게 분명하게 전달하지 못하는 데 있으며, 결국 어려울 때일수록 소통에 더 많이 투자해야 한다는 사실이 중요하다.

길버트 아멜리오 명언 중에서

1. 의사소통에 대한 이해

1) 의사소통의 정의

인간은 인간을 떠나서는 살 수 없는 사회적 동물이다. 모든 인간은 태어날 때부터 죽을 때까지 서로 관계를 맺고 살아가며 깨어 있는 시간의 70~80%를 어떤 형태로든 의사소통을 하면서 보낸다. 이 중에서 45%는 듣는 데 시간을 활용한다고 한다. 그러므로 인간은 서로를 이해하고 다른 사람에게 전하고자 하는 것의 의미를 정확하게 전달할 필요가 있다. 의사소통은 인간관계를 형성하고 유지하는 기본이 되고 인간관계는 의사소통을 통해 이루어지는 과정이라고 할 수 있다(이경순, 2003).

우리가 흔히 커뮤니케이션이라고 하는 의사소통(communication)은 라틴어에서 유래되었으며, '공유' 또는 '공통'이라는 뜻을 가지고 있다. 또한 '상징(symbol)'을 통하여 의미를 전달하는 현상, 즉 정보 전달의 현상이라고 할 수 있다. 이때 상징이란 '어떤 추상적 사고를 나타내 보이기 위해 이용되는 대상 또는 기호'이다(도복늠, 2010). 그 밖에도 두 사람 이상의 사람들 간에 언어나 다른 방법으로 그들의 의사, 정보, 감정, 태도, 신념을 전달하고 반응을 받으면서 상호간의 의미를 공유하는 과정이라고 정의할 수 있다.

운동선수들의 경우도 선수들 사이에 호흡이 잘 맞고 서로 눈빛만으로도 상대방이 무엇을 원하는지 잘 알게 되면 팀워크를 높일 수 있으나 의사소통이 잘 되지 않은 경우에는 경기에 악영향을 미칠 수 있다. 그래서 운동선수들은 그들의 경험을 서로 공유하기 위해 전지훈련, 합숙훈련, 합동훈련 등을 통해 기술뿐만이 아니라 의사소통 등을 위해 끊임없이 노력한다고 할 수 있다.

이러한 의사소통은 우선 자신의 내면에서 어떤 것이 일어나는지 알아차리고 그것을 주로 어떤 방식으로 표현하는지 파악해야 할 것이다. 따라서 나와 상대를 존중하고 상황을 고려하면서 자신의 내면을 적절하게 표현할 수 있을 때, 우리는 진실한 소통을 통해 건강한 인간관계를 맺고 자존감 높은 삶을 살 수 있을 것이다.

2) 의사소통 과정 모델

의사소통의 일반적인 과정은 다음과 같이 세 가지 유형으로 나누어진다(손영환, 2011).

① 메시지를 보내는 사람이 주도할 때 나타나는 일방향 의사소통 모형이다.

즉 정보는 메시지를 보내는 사람에게서 받는 사람에게로 흘러가고, 기대되는 반응은 거의 일어나지 않거나 아주 미미하게 일어난다. 이 유형의 의사소통은 TV, 라디오가 대표적이며, 신속할지라도 받는 사람에게서 기대되는 피드백은 극히 제한적이다.

또한 수신자의 반응을 고려하지 않으며, 상사가 부하직원에게 내리는 명령, 지시나 부모가 자식에게 하는 일반적인 훈계 등이 일방향 의사소통이라 할 수 있다. 그러다보니 송신자와 수신자의 사회적 관계가 불평등하게 보일 수 있다. 최근 들어 우리가 경험했던 일방적 의사소통의 예는 어떤 것이 있는지 생각해보자.

<table>
<tr><td>일방적 의사소통의 예

</td></tr>
</table>

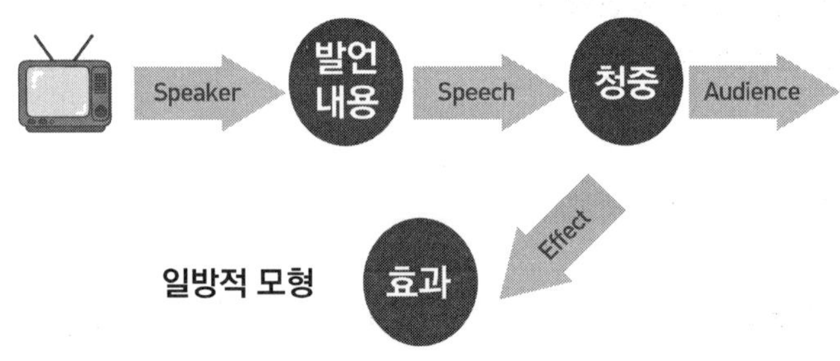

〈 Aristoteles 수사학모형 〉

도복늠 외(2010). 인간관계와 커뮤니케이션

② 반응모형이다. 즉 송신자는 적극적으로 수용자에게 메시지를 전달하며 수용자는 반응을 통하여 자신의 의견이나 느낌 등을 비교적 소극적으로 반응한다. 즉 교사와 학생 사이의 의사소통 모형을 말한다.

또한 그밖에도 송신자는 자신이 전하고자 하는 아이디어를 부호로 바꾸어서 수용자에게 전달하며, 이때 사용되는 부호는 언어, 그림, 동작 등 다양한 상징체계가 동원된다. 부호화된 아이디어는 메시지의 형태로 수용자에게 전달되는 과정을 보인다. 그러나 송신자의 메시지가 수용자에게 전달되지 못하는 이유는 물리적 소음 또는 수신자의 잘못된 오해로 인하여 잘못 해석되는 경우도 있다. 이와같은 반응모형의 예가 있다면 어떤 것이 있는지 생각해보자.

반응모형의 예

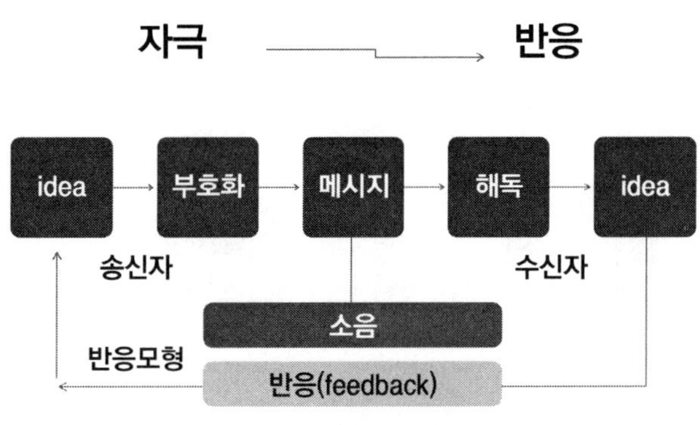

〈 의사소통의 반응모형 〉

도복늠 외(2010). 인간관계와 커뮤니케이션

③ 양방향 의사소통모형이다. 이는 메시지 전달, 메시지 수신, 해석, 반응에 역동적인 교환이 일어난다. 양방향 의사소통을 하기 위해서는 시간과 에너지, 질문의 개방성, 명료화 및 적극적 경청이 요구된다. 전화나 채팅이 대표적인 양방향 의사소통이다. 양방향 의사소통은 우리가 보내는 메시지에 대한 반응을 할 수 있도록 허용하고 의사소통이 제대로 되지 못한 것에 대해 명료화하거나 적어도 명료화를 시도할 수 있는 기회를 우리에게 제공한다. 우리가 알고 있는 양방향 의사소통 모형의 예는 어떤 것이 있는지 생각해보자.

쌍방향 의사소통 모형의 예

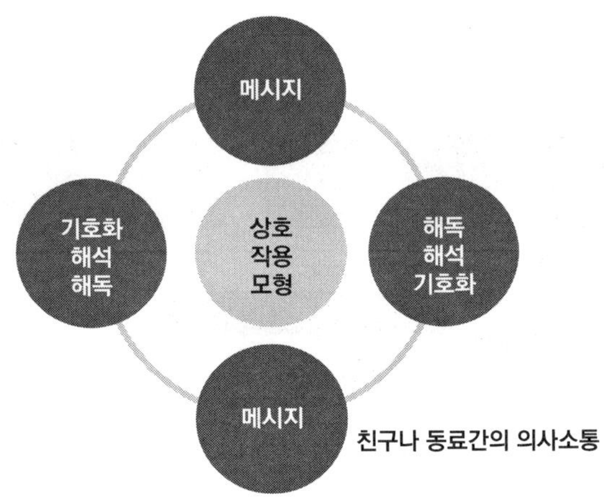

〈 Shramm의 상호작용 모형 〉

도복늠 외(2010). 인간관계와 커뮤니케이션

이때 효과적인 의사소통을 위해서는 적시성, 적절한 빈도, 정확성 등 세 가지 요소가 필요하다. 적시성은 피드백이 의사소통 도중에 시간적으로 너무 빨리 주어지거나 너무 늦게 주어지지 않고 적절할 때에 이루어져야 한다는 것이다. 또한 적절한 빈도는 송신자와 수신자가 정확한 의사소통을 계속할 수 있도록 자극을 줄 수 있어야 한다는 뜻이며, 정확성은 피드백이 정확하게 이루어져야 한다는 것을 의미한다. 효과적인 의사소통을 위해서는 위의 내용을 늘 상기하는 것이 중요하다고 할 수 있다.

3) 의사소통 장애요인

비효율적인 의사소통은 상대방을 있는 그대로 받아들이지 않으면서 지시하고 판단하며 촉진자 중심의 대화를 나누는 것이다. 그러므로 대상자가 자신의 생각과 감정을 적절하게 표현하지 못할 뿐만 아니라 불안과 저항을 불러일으키는 결과를 초래한다. 이러한 의사소통의 장애요인으로는 무엇이 있는지 체크해보자.

• 의사소통 기법의 미숙
• 선입견과 고정관념
• 내적 갈등
• 다른 직무에의 압박
• 평가적이며 판단적 태도
• 언어의 장애
• 방어적인 태도
• 잠재적 의도
• 표현능력의 부족
• 지각의 장애
• 이해능력의 부족

2. 의사소통의 기법

1) 나 전달법, 너 전달법

나-메시지(I-Message)란 자신의 생각이나 감정을 '나'를 주어로 하여 상대방의 행동에 대한 생각과 느낌을 전하는 것이다. 결과적으로 책임이 상대에게 있지 않고, 자신에게 있음을 나타내는 표현 방식이다.

나-메시지를 사용하게 되면 첫째, 상대방에게 자신의 입장을 전달함으로써 상호 이해를 도울 수 있다. 둘째, 상대방에게 솔직하다는 느낌을 전달하게 된다. 셋째, 상대방은 나의 느낌을 수용하고 자발적으로 자신의 문제를 해결하고자 하는 의도를 지니게 된다. 문제해결을 위한 의사소통은 나 메시지를 사용하는 것이 효과적이다.

이에 반해 너-메시지는 '너'를 주어로 하여 생각과 느낌을 상대에게 전가하는 표현법이다. "너 왜 그래", "너 이것밖에 못해?" 등의 이런 너 메시지를 사용하게 되면 첫째, 상대방에게 문제가 있다고 표현함으로써 상호관계를 파괴하게 된다. 둘째, 상대방에게 일방적으로 강요·공격·비난하는 느낌을 전달하게 된다. 셋째, 상대방은 변명하려 하거나 반감, 반항, 저항, 공격성을 보이게 된다. 따라서 나 메시지로 자기표현을 하는 것이 가장 효과적인 방법이라고 할 수 있다(한동순, 2011).

〈 나·너 전달법 〉

분류	나-전달법	너-전달법
정의	나를 중심으로 하여 상대방의 행동에 대한 자신의 생각이나 감정을 표현하는 대화방식	너를 중심으로 하여 상대방의 행동을 표현하는 대화 방식
예	의사표현 : 일찍 귀가시켜야 하는데 일이 자꾸만 늦어져 걱정이구만. • 학생 : 일찍 귀가시키려는데 늦어져 걱정하고 계시는구나.	의사표현 : 너희들은 왜 일을 이렇게 빨리 못해? • 학생 : 선생님은 우리를 게으르다고 생각하시는구나.
결과	상대방에게 나의 입장과 감정을 전달함으로써 상호이해를 도울 수 있다. 상대방에게 개방적이고 솔직하다는 느낌을 전달하게 된다. 상대방이 나의 느낌을 수용하고 자발적으로 자신의 문제를 해결하고자 하는 의도를 갖게 된다.	상대방에게 문제가 있다고 표현함으로써 상호관계를 파괴하게 된다. 상대방에게 일방적으로 강요·비난·공격하는 느낌을 전달하게 된다. 상대방은 변명하려 하거나 반감, 저항, 공격성을 보이게 된다.

한동순(2011), 인간관계와 의사소통

● **나-메시지 사용의 원칙**

나-메시지(I-Message)를 사용하는 순서는 다음과 같다. 1단계는 자신에게 문제가 되는 상대의 행동과 상황을 구체적으로 말한다. 이때 상대에 대한 평가, 비판, 비난의 의미를 담지 말고, 객관적으로 사실만을 말하는 것이 좋다. 2단계는 상대의 행동이 자신에게 미치는 영향을 구체적으로 말한다. 3단계는 그러한 영향에 대해 자신이 느끼는 감정을 솔직하게 언어로 표현한다.

① 상대방의 잘못된 행동에 대한 평가 없이 객관적인 사실만을 기술한다.
　예) 제가 약속시간에 늦을 때 (O)
　　　툭하면 약속시간에 늦고 (X)

② 상대방의 행동을 비난하지 말고 그것에 대한 감정을 솔직하게 말한다.
　예) 연락도 없으니까 너무 답답하고 짜증났어 (O)
　　　도대체 툭하면 약속에 늦게 오는 이유가 뭐니 (X)

③ 상대방에 대한 나의 바람을 말한다.
　예) 앞으로는 미리 연락이라도 해줬으면 좋겠어 (O)
　　　다음부터는 빨리 좀 와 (X)

올바른 대화 요령

- 말은 간결하면서 정확하게 표현한다.
- 상대방의 약점이나 싫어하는 내용이나 관심 밖의 것을 대화의 주제로 삼지 않는다.
- 상대방의 말이 틀렸다 해도 상대의 말을 가로막거나 가로채서 말하지 않는다.
- 대화할 때는 자세를 바르게 하며, 존칭의 말을 사용하여야 한다.
- 전문 용어의 사용을 자제한다.
- 적당한 유머를 사용한다.

2) 설득의 기법

설득은 "커뮤니케이터가 그가 수용자로부터 원하는 응답을 이끌어내는 커뮤니케이션 과정"이라고 정의한다(Anderson, 1971). 즉 설득이란 대상자에게 전하고자 하는 메시지의 목적을 이루려고 하는 일련의 행위를 말한다. 또한 심리적 동의를 얻는 것을 설득이라고 하며 몇 가지 속성이 있다.

첫째, 자의적 선택 : 송신자와 자유로운 상황에서 메시지라는 수단을 통하여 수용자들을 설득하는 것이다.

둘째, 의도성 : 의도성이란 송신자가 상대방에게 그 사람을 자기가 원하는 방향으로 설득하기 위하여 메시지를 전달하고자 하는 뚜렷한 목적과 동기가 있는 것을 말한다.

셋째, 도구성 : 도구성은 설득커뮤니케이션이 어떤 목적을 달성하기 위한 수단이나 도구를 사용한다는 것이다.

넷째, 특징성이다. 설득 대상의 특징성이란 목표수용자를 설정하고 그에 알맞은 메시지나 매체를 활용하는 것이다. 즉 나이, 성, 교육정도, 지리적 여건, 소득 정도, 학력, 라이프 스타일을 고려하면 효과적인 커뮤니케이션을 할 수 있다는 것이다.

① 설득과 송신자

커뮤니케이션은 송신자로부터 시작되며 송신자가 어떻게 커뮤니케이션을 하느냐에 따라 커뮤니케이션의 양상이 달라진다고 할 수 있다. 송신자는 다음과 같은 속성을 갖출 때 설득의 효과를 얻을 수 있다.

- 신뢰성(송신자의 공신력)
- 전문성(송신자의 지식 및 능력)
- 심리적 · 물리적 매력(송신자에게 끌리는 매력)

> **심리적 매력과 물리적 매력**
>
> 수신자가 송신자로부터 느끼는 공감, 친근감 등의 매력과 외적인 외모
> 등의 매력이 있으면 설득력이 높아지는 것을 의미한다.

② 설득과 메시지

설득을 위한 메시지를 전달하는 대표적인 방법들로는 이성적·
유머·감성적 소구 등이 있다.

- 이성저 소구

송신자가 자신의 신념이나 의견을 주장할 때, 그것을 뒷받침
해 주는 실증적·논리적·이성적 방법으로 근거자료나 논리 등
을 수용자에게 제시함으로써 설득력을 얻는 방법이다.

- 유머 소구

언어뿐 아니라 표정, 몸짓, 손짓, 기호 등의 각종 다양한 자
극을 통해 상대방을 웃게 만드는 것이다. 유머의 사전적 의미
는 익살스러운 농담, 해학으로 유머를 통하여 스트레스나 긴
장감을 벗어나게 해주는 것으로 이를 통해 설득력을 얻는 방
법이다.

- 감성적 소구

송신자가 자신의 신념이나 의견을 주장할 때, 구체적이고 실
증적인 방법을 제시하기보다 감성의 느낌을 강조한다. 수용
자의 감동을 자아내는 방식의 소구. 따라서 비언어적 표현방
식이 주를 이루며 이를 통해 설득력을 얻는 방법이다(김영석,
2005).

3) 개방형 질문법

개방형 질문법은 상담과정에서 활용되는 주요한 기법이다. Clare E-hill의 개방형 질문법에 대한 이해는 효과적인 의사소통을 위한 방법으로 사용할 수 있다고 말한다.

실제로 개방형 질문은 자신의 생각을 명확히 하고 탐색할 수 있도록 돕는다. 상대에게 한정된 대답을 원하지 않고 대신 내담자 또는 상대가 마음으로부터 무엇이 나타나는지 탐색하기를 원한다. 다시 말해 상대에게 '예, 아니오' 혹은 한두 단어의 대답은 소통을 하기 위해 제한적이다.

개방형 질문이 상담이나 치료과정에서도 많이 활용되고 있는 이유는 상대로 하여금 자신의 문제에 관해 좀 더 깊고 오래 이야기하도록 격려하기 위한 효과적인 중재가 될 수 있기 때문이다. 이와같은 개방형 질문은 몇 가지 목적에 기여한다.

상대가 산만한 생각을 반복할 뿐 진정으로 깊은 탐색을 하지 않을 때 유용하다. 또한 혼란스러울 때, 생각을 명확히 하도록 돕고, 새로운 문제에 관한 생각으로 상대를 인도하고 모순되는 생각을 풀어내도록 돕는다. 혹은 너무 말이 없거나 명료하지 못한 상대에게 구조를 제공하는 데 사용할 수 있다. 상대는 종종 자신의 문제를 설명하다가 막히게 되는데, 이때 문제의 다른 측면에 관해 생각하도록 도와줄 때도 개방형 질문이 필요하다.

또한 개방형 질문은 생각을 명백히 하거나 중점을 잡는 데 사용할 수 있고, 상대가 회기를 시작할 때, 갈피를 잡지 못할 때, 막연하거나 명확하지 못할 때, 또는 정체되었을 때 유용하다. 개방형 질문은 상대에게 귀기울이고 관심을 두고 있음을 보여준다. 자신이 상대의 말을 따라가고 있으며 타인의 말을 계속하도록 격려하기에 충분한 관심을 기울이고 있음을 보여준다.

더 나아가 만약 상대가 무엇에 관해 말할지 생각하지 못한다면, 개방형 질문은 방향을 제공하기에 매우 좋은 방법이라고 할 수 있다.

〈 개방형 질문 〉

정의	사고에 관한 개방형 질문은 상대로 하여금 자신의 생각을 명확히 하고 탐색할 수 있도록 돕는다. 특정한 정보를 요구하지 않으며, '예, 아니오' 혹은 한두 마디의 응답으로 제한하지 않는다. 개방형 질문은 상대의 명료화나 탐색을 돕기 위해 질문형태나 직접적인 형태의 표현이다.
예시	"당신이 말했던 것에 대해 어떻게 생각합니까?" (질문 형태) "그것에 대한 당신의 생각을 말해주세요." "그것에 관해 어떻게 느끼는지 말해주세요" (직접적인 형태)
의도	초점 맞추기, 명확히 하기, 카타르시스, 격려하기, 부적절한 사고 파악하기
도움이 되는 단서	많은 질문 자제하기 '왜'라는 질문 자제하기 상대에게 초점 맞추기 모든 것을 이야기하기보다 상대의 문제 한 면에 집중하기 질문에 대한 상대의 반응 관찰하기
개방형 질문	• 당신이 ○○를 생각했던 것에 관해 더 이야기 해주세요. • 당신이 ○○에 관해 생각하는 것이 무슨 의미인가요? • 그것에 관해 어떻게 생각하나요? • 그것이 당신에게 갖는 의미는 무엇이지요? • ○○가 무엇을 의미하죠? • 당신이 ○○에 관해 생각할 때 마음속에 무엇이 떠오르나요?

주은선 역, 2011. 상담의 기술

4) DISC 성격유형에 따른 의사소통 방법

각 개인은 태어나 성장하여 현재에 이르기까지 자기만의 독특한 행동을 취하게 된다. 이러한 일정한 행동양식은 자기만의 경향성을 이루게 되어 자기가 일하고 있거나 생활하고 있는 환경에서 아주 편안한 상태로 그러한 행동을 하게 되는데, 이를 행동패턴(Behavior pattern) 또는 행동스타일(Behavior style)이라고 한다.

심리학자 마스턴(W. Marston)은 인간행동의 경향성은 인간이 환경을 어떻게 인식하고, 그 환경 속에서 개인의 힘을 어떻게 인식하느냐에 따라 네 가지의 형태로 행동을 이룬다고 하였는데 이를 각각 주도형(dominance), 사교형(influnce), 안정형(steadiness), 신중형(conscientiousness)으로 분류하여 설명하고 있으며, DISC는 네 핵심요소의 약자이다.

DISC 행동유형은 인간이 환경을 어떻게 인식하느냐에 따라 외부환경에 좀처럼 반응하지 않는 비감응적인 유형과 외부환경에 쉽게 반응하는 감응적인 유형으로 분류하였다. 그리고 그의 환경 속에서 개인의 힘을 어떻게 인식하느냐에 따라 자기주장을 잘하는 주장적인 형과 좀처럼 자기주장을 하지 않는 비주장적인 유형으로 분류하였다. 따라서 자신과 상대의 유형을 고려하여 신중하게 의사소통을 한다면 매우 효과적일 것이며, 이에 대한 DISC 모델유형 매트릭스는 아래의 그림과 같다.

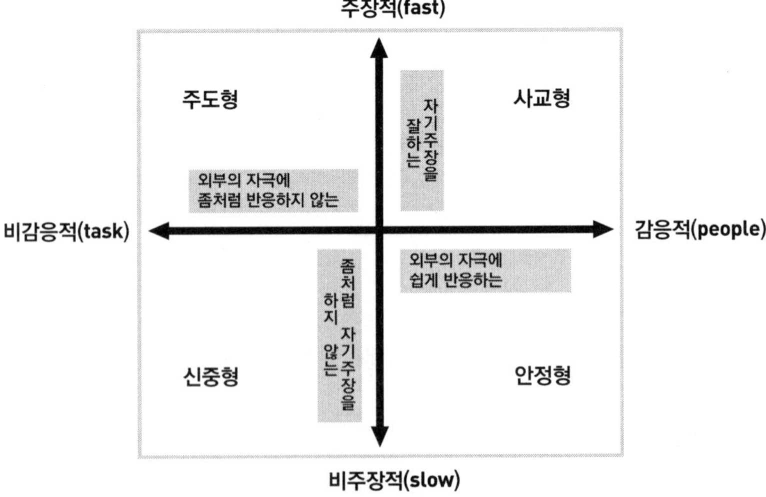

〈 DISC모델 유형의 매트릭스 〉

〈 주도형의 강점·주의점 〉

강점	주의점
• 효율적·능률적이다 • 열심히 일한다 • 행동이 민첩·신속하다 • 책임감이 강하다 • 늘 성과(결과)를 중시한다 • 도중에 포기하지 않는다 • 시간에 정확하다 • 간결하고 낭비가 적다 • 활동적이다 • 스스로 움직인다	• 타인에 대한 배려가 부족하다 • 억지를 부린다 • 말투가 거칠다 • 지나치게 자기중심적이다 • 안색, 목소리, 표정이 빈약하다 • 무리한 목표라도 도전한다 • 냉담하다 • 남의 말을 귀담아 듣지 않는다 • 세부사항을 놓칠 수 있다 • 생각보다 행동이 앞선다

〈 사교형의 강점·주의점 〉

강점	주의점
• 행동이 적극적이다 • 매사에 열중한다 • 재치 있고 활기가 넘친다 • 상대방을 몰두하게 한다 • 늘 성과(결과)를 중시한다 • 영감을 중요시한다 • 민감하게 반응한다 • 미래지향적이다 • 설득력이 있다 • 감정표현을 잘한다	• 주제에서 벗어난다 • 시간관념이 희박하다 • 감정에 좌우된다 • 기분에 따라 기복이 심하다 • 정리·정돈이 서툴다 • 정형화된 일을 싫어한다 • 논리적인 생각을 싫어한다 • 쉽게 흥분하고 충동적이다 • 세부사항을 간과하기 쉽다 • 끝까지 하는 끈기가 부족하다

〈 안정형의 강점·주의점 〉

강점	주의점
• 협력적이다 • 친하기 쉽다 • 대인관계에 능숙하다 • 코칭이나 상담을 잘한다 • 개인적인 정보에 강하다 • 온화하다 • 소집단활동을 즐긴다 • 상대방의 기분을 잘 헤아린다 • 책임감이 강하고 성실하다 • 남의 말을 잘 듣는다	• 결단이 느리다. • 자기주장이 적다 • 성과에 대한 관심이 희박하다 • 남의 일에 너무 신경을 쓴다 • 모험하기를 싫어한다 • 신속하지 못하다 • 의사결정에 주저하기 쉽다 • 변화를 추구하지 않는다 • 갈등이 싫어 의견에 동조한다 • 변화하는 데 시간이 걸린다

〈 신중형의 강점·주의점 〉

강점	주의점
• 근면하다 • 매사를 면밀히 추진한다 • 논리적·체계적이다 • 질을 중시한다 • 문제발전에 흥미를 느낀다 • 사실을 중시한다 • 지식, 정보를 수집한다 • 일의 끝마무리를 잘한다 • 자기관리를 잘한다 • 분석력이 뛰어나다	• 유연성이 부족하다 • 의사결정에 시간이 걸린다 • 박력이 부족하다 • 혼자서만 일하기를 선호한다 • 감정표현과 표정이 부족하다 • 너무 보수적인 경향이 있다 • 사교성이 부족하다 • 융통성이 부족하다 • 타인의 감정을 읽지 못한다 • 지나치게 완벽을 추구한다

〈 DISC 유형진단 〉

DISC 유형진단

성격유형 진단은 마스턴(W. M. Marston)의 연구결과를 토대로 가이어(J. Geier)가 개발한 행동유형 진단도구이다. 네 가지 기본행동과 열다섯 가지 전형적인 행동유형을 제시하여 인간행동을 쉽게 이해할 수 있게 되어 있다.

다음에 표현된 각 단어 중에서 자신을 표현하는 말에 가장 가까운 것부터 4점, 3점, 2점, 거기가 먼 것에는 1점 순으로 점수화 하십시오(각각의 괄호에 4, 3, 2, 1의 점수로 표시)

4	3	2	1

1. 사교적인 ( )	5. 열정적인 ( )
2. 지지적인 ( )	6. 협력적인 ( )
3. 실제적인 ( )	7. 체계적인 ( )
4. 활동적인 ( )	8. 경쟁적인 ( )
9. 유연한 ( )	13. 융통성 있는 ( )
10. 부드러운 ( )	14. 수용적인 ( )
11. 집요한 ( )	15. 원리원칙 ( )
12. 강력한 ( )	16. 결단력 있는 ( )
17. 사람 중심의 ( )	21. 인정, 칭찬 ( )
18. 과정 중심의 ( )	22. 조화, 수용 ( )
19. 자료 중심의 ( )	23. 안정, 정보 ( )
20. 성과 중심의 ( )	24. 성취, 결과 ( )

양춘희 외(2004), 『비즈니스 커뮤니케이션』.

DISC모델의 유형별 점수분포
해당번호의 점수의 합계를 (   ) 안에 적어 넣으세요.

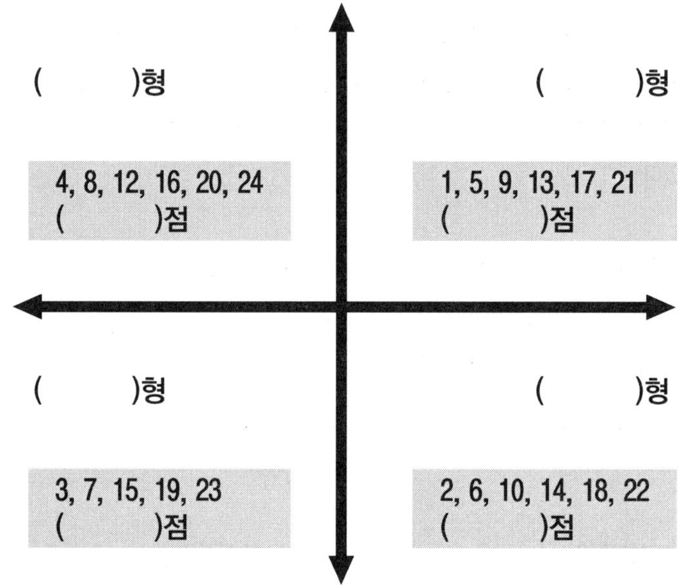

자신의 유형	의사소통에서 개발할 점

자료: 양춘희 외(2004), 『비즈니스 커뮤니케이션』.

13장 성공적인 스피치

조지 버나드 쇼는 설득력 있는 연설을 할 수 있게 된 비결에 대해 사람들에게 이렇게 대답했다.

"별난 것도 아니고 대수롭지도 않은 수줍음 때문에 저처럼 고민하고, 저처럼 부끄러워한 사람도 아마 몇 안될 것입니다."

"스피치는 스케이트를 배우는 요령과 같습니다. 아무리 남이 웃더라도 겁내지 말고 끈기 있게 연습하면 됩니다."

쇼는 젊었을 때, 그 어디에서도 찾아보기 힘들 만큼 내성적인 사람이었고, 심지어는 어떤 사람의 집을 방문하였을 때는 노크도 하지 못하고 20분 이상 서성거렸을 정도였다고 한다. 그러나 마침내 그는 소심하고 내성적인 성격을 극복하기 위해 말할 기회가 있는 곳을 기회로 삼아 끊임없이 도전하였으며, 그 결과, 20세기 전반에는 가장 자신 있고 재치 있는 웅변가의 한 사람으로 바뀌었다고 한다. 결국 노력을 통해 스피치 능력도 향상될 수 있음을 보여준 좋은 예라고 할 수 있다.

카네기 스피치 & 커뮤니케이션 중에서

1. 스피치

1) 스피치에 대한 개념 및 이해

현대는 소통의 시대이며 설득의 시대라고 한다. 스피치는 소통과 설득을 하기 위한 말, 이야기, 토크 등을 의미한다. 즉 스피치는 말하기를 뜻하며 좋은 스피치는 말을 잘하는 것을 뜻한다. 누구나 스피치를 배우는 사람은 말을 잘 하는 것을 목표로 한다.

화술의 권위자 카네기(Dale Carnegie)는 "낚시를 할 때 물고기가 좋아하는 것으로 미끼를 쓰듯이 말을 할 때는 듣는 사람이 선호하는 말을 하라."라고 했다. 21세기 정보화 사회에서 가장 중요한 능력은 말을 다루는 능력이다. 즉, 말은 정보를 전달하는 가장 중요한 수단이다. 화술이 뛰어나면 정보 자체도 효과적으로 전달될 뿐만 아니라 발표자에 대한 신뢰도 또한 높아져서 결국 발표자의 능력 자체가 높은 평가를 받게 된다. 이는 리더로서 갖추어야 할 주요역량이라고 할 수 있다.

2) 좋은 스피치의 조건

좋은 스피치는 내용 자체가 진실하고도 적절해야 한다. 그리고 이러한 내용이 명쾌하고 간결한 방식으로 자연스럽게 전달될 때, 청중의 마음을 움직일 수 있는 좋은 스피치가 탄생된다.

① 스피치는 진실해야 한다

스피치는 불확실한 사실이나 허위 등을 말해서는 안 되며, 그러한 경우 진실이 드러나면 청중의 비난을 받게 된다. 비로소 진실을 이야기할 때 원활한 소통과 설득력 있는 스피치가 될 수 있다. 즉 지키지 않을 약속, 허황된 비전의 제시, 비일관적인 주장, 비논리, 핵심을 피해가는 말을 하게 되면 그 당시는 효과가 있을지 몰라도 언젠가는 진실이 드러나 청중의 신뢰를 잃게 된다는 것을 명심해야 한다.

② 스피치는 명쾌해야 한다

스피치는 주장이나 결론, 논리와 조직 그리고 표현방식이 명확해야 한다. 그리고 명확한 언어를 사용해야 한다. 명쾌한 주장과 결론, 명쾌한 논리의 체계 그리고 명확한 언어는 청중이 말하는 사람의 능력이나 전문성을 높이 사게 하며, 말하는 이를 신뢰하게 되는 것이다. 주장과 결론이 명쾌한 스피치 청중을 열광시킨다.

③ 스피치는 간결해야 한다

스피치의 내용이 복잡하고, 맺고 끊는 맛이 없이 자꾸만 늘어지는 경우에는 청중을 혼란에 빠지게 한다. 청중은 스피치의 요지를 이해하지 못할 때, 그 연사의 무능력을 탓하게 된다. 따라서 스피치는 가능한 한 간결해야 한다. 간결한 스피치는 전체적으로 잘 조직되어야 하며, 각각의 주장이 간단 명료한 논리에 의해 입증되어야 한다.

④ 스피치는 자연스러워야 한다

모든 스피치는 대화처럼 자연스러워야 한다. 표정, 태도, 시선처리, 음성의 변화 등이 자연스러워야 한다. 부자연스러운 스피치, 즉 단조로운 낭독이나 내용과 목소리 그리고 몸동작이 따로 노는 웅변식 스피치는 메시지의 전달이 잘 되지 않는다. 자연스럽고 역동적인 실행이 스피치의 생명이라고 할 수 있다.

⑤ 스피치는 적절해야 한다

가장 효과적인 발표나 연설은 때와 장소에 잘 적응하는 스피치다. 때와 장소에 잘 적응한다는 것은 청중의 속성이나 반응 그리고 주어진 상황에 따라 스피치의 내용과 발표의 양식을 변화시키는 것을 의미한다. 특히 청중의 지식이나 태도 및 감정은 스피치의 효과에 지대한 영향을 미치므로 사전에 이를 잘 분석해 스피치의 내용과 표현, 그리고 발표의 방식을 잘 적응시킬 때 스피치의 효과는 배가 된다고 볼 수 있다(박보식, 2012).

3) 스피치의 향상과 기술

스피치는 구체적으로 말하면 내용(contents), 목소리(voice), 보디랭귀지(body language)를 포함한다. 그러나 대부분의 사람들은 내용을 중요시하며 이 내용을 위해 많은 시간을 투자하고 있다. 하지만 내용 못지않게 중요한 것이 목소리, 보디랭귀지이다. 아무리 좋은 내용, 그것이 대단할 만큼 훌륭한 내용이라고 하더라도 목소리와 비언어적인 제스처나 미소, 태도 등이 함께하지 않으면 그것은 좋은 내용으로 전달되지 않는다. 따라서 좋은 스피치는 이 세 요소들이 하모니를 이룰 때, 가장 멋진 스피치가 될 수 있다는 것을 상기해야 한다. 따라서 이 세 요소를 진지하게 생각하는 것은 스피치를 잘 하기 위한 훌륭한 전략이며 매우 의미 있는 일이라고 할 수 있다.

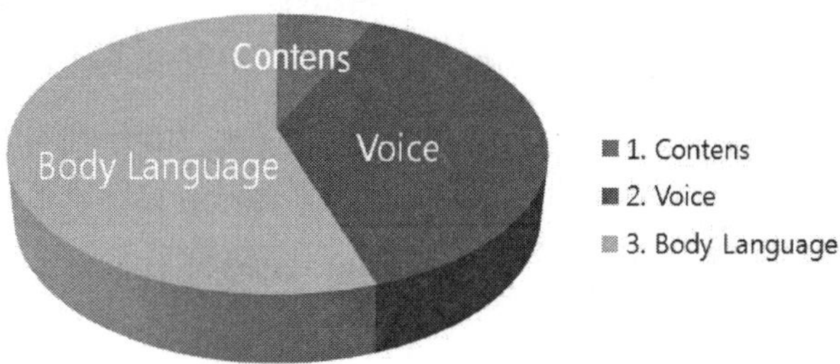

〈 앨버트 매러비안 법칙 〉

① 내용(Contens)

전문성과 청중을 고려한 내용으로 청중의 침묵과 무반응이 없도록 주제를 흥미롭게 하여 핵심사항을 잘 전달한다. 아래의 내용들을 고려하여 내용을 구성하는 것이 바람직하다.

청중분석을 위한 고려사항

- 청중의 나이, 성별, 직위, 사회적 배경, 교육 수준 고려
- 청중이 프레젠터에게 바라는 것
- 주제를 좀 더 잘 이해시키기 위한 방법
- 청중의 목표와 가장 큰 관심사
- 청중이 기대하는 것
- 어떻게 하면 청중이 원하는 방향으로 메시지를 전달하고 결정을 유도
- 청중이 생각하는 이상적인 프레젠터의 이미지, 분위기에 대한 요구

② 목소리(Voice)

일상생활에서 우리는 참으로 많은 말을 한다. 그러나 말하고 있는 자신의 목소리에 대하여 깊이 생각한 적은 거의 없을 것이다. 그

리고 목소리는 타고난 것으로 생각하고 더 이상 좋아지려고 노력하는 경우도 매우 드물다. 하지만 스피치에서 목소리는 매우 중요한 부분을 차지한다고 할 수 있다. 물론 다른 사람의 목소리가 좋다고 해서 노력을 한다고 해도 똑같이 닮아질 수는 없다. 하지만 자신이 가진 목소리에서 가장 멋진 목소리를 낼 수 있다는 것을 깨달아야 한다. 이때 연습만큼 좋은 방법은 없다. 아래의 내용들을 주의깊게 이해하고 따라해 보자.

- 복식호흡을 한다

  복식호흡은 말 그대로 가슴이 아닌 배로 숨을 쉬는 것이다. 평소에 우리는 흉식호흡, 즉 가슴으로 숨을 쉰다. 따라서 좋은 소리를 내려면 체계적인 연습을 통해 가슴이 아닌 배로 숨쉬는 복식호흡을 연습해야 한다. 이러한 복식호흡을 위한 발성은 소리를 윤택하게 만들며 신뢰감을 높인다고 할 수 있다.

• 다리를 어깨 너비로 벌린다.
• 어깨에 힘을 빼고 긴장을 푼다.
• 코로 공기를 폐속 깊숙이 고요히 깊이 들이마신다. 상체는 움직이지 말고 복부만 팽창하도록 공기를 최대한 마신다.
• 다시 배에 힘을 주며 '프' 하면서 천천히 모두 뱉는다. 똑같은 방법으로 약 10분간 반복한다.
• 공기를 들이마시고 참을 수 있는 한 숨을 멈춘다. 그리고 최대한 천천히 내뿜는다. 약 10분간 반복하는 연습이 필요하다. (코로 빨리 깊숙이 마셨다가 입으로 빨리 내뱉는다)
• 최대한 마신 공기를 서서히 내뿜고, 멈추고, 또 내뿜다 멈추기를 반복한다.
• 한쪽 콧구멍을 막고 다른 한쪽으로만 숨을 쉰다. 이 과정을 교대로 반복한다.

이상의 방법을 코로 마시고, 코로 뱉고, 코로 마시고 입으로 뱉고 입으로 마시고 입으로 뱉는 등 여러 가지 호흡법을 변용하도록

한다(김은성, 2007).

- 정확한 발음 훈련

  사람들과 말을 할 때, 발음이 꼬이는 경우가 있다. 혀가 덜 풀려서 일어나는 현상인데, 평소에 입 운동뿐만 아니라 혀 운동도 매일 하는 것이 좋다. 입을 최대한 크게 벌리고 '아, 에, 이, 오, 우'를 소리내어 본다. 그리고 반복하여 [발음연습표]를 읽어보자.

가	나	다	라	마	바	사	아	자	차	카	타	파	하
기	니	디	리	미	비	시	이	지	치	키	티	피	히
거	너	더	러	머	버	서	어	저	처	커	터	퍼	허
겨	녀	됴	료	며	벼	셔	여	져	쳐	켜	텨	펴	혀
고	노	도	로	모	보	소	오	조	초	코	토	포	호
교	뇨	됴	료	묘	뵤	쇼	요	죠	쵸	쿄	툐	표	효
구	누	두	루	무	부	수	우	주	추	쿠	투	푸	후
규	뉴	듀	류	뮤	뷰	슈	유	쥬	츄	큐	튜	퓨	휴
그	느	드	르	므	브	스	으	즈	츠	크	트	프	흐
기	니	디	리	미	비	시	이	지	치	키	티	피	히

다음 문장과 단어를 읽어보자.

> 일요일에 촬영이 있다고 해서 부엌을 꽃으로 꾸며봤어요.
> 꽃으로/ 무릎을/ 부엌을/ 일요일/ 촬영/ 절약/ 언어/ 국어

자음이 받침에서 모음으로 시작된 조사나 어미접사와 결합되는 경우에는 제 음가대로 뒤 음절 첫소리를 옮겨 발음해야 한다. [꼬스로]나 [무르블]로 발음하기도 하는데, [꼬츠로], [무르플], [부어

클], [이료일], [촤령], [저략], [어너], [구거]가 정확한 발음이다.

[ㄷ], [ㅌ]의 소리가 [ㅣ]모음과 만났을 때 [지], [치]으로 나는 경우도 있다. '밭이-[바치], 곁이-[겨치]'의 경우이다. 하지만 [ㅣ]모음이 아닌 소리에는 제 음가대로 뒤 음절 첫소리를 옮겨 발음해야 한다.

내곁으로 – [내겨츠로](X), [내겨트로](O)
밭으로 – [바츠로](X), [바트로](O) (김보경, 2012).

입모양을 크게 해서 말을 한다는 것은 복식호흡을 가능하게 하고 발음을 정확하게 들리게 하며 감동과 감정을 실을 수 있는 이점이 있으므로 '아, 에, 이, 오, 우' 모음으로 입모양을 크게 하는 연습도 함께 해보도록 하자.

③ 보디랭귀지(Body Language)

보디랭귀지를 비언어적 요소라고 하며 다음과 같은 내용들을 포함하고 있다.

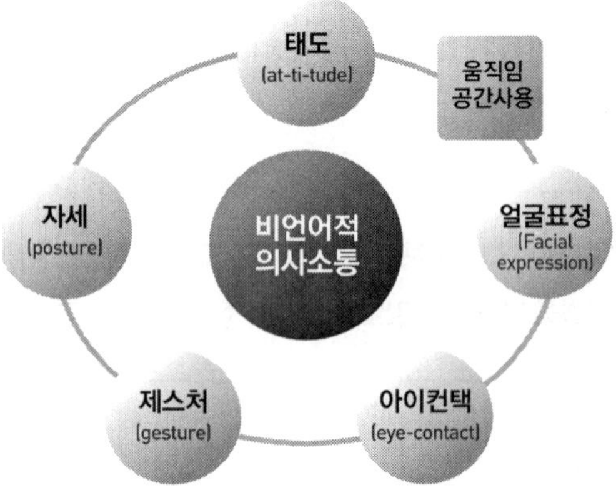

〈 비언어적 의사소통 요소 〉

- 시선처리

  누구나 한 번쯤은 '청중을 바라보며 말을 해야 하는데 어떻게 하는 것이 효과적일까?'하며 고민을 하게 된다. 이에 대하여 다음의 사항을 고려하며 실천해보는 것을 권유해본다.

- 시작할 때

  앞에 서서 목소리를 내기 전에 2~3초간 짬을 둔다. 그때 '최초의 시선'을 주어야 한다. 누가 어디에 있고 어떤 자세를 취하고 있는지 전체적으로 훑어본다. 그중에 가장 호의적인 사람부터 1~2초간 충분히 눈을 맞추어 나가는 것이 좋다. 마음이 안정되고 자신감이 붙으면 서서히 범위를 넓혀간다. 시선을 보내는 방법은 'S-Z형'과 'W-M형'이 있다. 즉 앞과 뒤의 구석자리에도 시선을 주는 것을 의미한다.

  그리고 한 단락을 끝날 때는 잠깐 짬을 두며, 짬을 둘 때는 청중과 눈을 맞추어야 한다. 이때 시선이 흩어지면 분위기가 산만해져 짬의 효과를 얻을 수 있다. 화자로서는 청중의 반응을 관찰할 좋은 기회이기도 하다.

S-Z형	W-M
S Z	W M

> **Point !**
>
> 말은 시선이 향한 곳으로 흘러가기 마련이다. 눈이 창밖을 쳐다보고 있으면 말도 그쪽으로 새어버리게 된다. 청중의 마음을 잡고 싶다면 꼭 눈을 맞추어야 한다.

- 제스처

  청중의 수가 많으면 많을수록 그만큼 크고 또렷하게 제스처를 취해야 한다. 제스처는 의도적인 표현이므로 평상시에도 과장되게 연습하면서 자연스럽게 몸에 익히도록 한다. 기립자세로 이야기하는 경우가 많은데 손을 양쪽으로 늘어뜨리거나 가볍게 앞으로 모은다. 주의할 것은 손버릇은 청중의 주의를 산만하게 하므로 올바른 제스처를 익히는 것이 중요하다.

- "세 가지 포인트가 있습니다."라고 할 때는 손가락 세 개를 보며주는 것이 효과적이다.
- "이 정도가 됩니다."하고 높이나 넓이 등을 나타낼 때는 손 끝을 따라 시선을 옮겨야 하며 눈길이 손끝을 따라가지 않으면 엉성한 제스처가 된다 (정유선 역, 2005).
- 제스처는 직선보다는 곡선으로 하는 것이 자연스러운 느낌을 준다.
- 제스처를 한 후 손을 그냥 내리거나 얼버무리지 말고 제스처를 반드시 완성하도록 한다. 제스처를 한 후, 다른 제스처로 있든지 처음의 위치로 다시 오는 것이 좋다.

- 아름다운 표정

  말하면서 가볍게 웃는 것이 좋다. 그렇다고 무거운 주제를 이야기 하는데 웃으라는 것은 아니다. 대체로 웃는 얼굴로 말하는 것이 좋다는 것을 의미한다. 웃음이 좋다고 해서 인위적으로 웃는 것을 의미하는 것이 아니라 자신의 얼굴에서 가장 아름다운 웃음을 찾는 것이 필요하다. 거울을 보고 자신에게 어울리는 미소를 찾도록 노력해 보는 연습이 필요하다.

- 표현행동

  인격은 그 사람의 말과 더불어 행동을 통하여 나타나는 것이다. 따라서 표현행동 또한 매우 중요한 요소가 아닐 수 없다.

- 걸음걸이

  자신 있게 당당하게 적극적인 자세로 걷되 자신의 걸음걸이가 흐트러지지 않도록 해야 한다. 좌우를 두리번거리지 말고 자신 있게 나아가는 태도를 통해서 이미 청중들은 재미있게 듣기 시작했다는 사실을 잊지 말아야 한다.

- 정숙하고 단정한 옷차림과 외모

  바른 행동과 바른 외모를 가져야 한다. 정숙한 모습과 단정한 옷차림과 외모가 필요하다. 아무리 노출의 시대라고 할지라도 자신의 머리모양이나 의상으로 하여금 다른 사람에게 불쾌감을 자아내게 하는 모든 것은 피해야 한다.

- 여유 있는 부드러운 기본자세

  자신의 모습이 자연스럽다고 여겨지는가? 경직되어 있는가? 불안한 자세는 아닌가? 즉 마음의 여유를 가져야 한다. 이야기를 비평하기 위해 듣고자 하는 사람이 아무도 없다는 사실을 기억해야 한다. 그리고 항상 마음의 여유를 가지는 사람은 부드러운 태도를 지니게 되며 이와 같은 자세에서 청중들의 주의력을 끌게 된다.

- 필요한 보조재료(시청각 재료)를 활용

  사람이 얻을 수 있는 정보는 보고 듣는 것에 의해 이루어지는

것이 절대다수라고 한다. 그만큼 사람이 눈으로 보고 듣는다
는 것이 얼마나 중요한 것인지를 고려하여 시청각 보조자료를
적절히 사용하는 것은 효과적이라고 할 수 있다. 따라서 이와
같은 매체의 제작 및 활용의 연습을 하는 것이 필요하다(이한
분, 2008).

Point !

좋은 태도

자연스러우면서도 분위기에 맞는 태도나 복장을 한다.
- 등단 직전 : 단정한 복장, 균형있는 걸음걸이로 나서며 청중들에게
  정중하게 인사한다.
- 연설자와 연단과의 사이는 한 뼘 정도가 적당하다.

- 단상

  다리 : 어깨 너비로 11자형으로 선다. 단 첫마디를 할 때는 오른발을
         약간 앞으로 내밀면서 시작하고, 편안한 자세로 서서 시작한
         다. 관중은 앞에만 있는 것이 아니고 옆자리와 뒷자리에도
         있다는 점을 유의한다.

  손 : 계란을 쥔 듯이 자연스러우면서도 반듯한 자세로 서서 말한다.
       앞으로 손을 가볍게 모아 쥐거나 바지의 재봉선에 대고 한다.
       이와 같은 태도는 바르게 보인다.

  가슴과 어깨 : 가슴은 자연스럽게 펴고, 어깨에 힘이 들어가지 않도
                록한다. 특히 중·고음으로 말할 때, 가슴이 심하게 움
                직이거나 어깨가 기울어지지 않도록 유의한다.

  목 : 너무 숙이거나 세우지 않고 자연스럽게 유지한다.

  눈 : 정상적으로 뜨고 한곳만 바라본다든가, 자주 깜박인다든가, 눈
       을 감고 있는 일이 없도록 주의하면서 약간 크게 뜨고 청중 전
       체를 바라 보는 시선을 갖는다.

얼굴표정 : 태도 중 가장 중요한 부분이다. 청중은 항상 자신의 얼굴을
바라본다는 점을 명심하고 항상 자신의 말과 제스처와 표정
이 일치되도록 노력한다. 특히 청중의 반응에 따라 민감하게
변하지 않도록 노력한다.

- 하단
손수건으로 땀을 닦는다거나 자신이 읽었던 원고나 메모지를 그대로
두고 내려오지 않도록 주의한다.

이한분(2008), 파워스피치의 이론과 실제

- 공간언어 활용
가까운 거리에 있는 사람은 친근하게 느껴진다. 상황이 허락
한다면 말을 하면서 청중에게 다가가는 것도 친근감을 높이기
위해 필요하다. 청중에게 질문하는 경우 무대에서 내려와 청
중과 가까운 거리에서 이야기한다면 매우 효과적이다. 스피치
장소 전체를 활용하면 그만큼 스피치의 효과도 좋아진다(김은
성, 2007).

2. 소통의 대화

리더의 자질과 능력을 갖추기 위해서 프레젠테이션과 스피치에 대한 연습 못지 않게 중요한 것이 평상시의 대화이다. 대화를 통해 리더는 자신과 다른 타인을 이끌 수 있으며 이를 위한 연습 또한 대화능력을 향상시킬 수 있다.

1) 대화에 대한 정의와 이해

'대화'란 흔히 서로 마주보고 이야기를 주고 받는 의사소통이라고 한다. 즉 무엇인가 필요한 것을 주고 받기 위해 의미를 메시지로 표현하고 이해하는 과정이라고 할 수 있다. 또한 두세 사람과 자각하고 말하고 듣는 쌍방향 커뮤니케이션이라고 할 수 있으며, 서로 나누는 것 자체가 큰 목적이라고 할 수 있다. 대화는 그 화제가 다양하고 쉽게 화제의 방향과 흐름이 바뀐다는 특징을 갖고 있으며, 일상생활 속에서 이루어진다고 할 수 있다. 따라서 대화를 '일'이라고 생각하는 사람은 없을 것이다.

물론 대화와 발표의 차이를 살펴보면 발표는 다 대일 커뮤니케이션이고 대부분 혼자 말하는 일방향 의사소통이라고 할 수 있다. 발표를 하는 일정시간 동안은 발표자는 주제를 벗어날 수가 없으며, 홀로 발생할 수 있는 모든 상황에 대한 책임을 져야 한다. 또한 발표는 내용이 얼마나 충실한가, 목적에 부합되는가, 발표는 충분히 노력했는가, 준비는 완벽했는가? 발표하는 태도나 매너는 좋은가 등등 다양한 평가가 이루어진다(하우석, 2005).

이러한 점에서 대화는 발표보다는 특별한 기술이나 능력을 요구한다고 보지 않는다. 하지만 발표, 의사소통, 인간관계 등의 많은 역량을 기르기 위해서는 우리는 일상생활의 대화에 유의해야 한다는 것을 간과해서는 안 된다. 모든 것은 대화가 바탕이 된다는 것을 알 수 있다. 이 장에서는 대화의 중요성에 대하여 이해하고 원활한 소통의 대화를 함으로써 사회인으로서의 자질과 능력을 갖추도록 한다.

2) 대화와 의미

대화는 전술했듯이 서로에게 전달할 메시지를 포함하고 있고 그것을 통해 의미를 나누는 과정이라고 할 수 있다. 대화는 자신의 필요, 가치, 욕구 등을 포함한 의미를 전달하게 된다. 대부분의 사람들은 흔히 상대방과 대화하는 과정에서 그들이 직접적으로 듣는 말, 그 자체만을 듣게 된다. 그리고 서로에 대한 이해의 부족 및 오해들이 쌓이게 된다. 사람들의 대화 속에는 자신이 추구하는 가치와 욕구뿐만 아니라 상대에게 바라는 기대, 욕구 등을 내포하고 있다. 대화속에서 상대의 이와 같은 의미를 파악하는 일은 대단히 중요하다고 할 수 있다.

대화 속에 담긴 의미란?

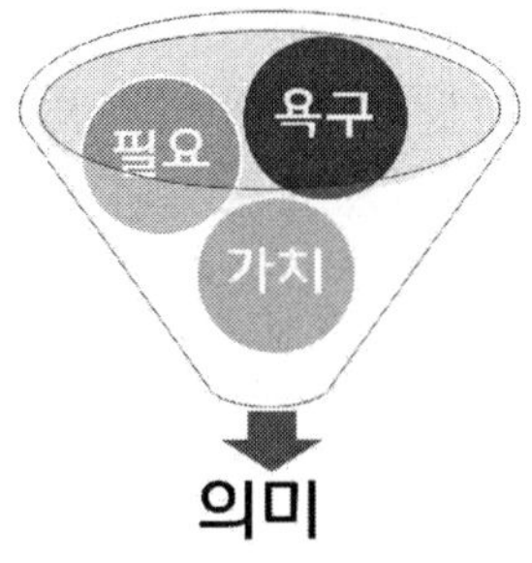

〈 대화의 의미 〉

그렇다면 상대방의 메시지가 어떤 의미를 포함하고 있는지 살펴보면서 나 자신과 매순간 일어나는 상대의 다양한 욕구들을 보는 것은 중요하다. 우리의 모든 행동과 반응은 욕구의 충족을 위한 것이라고 할 수 있다. 욕구는 실제로 살아있는 순간 일어나고 사라지는 인간에게 미치는 영향이 매우 크다. 따라서 대화는 자신과 상대의 욕구를 신중하게 고려하는 것이 중요하고 이는 아래의 내용을 연습하면서 익히는 것이 중요하다.

〈 대화의 메시지와 의미 〉

메시지	의 미
"너는 너의 의견만 강하게 주장하는구나."	다른 사람들의 의견도 잘 들어주면 좋겠다.
"왜 그렇게만 생각해?"	다양한 시각으로 생각해 주었으면 좋겠다.
"선배님은 너무 무서우세요."	좀 더 부드럽게 대해주면 좋겠어요.
"왜, 나만 혼자 해야 하지?"	함께 같이 하고 싶어요.

다음과 같이 대화속 메시지의 의미를 명료히 주고 받으면 서로에 대한 마음의 소통이 이루어져 관계 또한 좋아질 수 있다.

3) 공감적 대화

사람들은 때로는 공격적인 말을 하게 된다. 왜 우리는 공격적인 말을 하게 되는 것일까? 공격적인 말을 하면 서로의 감정을 상하게 되고 좋은 관계가 이루어지지 않는다는 것을 알면서도 사람들은 상대와 갈등을 겪고 다투게 된다.

우리는 바라는 것이 좌절되고 필요한 것을 갖게 되지 못했을 때 욕구불만이 생기면서 화, 분노를 느끼고 상대를 내 뜻대로 하기 위해 공격적인 말을 하게 된다. 따라서 대화에서는 서로의 감정을 탐색하며 대화를 이끌어 나가는 것이 필요하다. 감정은 우리 경험의 핵심이라고도 할 수 있는 중요한 부분이다. 감정은 우리가 세상에 대해 어떻게 반응하고 있는지를 가르쳐 준다.

우리는 종종 예전부터 우리의 감정을 억누르며 애써 무시하려 하고 때로는 아예 그 감정 자체를 부정하거나 왜곡하기도 했다. 그리고 그 감정을 가지고 상대와 대화를 한다. 상대 또한 자신의 감정을 순화시키지 못하고 수용되지 않은 감정으로 '유출'하기 쉽다. 물론 감정이란 좀처럼 간단한 것이 아니다. 그리고 어떤 것에 관해서 여러 상충적인 감정을 가질 수 있다는 것에 주목한다는 것이 중요하다. 그러므로 자신의 감정을 경험하고 수용하고 소유할 수 있는 사람은 어떻게 말하고 행동하는지를 결정할 수 있다. 따라서 자신의 감정을 정서적 정화(emotional catharsis)를 독려하는 것이 필요하다. 실제로 감정은 막히게 되는 것보다 오히려 흐르기 시작할 때 또는 자신 스스로의 감정을 수용할 때 정화적 안도감(cathatic relief)이 일어나게 된다. 따라서 감정에 대한 관리 방법이 필요하다고 볼 수 있다.

① 깊은 심호흡 하기

개인이 평상시 화, 불안, 분노 등에 대하여 대처하는 방법은 짧은 호흡을 하는 대신 횡격막(갈비뼈 부근) 아래까지 깊이 있게 숨을 쉬는 것이다. 횡격막으로 호흡을 하기 위해서는 배 위쪽에 손을 놓아보면 알 수 있다. 숨을 깊이 들이쉴 때, 손이 올라갔다가 내려가는 것을 느낄 수 있다. 깊은 심호흡은 몇 가지 기능을 제공한다.

첫째, 긴장을 풀어준다. 긴장이 풀어지면 불안에 잘 빠지지 않는다.
둘째, 깊은 심호흡은 상대가 무엇을 말하고자 하는지에 대해 생각할 시간을 준다.

셋째, 깊은 심호흡은 상대에게 다른 무엇이 있는지를 생각하게 하고 고려해 보기 위한 기회를 제공한다.

② 긍정적인 자기 말(Self – talk)

우리는 자신의 말과 행동에 대해 자신과 대화한다. 스스로에게 "난 잘할 수 있어.", "잘될거야."라고 긍정적인 자기언어를 되풀이한다. 어떤 사람들은 이런 과정이 표면 아래에 일어나기 때문에 '내면게임(inner game)'이라고 부른다(주은선 역, 2012). 긍정적인 자기언어는 긍정적인 영향을 미치는 반면, 부정적인 자기 말은 부정적인 영향을 미친다(Nutt–Williams & Hill, 1996). 따라서 긍정적인 말을 통해 무엇인가를 할 수 있다는 동기부여를 갖게 되는 것은 매우 중요하다고 할 수 있다.

③ 인간적인 소통

효과적인 대화를 위해서는 인간화가 전제되어야 한다. 이는 상호 신뢰적 분위기의 조성, 이해적인 경험, 명확한 피드백의 장려라는 세 가지 조건을 충족시켜야 한다. 이러한 조건이 충족된 것을 전제로 다음과 같은 원칙을 경지하면서 의사소통을 하는 것은 매우 중요하다고 할 수 있다(박연호, 2006).

- 의사소통은 상대의 눈높이 수준에서 이루어져야 한다.
- 자기 생각을 명료하게 정리해야 한다.
- 상대의 환경, 배경 등 기타 부수효과에 대해서 배려해야 한다.
- 일관성이 있어야 한다. 즉 처음과 나중의 메시지가 서로 상충되어서는 안 된다.
- 메시지가 너무 많거나 너무 적은 경우에는 수용자의 이해를 방해한다.
- 메시지를 받아들일 수 있는 수용성을 넓혀야 한다.
- 상대에 대하여 이해하려고 하는 좋은 청자가 되어야 한다(조남두 외, 2010).

실제로 대화에 대한 장애는 메시지가 복잡하거나 감성적으로 자극하거나 또는 험담을 할 때 복잡해진다. 따라서 대화를 성공시키기 위해서는 다음과 같은 점에 유의하여야 한다.

첫째, 대화는 짤막짤막하고 요령 있게 해야 하며, 사이사이에 다른 사람들도 말할 수 있는 기회를 주어야 한다.

둘째, 언어는 대화의 도구이므로 도구성을 충분히 지니고 있어야 한다. 즉 말하는 사람은 나타내고자 하는 사상이나 사실을 구체화하고 그것을 표현할 수 있는 언어를 구사할 수 있어야 한다.

셋째, 고운 말씨를 써야 한다. 말은 인격의 표현이므로 좋은 말씨의 사용은 말하는 사람의 인격을 돋보이게 한다.

넷째, 말은 활발하고 흥미 있게 해야 한다. 활발하게 대화를 진행한다는 것은 그 자체로서 어느 정도 말에 흥미를 느끼도록 할 수가 있다. 특히 대화에 경계해야 할 것은 냉소적인 태도이다. 미소를 짓는 명랑한 태도는 듣는 사람을 감동시킬 수 있다(박연호, 2006).

웃는 얼굴과 호흡법

1분에 숨을 들이쉬고 내쉬는 것을 몇 번이나 반복하는지를 살펴보자. 인간은 1분에 네 번 호흡을 하게 되면 거의 120세까지 같은 모습을 살 수 있다는 주장이 있다. 이렇게 숨을 들이쉬고 내쉬기를 네 번 반복하는 것을 네 번호흡이라고 한다. 또한 내쉬는 숨을 장수의 삶이고, 들이쉬는 숨을 빨리 죽는 삶이라고 한다.

인간이 슬퍼서 흐느낄 때 숨을 들이쉬기만 하는 것은 일리가 있는 것 같다. 어찌됐건 웃는 얼굴을 효과적으로 개발하기 위해서는 내쉬는 호흡법을 응용하자. '하, 하, 하'하고 웃어보자. 역시 숨을 내쉬게 될 것이다. 얼굴 근육 운동을 할 때에 웃는 얼굴의 효과를 최대한 올리기 위해서 스마일 호흡법이 필요하다. 멋지게 웃는 얼굴을 만들 때는 숨을 내쉰다.

천천히 조용히 숨을 내쉬면서 미소짓는 것이 최고이다. 숨을 내쉴 때는 몸의 긴장이 풀려서 근육도 부드러워지므로 그만큼 멋진 얼굴을 만들기 쉽다. 반대로 숨을 들이쉬거나 숨을 멈춘 채로 미소지으면 어딘가 표정도 어색하고 몸도 움직이기 곤란하다.

웃음이란, 언제 어느 때든지 천진난만한 어린아이처럼 웃을 때, 진정한 웃음이 나오면서 마음의 치료가 되는 것이다.

박장대소 10계명

1계명 – 아침에 일어나자마자 "오늘도 상쾌하게 하, 하, 하, 하 …"

2계명 – 세수할 때, 거울보며 "예쁘게 하, 하, 하, 하 …"

3계명 – 아침식사 할 때 "거뜬하게 하, 하, 하, 하 …"

4계명 – 집을 나설 때 "활기차게 하, 하, 하, 하 …"

5계명 – 직장에서 만나는 사람과 "하이파이브하면서 신나게
　　　　하, 하, 하, 하 …"

6계명 – 점심식사 할 때 "맛있게 하, 하, 하, 하 …"

7계명 – 일하면서 책상을 치며 '책상대소'

아랫배 두들기며

'뱃살 대소'로 튼튼하게 하, 하, 하, 하 …"

8계명 - 퇴근할 때 "보람차게 박장대소로

하, 하, 하, 하 …"

9계명 - 저녁운동 시작하며 "건강하게 요절복통으로

하, 하, 하, 하 …"

10계명 - 잠자기 전 "감사합니다. 홍소로 하, 하, 하, 하 …"

이와 같은 연습이 처음에는 어색하지만 웃음에 대한 의식을 바꾸고 연습을 하다보면 굳어있던 웃는 근육이 풀리게 되어 자연스럽게 웃을 수 있다. 우선 자신의 얼굴 모습이 어떤지 자세히 살펴보고 한번 웃어보고, 웃는 모습이 어떤지 관찰해 보기도 하고, 작은 미소부터 시작해 온 몸을 흔들며 기절할 정도까지 웃어본다. 웃음은 우리들의 지친 마음과 몸에 새로운 생명력을 불어넣어 줄 것이다(이한분 2008). 따라서 항상 웃는 모습을 통해 긍정적 사고와 함께 타인과의 새로운 장을 만드는 창조적 대화를 이끌도록 하자.

참고문헌

고도 토키오, 박재현 역(2010), 『하루 시간 사고법』, 서울: 흐름출판. 2010.

권선훈(2003), 『CEO의 다이어리엔 뭔가 비밀이 있다』, 서울: 디자인하우스.

김대규 외(2006), 『교양인을 위한 리더십』, 서울: 학문사.

김병숙(2007), 『직업상담심리학』, 시그마프레스.

______(2007), 『직업심리학』, 시그마프레스.

______(2008), 『청소년, 일반인을 위한 직업카드분류』, 한국직업상담협회.

______(2009), 『인간과 직업 Ⅰ·Ⅱ』, 시그마프레스.

______(2009), 『인간과 직업 Ⅰ』, 서울: 시그마프레스.

김보경(2012), 『성공적인 취업전략과 직장예절』, 서울: 지식과 교양.

김봉환 외(2010), 『진로상담이론』, 학지사.

김상희 외(2007), 『문제해결과 의사소통－발표와 토론』, 서울: 가톨릭대학교 교양교육원.

김세우(2007), 『비전』, 서울: (주)한솔아카데미.

김욱(2006), 『성공한 리더십 vs 실패한 리더십』, 서울: 뜻이 있는 사람들.

김은성(2007), 『마음을 사로잡는 파워스피치』, 서울: 위즈덤하우스.

김창민 외(2011), 『대학생과 리더십』, 서울: 홍룡과학출판사.

김충기 외(2006), 『진로상담』, 태영출판사.

나라이 안, 김영철 역(2003), 『문제해결력 트레이닝』, 서울: 일빛.

노지양(2011), 『사람의 마음을 움직이는 인간관계의 기술』, 서울: 미래지식.

니시무라 가쓰미, 김주영 역(2009), 『실행의 프레임이 바뀌는 문제해결』, 경기: (주)위즈덤하우스.

다쓰미 나기사, 김대환 역(2008), 『버리는 기술』, 서울: 도서출판 이래.

다카이 노부오, 은미경 역(2004), 『아침형 인간으로 변신하라』, 서울: 명진출판.

데이비드 슈워츠, 김상용 역(2001), 『크게 생각할수록 크게 이룬다』, 서울: 나라.

데일 카네기, 최염순 역(2009), 『성공의 85%는 인간관계』, 서울: 씨앗을 뿌리는 사람.

______(2009), 『카네기 인간관계론』, 서울: 씨앗을 뿌리는 사람.

______(2009), 『카네기 행복론』, 서울: 씨앗을 뿌리는 사람.

도복늠 외(2010), 『인간관계와 커뮤니케이션』 서울: 학지사.

레스 기블린, 노지양 역(2001), 『사람의 마음을 움직이는 인간관계의 기술』, 서울: 미래지식.

루이스 카터, 데이비드 울리히, 마셜 골드스미스, 박래효·이관영 역(2007), 『세계 초우량 기업들의 리더십 개발과 조직혁신』, 서울: (주)시그마프레스.

리처드 코치, 공병호 역(2002), 『나를 바꾸는 80/20 프로젝트』, 서울: 21세기북스.

마이클 멈포드, 김정희 역(2011), 『리더십 101』, 서울: (주)시그마프레스.

박경철(2011), 『자기혁명』, 리더스북.

박동혁(2009), 『좋은 공부 습관 만들기』, 서울: 한국심리검사연구소.

박보식(2012), 『리더십 이론과 실체』, 서울: 대영문화사.

박봉수(2009), 『만화로 배우는 문제해결 노하우』, 서울: 피앤아이컨설팅.

박성철(2003), 『세계 명언집 인생의 의미』, 자유문학사.

박연호(2006), 『현대인간관계론』, 서울: 박영사.

브라이언 트레이시, 김동수 역(2004), 『TIME POWER: 잠들어 있는 시간을 깨워라』, 서울: (주)황금부엉이.

사토 인이치, 이봉노 역(2007), 『바로 해답을 찾아내는 문제해결의 기술』, 서울: (주)새로운제안.

사토 인이치(2008), 『바로 해답을 찾아내는 문제해결의 기술』, 서울: 새로운 제안.

서울시 교육청(2011), 『주도적 진로탐색을 위한 의사결정 능력 향상 프로그램 지침서』

스테판 M. 코슬린, 김경태 역(2004), 『프레젠테이션 심리학』, 서울: 멘토르.

스티브 멘델(1998), 『효과적인 프레젠테이션 기술』, 서울: 알파경영혁신센타.

스티븐 코비, 김경섭 역(2005), 『성공하는 사람들의 7가지 습관』, 서울: 김영사.

______(2005), 『성공하는 사람들의 8가지 습관』, 서울: 김영사.

아타라시 마사미, 이은희 역(2011), 『스물다섯 지금 하지 않으면 반드시 후회하는 5가지 습관』, 서울: 이너북.

안상헌(2004), 『안상헌의 내 삶을 만들어준 명언 노트』, 소통.

양춘희 외(2004), 『비즈니스 커뮤니케이션』, 서울: 북코리아.

오마에 겐이치, 김영철 역(2005), 『맥킨지 문제해결의 기술』, 서울: 일빛.

오자사 요시히사, 코베리더스클럽 역(2007), 『조직활성화를 위한 동기부여 리더십』, 서울: 한국재정경제연구소.

위키백과(2008). http://ko.wikipedia.org.

유성은(2000), 『20퍼센트의 변화로 80퍼센트의 미래 바꾸기』, 서울: 좋은 생각.

______(2001), 『시간관리와 자아실현』, 서울: 생활지혜사.

______(2010), 『명품인생을 창조하는 목표관리와 자아실현』, 서울: 중앙경제평론사.

이강욱(2005), 『대학리더십』, 서울: 청람.

이경순(2008), 『인간관계와 의사소통』, 서울: 현문사.

이석재(2011), 『18가지 리더십 핵심역량을 개발하라』, 서울: 김앤김북스.

이시한(2011), 『이시한의 취업자기소개서 불패노트』, 랜덤하우스.

이은숙(2009), 『세계 속의 효과적인 인간관계와 의사소통』, 서울: 양서원.

이재란(2007), 『정확하게 전달하고 OK를 이끌어내는 프레젠테이션』, 서울: 새로운 제안.

이정숙(2002), 『나 자신을 브랜드로 만들어라』, 서울: 중앙 M&B.

이창호(2006), 『스피치 달인의 생산적 말하기』, 서울: 북포스.

이철우(2009), 『나를 위한 심리학』, 서울: 더난출판.

이한분(2008), 『파워스피치의 이론과 실제』, 서울: 북갤러리.

임준규(2005), 『상대를 사로잡는 자기소개서』, 양서원.

전도근(2011), 『인성교육』, 서울: 학지사.

＿＿＿＿＿(2011), 『창의력 향상 전략』, 서울: 학지사.

정균승(2010), 『내 인생을 최고로 만드는 시간관리 자기관리』, 서울: 중앙경제평론사.

정병태(2011), 『성공에 이르는 탁월한 시간관리 비밀』, 서울: 한덤북스.

조남두 외(2010), 『인간관계론』, 서울: 동문사.

조영지(2011), 『명쾌한 의사결정 문제해결』, 서울: 비즈니스 맵.

조용개 외(2009), 『성공적인 대학생활을 위한 학습전략』, 서울: 학지사.

＿＿＿＿＿(2010), 『학습전략 포트폴리오』, 서울: 학지사.

존 어데어, 조영지(2008), 『명쾌한 의사결정, 문제해결』, 서울: (사)한국물가정보.

주은선 역(2012), 『상담의 기술』, 서울: 학지사.

짐 매튜먼, 이영숙 역(2012), 『글로벌 노마드』, 서울: 미래의 창.

퀀튼 신들러, 김영선 옮김(2009), 『성공한 사람들의 시간관리 습관, 오늘 하루가 당신의 인생을 바꾼다』, 서울: 문장.

클라라 힐, 주은선 역(2012), 『상담의 기술』, 서울: 학지사.

피터 드러커, 심영우 역(2009), 『의사결정의 순간』, 서울: 21세기북스.

하버드 경영대학원, 임재주 역(2008), 『경영의 완성 의사결정의 기술』, 서울: 디자인허브.

하우석(2005), 『발표의 기술』, 서울: 한국경제신문.

한국고용정보원(2006), 『대학생을 위한 진로지도프로그램』

＿＿＿＿＿(2006), 『대학생을 위한 진로지도프로그램 CDP-C』

＿＿＿＿＿(2007), 『청년층 직업지도프로그램』

_____(2009), 『대학생직업심리검사 사용자 가이드』

_____(2010), 『집단상담프로그램의 이해』, 고용노동부.

_____, 『직업가치관검사 실시요람』

_____, 『직업선호도검사 실시요람』

한국성과향상센터(2005), 『수첩이 인생을 바꾼다』, 경기: 김영사.

한국심리검사연구소(2008), 『MBTI 유형 및 대인관계』

한동순 외(2011), 『의사소통의 리더십』, 서울: 홍릉과학출판사.

후쿠다 다케시, 정유선 역(2005), 『프레젠테이션은 말하는 힘으로 결정된다』, 서울: 바른지식.

Anderson. K. (1971). *Persuasion: Theory and Practice*. Boston: Allyn & Bacon.

Bredo, E. (1999). Assessment, learning theories and testing systems. In P. Murphy (Ed.). Learners, Learning and Assessment. (pp. 65–82). London: Open University Press.

Deporter, Bobbi, Reardon, Mark, Singer-Nourie, Sarah (2000). *Quantum Teaching: Orchestrating Student Success*. Allyn&Bacon.

HR Institute, 이봉노 역(2007), 『전략적 의사결정을 위한 문제해결 툴킷』, 서울: (주) 새로운 제안.

Nutt- Williams, E., & Hill, C. E. (1996). "The relationship between therapist self-talk and counseling process variables for novice therapists". *Journal of counseling psychology, 43*, pp. 170–177.